10 Novas Competências para Ensinar

P455d Perrenoud, Philippe.
          Dez novas competências para ensinar / Philippe
       Perrenoud; trad. Patrícia Chittoni Ramos. – Porto Alegre:
       Artmed, 2000.
          192 p. ; 23 cm.

          ISBN 978-85-7307-637-0

          1. Terapia da educação. I. Título.

                                                     CDU 37.013

Catalogação na publicação: Mônica Ballejo Canto – CRB 10/1023

Philippe Perrenoud
Professeur à l'Université de Genève

10 Novas Competências para Ensinar

Convite à viagem

Tradução
Patrícia Chittoni Ramos

Revisão técnica
Cristina Dias Alessandrini
Mestre e doutoranda em Psicologia Escolar e do Desenvolvimento Humano pela Universidade de São Paulo. Psicopedagoga e arte-terapeuta.

2000

Obra originalmente publicada sob o titulo
Dix nouvelles compétences pour enseigner
© ESF editeur, Paris, 1999.

ISBN:2 7101 1317 1

Capa
Ângela Fayet & Janice Alves – Programação Visual

Preparação do original
Suliani – Editografia

Editora Sênior - Ciências Humanas
Mônica Ballejo Canto

Projeto e editoração
Armazém Digital® *Editoração Eletrônica – Roberto Carlos Moreira Vieira*

Reservados todos os direitos de publicação, em língua portuguesa, à
ARTMED® EDITORA S.A.
Av. Jerônimo de Ornelas, 670 – Santana
90040-340 – Porto Alegre – RS
Fone: (51) 3027-7000 Fax: (51) 3027-7070

É proibida a duplicação ou reprodução deste volume, no todo ou em parte,
sob quaisquer formas ou por quaisquer meios (eletrônico, mecânico, gravação,
fotocópia, distribuição na Web e outros), sem permissão expressa da Editora.

SÃO PAULO
Av. Embaixador Macedo Soares, 10.735 – Pavilhão 5
Cond. Espace Center – Vila Anastácio
05095-035 – São Paulo – SP
Fone: (11) 3665-1100 Fax: (11) 3667-1333

SAC 0800 703-3444 – www.grupoa.com.br

IMPRESSO NO BRASIL
PRINTED IN BRAZIL

À Cilette Cretton, redatora da *Éducateur*,
revista profissional dos professores da Suíça românica,
que há anos estabelece, assim como seus antecessores,
elos entre a pesquisa em educação e as práticas pedagógicas.

SUMÁRIO

INTRODUÇÃO
Novas competências profissionais para ensinar 9

1 Organizar e dirigir situações de aprendizagem 21
   Conhecer, para determinada disciplina, os conteúdos a serem ensinados
   e sua tradução em objetivos de aprendizagem 24
   Trabalhar a partir das representações dos alunos 26
   Trabalhar a partir dos erros e dos obstáculos à aprendizagem 28
   Construir e planejar dispositivos e sequências didáticas 31
   Envolver os alunos em atividades de pesquisa, em projetos de conhecimento 35

2 Administrar a progressão das aprendizagens 39
   Conceber e administrar situações-problema ajustadas
   ao nível e às possibilidades dos alunos 40
   Adquirir uma visão longitudinal dos objetivos do ensino 43
   Estabelecer laços com as teorias subjacentes às atividades de aprendizagem 46
   Observar e avaliar os alunos em situações de aprendizagem,
   de acordo com uma abordagem formativa 47
   Fazer balanços periódicos de competências e tomar decisões de progressão 50
   Rumo a ciclos de aprendizagem 51

3 Conceber e fazer evoluir os dispositivos de diferenciação 55
   Administrar a heterogeneidade no âmbito de uma turma 57
   Abrir, ampliar a gestão de classe para um espaço mais vasto 59
   Fornecer apoio integrado, trabalhar com alunos portadores
   de grandes dificuldades 60
   Desenvolver a cooperação entre as alunos e certas formas simples
   de ensino mútuo 62
   Uma dupla construção 64

4 Envolver os alunos em suas aprendizagens e em seu trabalho 67
   Suscitar o desejo de aprender, explicitar a relação
   com o saber, o sentido do trabalho escolar e desenvolver na criança
   a capacidade de autoavaliação 69
   Instituir um conselho de alunos e negociar com eles diversos
   tipos de regras e de contratos 72
   Oferecer atividades opcionais de formação 74
   Favorecer a definição de um projeto pessoal do aluno 75

5 Trabalhar em equipe 79
   Elaborar um projeto em equipe, representações comuns 82
   Dirigir um grupo de trabalho, conduzir reuniões 84
   Formar e renovar uma equipe pedagógica 87

Enfrentar e analisar em conjunto situações complexas,
práticas e problemas profissionais... 89
Administrar crises ou conflitos interpessoais 90

6 Participar da administração da escola 93
Elaborar, negociar um projeto da instituição 94
Administrar os recursos da escola... 100
Coordenar, dirigir uma escola com todos os seus parceiros................................. 101
Organizar e fazer evoluir, no âmbito da escola, a participação dos alunos 103
Competências para trabalhar em ciclos de aprendizagem.................................... 105

7 Informar e envolver os pais 107
Dirigir reuniões de informação e de debate.. 112
Fazer entrevistas 115
Envolver os pais na construção dos saberes... 117
"Enrolar"... 120

8 Utilizar novas tecnologias..123
A informática na escola: uma disciplina como qualquer outra,
um savoir-faire ou um simples meio de ensino?.. 124
Utilizar editores de texto 127
Explorar as potencialidades didáticas dos programas
em relação aos objetivos do ensino.. 129
Comunicar-se a distancia por meio da telemática.. 132
Utilizar as ferramentas multimídia no ensino 134
Competências fundamentadas em uma cultura tecnológica 135

9 Enfrentar os deveres e os dilemas éticos da profissão..............................139
Prevenir a violência na escola e fora dela 141
Lutar contra os preconceitos e as discriminações sexuais, étnicas e sociais 145
Participar da criação de regras de vida comum referentes
à disciplina na escola, as sanções e a apreciação da conduta............................... 147
Analisar a relação pedagógica, a autoridade e a comunicação em aula 149
Desenvolver o senso de responsabilidade, a solidariedade
e o sentimento de justiça... 150
Dilemas e competências... 151

10 Administrar sua própria formação contínua...153
Saber explicitar as próprias práticas 156
Estabelecer seu próprio balanço de competências
e seu programa pessoal de formação contínua 159
Negociar um projeto de formação comum com os colegas (equipe, escola, rede)........ 162
Envolver-se em tarefas em escala de uma ordem de ensino ou do sistema educativo.. 163
Acolher a formação dos colegas e participar dela 165
Ser agente do sistema de formação contínua... 166

CONCLUSÃO
A caminho de uma nova profissão?..169
Um exercício estranho.. 170
Duas profissões em uma?... 172
Profissionalizar-se sozinho?... 175

Referências bibliográficas...179

Introdução
NOVAS COMPETÊNCIAS
PROFISSIONAIS PARA ENSINAR[1]

Prática reflexiva, profissionalização, trabalho em equipe e por projetos, autonomia e responsabilidade crescentes, pedagogias diferenciadas, centralização sobre os dispositivos e sobre as situações de aprendizagem, sensibilidade em relação com o saber e com a lei delineiam um *roteiro para um novo ofício* (Meirieu, 1989). Ele surge relacionado a uma crise, em um tempo em que os professores tendem a se voltar para sua turma e para as práticas que se mostraram válidas. No estado em que se encontram as políticas e as finanças públicas dos países desenvolvidos, não seria conveniente criticá-los por isso. No entanto, pode-se esperar que inúmeros professores aceitem o desafio, por recusarem a sociedade dual e o fracasso escolar que a prepara, por desejarem ensinar e levar a aprender a despeito de tudo, ou, então, por temerem *morrer de pé, com o giz na mão, no quadro-negro,* segundo a fórmula de Huberman (1989a), ao resumir a questão essencial que surge com a proximidade dos 40 anos no ciclo de vida dos professores (l989b).

Decidir na incerteza e agir na urgência (Perrenoud, 1996c): essa e uma maneira de caracterizar a *especialização* dos professores, que de três profissões fazem uma, "impossíveis" segundo Freud, porque o aprendiz resiste ao saber e à responsabilidade. Essa análise da natureza e do funcionamento das

---

[1] O conteúdo deste livro foi primeiramente publicado em *L'Éducateur,* revista da Sociedade pedagógica romântica, em 12 artigos publicados com três semanas de intervalo durante o ano letivo de 1997-1998. Agradeço imensamente a Cilette Cretton, redatora da *L'Éducateur,* por ter-me convidado a escrever esses artigos. Eles se encontram na *L'Educateur* nº 10 (5 de setembro de 1997, p. 24-28), nº 11 (26 de setembro de 1997, p. 26-31), nº 12 (17 de outubro de 1997, p. 24-29), nº 13 (7 de novembro de 1997, p. 20-25), nº 14 (28 de novembro de 1997, p. 24-29), nº 15 (19 de dezembro de 1997, p. 26-33), nº 1 (23 de janeiro de 1998, p. 6-12), nº 2 (fevereiro de 1998, p. 24-31), nº 3 (6 de março de 1998, p. 20-27), nº 4 (1º de abril de 1998, p. 22-30), nº 5 (10 de abril de 1998, p. 20-27) e nº 8 (26 de junho de 1998, p. 22-27).

competências está longe de terminar. A especialização, o pensamento e as competências dos professores são objeto de inúmeros trabalhos, inspirados na ergonomia e na antropologia cognitiva, na psicologia e na sociologia do trabalho, bem como na análise das práticas.

Tentarei abordar aqui o ofício de professor de modo mais *concreto*, propondo um *inventário* das competências que contribuem para redelinear a atividade docente (Altet, 1994). Tomarei como guia um referencial de competências, adotado em Genebra em 1996 para a formação contínua, de cuja elaboração participei ativamente.

O comentário destes 50 enunciados, de uma linha cada um, é de minha única responsabilidade. Poderia ser feito em 10 páginas ou em duas mil, pois cada entrada remete a campos inteiros da reflexão pedagógica ou da pesquisa em educação. O tamanho razoável desta obra deve-se ao fato de que as competências selecionadas são reagrupadas em 10 grandes famílias, cada uma delas originando um capítulo autônomo. Fiz questão de dar-lhes uma dimensão razoável, remetendo às obras de Develay (1995), Houssaye (1994), De Peretti, Boniface e Legrand (1998) ou Raynal e Rieunier (1997) para um tratamento mais enciclopédico das diversas facetas da educação.

Meu propósito é diferente: falar de competências profissionais, privilegiando *aquelas que emergem atualmente*. Este livro não abordará as habilidades mais evidentes, que permanecem atuais para "dar aula" e para as quais Rey (1998) propôs uma síntese interessante para a escola elementar. Enfatizarei *o que está mudando* e, portanto, as competências que representam mais um *horizonte* do que um conhecimento consolidado.

Um referencial de competências continua sendo, em geral, um documento bastante árido, com frequência logo esquecido e que, após sua redação, já se presta a todo tipo de interpretações. O referencial genebrino que me guiará aqui foi desenvolvido com uma intenção precisa: orientar a formação contínua para torná-la coerente com as renovações em andamento no sistema educativo. Pode, então, ser lido como uma declaração de intenções.

As instituições de formação inicial e contínua precisam de referenciais para orientar seus programas, e os inspetores servem-se deles para avaliar os professores em exercício e pedir-lhes contas. Não viso aqui a um emprego específico do referencial adotado. Ele apenas oferece um pretexto e um fio condutor para construir uma representação coerente do ofício de professor e de sua evolução.

Essa representação não é neutra e não pretende dar conta das competências do professor médio de hoje. Ela descreve, antes, um futuro possível e, a meu ver, desejável da profissão.

Em um período de transição, agravado por uma crise das finanças públicas e das finalidades da escola, as representações dividem-se, não se sabe mais muito bem de onde se vem e para onde se vai. O que importa, então, é relembrar caminhos conhecidos e trilhar alguns outros. Sobre temas semelhantes, o consenso não é nem possível, nem desejável. Quando se busca a unanimidade, o mais sábio é ser bastante abstrato e dizer, por exemplo, que os professores devem dominar os saberes a serem ensinados, ser capazes de dar aulas, de administrar uma turma e de avaliar. Restringindo-se a formulações sintéticas, provavelmente todos concordarão que o ofício de professor consiste também, por exemplo, em "administrar a progressão das aprendizagens", ou em "envolver os alunos em suas aprendizagens e em seu trabalho".

A concordância sobre essas evidências abstratas pode dissimular profundas divergências quanto ao modo de agir. Tomemos um exemplo:

- Praticar uma pedagogia frontal, fazer regularmente provas escritas e alertar os alunos com dificuldades, anunciando uma reprovação provável, se não se recuperarem: eis uma maneira bastante clássica de "administrar a progressão das aprendizagens".
- Praticar uma avaliação formativa, um apoio integrado e outras formas de diferenciação, para evitar que as distâncias aumentem, é uma outra forma, mais inovadora.

Cada elemento de um referencial de competências pode, do mesmo modo, remeter a práticas antes seletivas e conservadoras ou a práticas democratizantes e renovadoras. Para saber-se de que pedagogia e de que escola se fala, é necessário ir além das abstrações.

É igualmente importante uma análise mais criteriosa do *funcionamento* das competências designadas, sobretudo para que se faça o inventário dos conhecimentos teóricos e metodológicos que elas mobilizam. Desse modo, um trabalho aprofundado sobre as competências consiste:

- primeiramente, em relacionar cada uma delas a um conjunto delimitado de problemas e de tarefas;
- em seguida, em arrolar os *recursos cognitivos* (saberes, técnicas, *savoir-faire,* atitudes, competências mais específicas) mobilizados pela competência em questão.

Não existe uma maneira *neutra* de realizar esse trabalho, porque a própria identificação das competências supõe opções teóricas e ideológicas e, portanto, uma certa arbitrariedade na representação do ofício e em suas facetas. Optei por retomar o referencial genebrino posto em aplicação em 1996, pelo fato de ele ser originário de uma administração pública e por ter sido objeto, antes de ser publicado, de diversas negociações entre a autoridade escolar, a associação profissional, os formadores e os pesquisadores. E a garantia de uma representatividade maior do que aquela que teria um referencial construído por uma única pessoa. Em contrapartida, ele perdeu um pouco em coerência, na medida em que resulta de um *acordo* entre diversas concepções da prática e das competências.

Essa fabricação institucional não significa que esse recorte tenha unanimidade no seio do corpo docente, supondo que cada professor em exercício se dê ao trabalho de estudá-lo de perto... As divergências não se resumiriam apenas ao conteúdo, mas à própria oportunidade de descrever as competências profissionais de maneira metódica. Jamais é inocente relacionar palavras a práticas, e a recusa de entrar na lógica das competências pode expressar, primeiramente, uma reticência a verbalizar e coletivizar as representações do ofício. O individualismo dos professores começa, de algum modo, com a impressão de que cada um tem uma resposta pessoal e original a questões como *O que é ensinar? O que è aprender?*

O ofício não é imutável. Suas transformações passam principalmente pela emergência de novas competências (ligadas, por exemplo, ao trabalho com outros profissionais ou à evolução das didáticas) ou pela acentuação de competências reconhecidas, por exemplo, para enfrentar a crescente heterogeneidade dos efetivos escolares e a evolução dos programas. Todo referencial tende a se desatualizar pela mudança das práticas e, também, porque a maneira de concebê-las se transforma. Há 30 anos, não se falava tão correntemente de tratamento das diferenças, de avaliação formativa, de situações didáticas, de prática reflexiva, de metacognição.

O referencial escolhido acentua as competências julgadas *prioritárias* por serem coerentes com o novo papel dos professores, com a evolução da formação contínua, com as reformas da formação inicial, com as ambições das políticas educativas. Ele é compatível com os eixos de renovação da escola: individualizar e diversificar os percursos de formação, introduzir ciclos de aprendizagem, diferenciar a pedagogia, direcionar-se para uma avaliação mais formativa do que normativa, conduzir projetos de estabelecimento, desenvolver o trabalho em equipe docente e responsabilizar-se coletivamente pelos alunos, colocar as crianças no centro ação pedagógica, recorrer aos métodos ativos, aos procedimentos de projeto, ao trabalho por problemas abertos e por situações-problema, desenvolver as competências e a transferência de conhecimentos, educar para a cidadania.

O referencial em que nos inspiramos tenta, pois, apreender *o movimento da profissão,* insistindo em 10 grandes famílias de competências. Este inventário não é nem definitivo, nem exaustivo. Aliás, nenhum referencial pode garantir uma representação consensual, completa e estável de um ofício ou das competências que ele operacionaliza. Eis as 10 famílias:

1. Organizar e dirigir situações de aprendizagem.

2. Administrar a progressão das aprendizagens.
3. Conceber e fazer evoluir os dispositivos de diferenciação.
4. Envolver os alunos em suas aprendizagens e em seu trabalho.
5. Trabalhar em equipe.
6. Participar da administração da escola.
7. Informar e envolver os pais.
8. Utilizar novas tecnologias.
9. Enfrentar os deveres e os dilemas éticos da profissão.
10. Administrar sua própria formação contínua.

Para associar representações a essas fórmulas abstratas, um capítulo será consagrado a cada uma dessas 10 famílias. Mesmo que os títulos tenham sido extraídos de um referencial adotado por uma dada instituição, a maneira de explicitá-los é de minha única responsabilidade. Esses capítulos não têm outro objetivo além de contribuir para a formação de representações cada vez mais precisas das competências em questão. É a condição de um debate e de uma aproximação progressiva dos pontos de vista.

Renunciei a fichas técnicas, mais analíticas, para manter uma abordagem discursiva. Para *mostrar* maneiras de dar aulas, em torno, por exemplo, da diferenciação, da criação de situações didáticas ou da gestão de progressões ao longo de um ciclo de aprendizagem, uma *argumentação* pareceu mais sensata do que uma lista de itens cada vez mais detalhados. A urgência não é classificar o menor gesto profissional em um inventário sem falhas. Como convida Paquay (1994), consideremos um referencial como um *instrumento para pensar as práticas,* debater sobre o ofício, determinar aspectos emergentes ou zonas controversas.

Sem dúvida, para construir balanços de competências ou escolhas muito precisas de módulos de formação, seria conveniente dispor de instrumentos mais acurados. Esse empreendimento parece-me prematuro e poderia ser uma etapa posterior.

O próprio conceito de *competência* mereceria longas discussões. Esse *atrativo estranho* (Le Boterf, 1994) suscita há alguns anos inúmeros trabalhos, juntamente com os *saberes de experiência* e *saberes de ação* (Barbier, 1996), tanto no mundo do trabalho e da formação profissional como na escola. Em vários países, tende-se igualmente a orientar o currículo para a construção de competências desde a escola fundamental (Perrenoud, 1998a).

A noção de competência designará aqui uma *capacidade de mobilizar diversos recursos cognitivos para enfrentar um tipo de situações.* Essa definição insiste em quatro aspectos:

1. As competências não são elas mesmas saberes, *savoir-faire* ou atitudes, mas mobilizam, integram e orquestram tais *recursos.*

2. Essa mobilização só é pertinente em *situação*, sendo cada situação singular, mesmo que se possa tratá-la em analogia com outras, já encontradas.
3. O exercício da competência passa por operações mentais complexas, subentendidas por *esquemas de pensamento* (Altet, 1996; Perrenoud, 19961, 1998g), que permitem determinar (mais ou menos consciente e rapidamente) e realizar (de modo mais ou menos eficaz) uma ação relativamente adaptada à situação.
4. As competências profissionais constroem-se, em formação, mais também ao sabor da *navegação* diária de um professor, de uma situação de trabalho à outra (Le Boterf, 1997).

Descrever uma competência equivale, assim, na maioria das vezes, a evocar *três* elementos complementares:

- os tipos de situações das quais dá um certo domínio;
- os recursos que mobiliza, os conhecimentos teóricos ou metodológicos, as atitudes, o *savoir-faire* e as competências mais específicas, os esquemas motores, os esquemas de percepção, de avaliação, de antecipação e de decisão;
- a natureza dos esquemas de pensamento que permitem a solicitação, a mobilização e a orquestração dos recursos pertinentes em situação complexa e em tempo real.

Esse último aspecto é o mais difícil de objetivar, porque os esquemas de pensamento não são diretamente observáveis e só podem ser *inferidos* a partir das práticas e dos propósitos dos atores. Além disso, é difícil considerar a inteligência geral do ator – sua lógica natural – e os esquemas de pensamento *específicos* desenvolvidos no âmbito de uma especialização particular. Intuitivamente, pressentimos que o professor desenvolve esquemas de pensamento próprios a seu ofício, diferentes daqueles do piloto, do jogador de xadrez, do cirurgião ou do corretor. Falta descrevê-los mais concretamente.

Já se compreendeu que a análise das competências remete constantemente a uma teoria do pensamento e da ação *situados* (Gervais, 1998), mas também do trabalho, da prática como ofício e condição (Descolonges, 1997; Perrenoud, 1996c). Isso equivale a dizer que estamos em um terreno instável, no plano dos conceitos e, ao mesmo tempo, das ideologias...

Um ponto merece atenção: entre os recursos mobilizados por uma competência maior, encontram-se, em geral, outras competências de alcance mais limitado. Uma situação de classe geralmente apresenta múltiplos componentes, que devem ser tratados de maneira coordenada, até mesmo simultânea, para chegar a uma ação judiciosa. O profissional gera a situação globalmente, mas mobiliza algumas competências específicas, independentes umas das outras, para tratar certos aspectos do problema, assim como uma empresa terceiriza certas operações de produção. Sabe-se, por exemplo, que os professores experientes desenvolveram uma competência valiosa, como a de perceber simultaneamente os múltiplos processos que se desenrolam em sua turma (Carbonneau e Hétu, 1996; Durand, 1996). O professor especialista "tem olhos nas costas", é capaz de apreender o essencial do que se passa em várias cenas paralelas, sem ficar "siderado" ou estressado com nenhuma. Essa competência quase não é útil em si mesma, mas constitui um recurso indispensável em um ofício no qual várias dinâmicas se desenvolvem constantemente em paralelo, até mesmo em uma pedagogia frontal e autoritária. Essa competência é mobilizada por inúmeras competências mais globais de gestão de classe (por exemplo, saber prever e prevenir a agitação) ou de animação de uma atividade didática (por exemplo, saber determinar e envolver os alunos distraídos ou perdidos).

O referencial aqui escolhido associa a cada competência principal algumas competências mais específicas, que são, de certa forma, seus *componentes principais*. "Administrar a progressão das aprendizagens" mobiliza cinco competências mais específicas:

- Conceber e administrar situações-problema ajustadas ao nível e às possibilidades dos alunos.
- Adquirir uma visão longitudinal dos objetivos do ensino.
- Estabelecer laços com as teorias subjacentes às atividades de aprendizagem.
- Observar e avaliar os alunos em situações de aprendizagem, de acordo com uma abordagem formativa.
- Fazer balanços periódicos de competências e tomar decisões de progressão.

Cada uma delas poderia, por sua vez, ser decomposta, mas ficaremos neste nível, temendo que os detalhes prejudiquem a totalidade. Uma decomposição mais detalhada só teria sentido para aqueles que partilham globalmente as orientações e as concepções globais da aprendizagem e da ação educativa que subentendem os dois primeiros níveis e que pretendem, além disso, colocar o referencial a serviço de um projeto comum.

Não vou propor aqui um inventário sistemático dos *saberes* em questão, para não sobrecarregar a proposta. Aliás, raramente estão ligados a uma única competência. Desse modo, os saberes relativos à *metacognição* são mobilizados por competências tratadas em capítulos diferentes, por exemplo:

- Trabalhar a partir das representações dos alunos.

- Trabalhar a partir dos erros e dos obstáculos à aprendizagem.
- Conceber e administrar situações-problema ajustadas aos níveis e às possibilidades dos alunos.
- Observar e avaliar os alunos em situações de aprendizagem, de acordo com uma abordagem formativa.
- Fornecer apoio integrado, trabalhar com alunos portadores de grandes dificuldades.
- Suscitar o desejo de aprender, explicitar a relação com o saber, o sentido do trabalho escolar e desenvolver na criança a capacidade de auto-avaliação.
- Favorecer a definição de um projeto pessoal do aluno.

Uma *cultura em psicossociologia das organizações* será, por sua vez, mobilizada pelas seguintes competências:

- Instituir e fazer funcionar um conselho de alunos (conselho de classe ou de escola) e negociar com eles diversos tipos de regras e de contratos.
- Abrir, ampliar a gestão de classe para um espaço mais vasto.
- Desenvolver a cooperação entre os alunos e certas formas simples de ensino mútuo.
- Elaborar um projeto de equipe, representações comuns.
- Dirigir um grupo de trabalho, conduzir reuniões.
- Formar e renovar uma equipe pedagógica.
- Administrar crises ou conflitos interpessoais.
- Elaborar, negociar um projeto da instituição.
- Organizar e fazer evoluir, no âmbito da escola, a participação dos alunos.
- Dirigir reuniões de informação e de debate.
- Prevenir a violência na escola e fora dela.
- Participar da criação de regras de vida comum referentes à disciplina na escola, às sanções e à apreciação da conduta.
- Desenvolver o senso de responsabilidade, a solidariedade, e o sentimento de justiça.
- Negociar um projeto de formação comum com os colegas (equipe, escola, rede).

Percebe-se, através desses dois exemplos, a relativa *independência* do recorte dos saberes e daquele das competências, pelo menos no que diz respeito aos saberes científicos, oriundos das ciências da educação. Os primeiros organizam-se de acordo com campos disciplinares e problemáticas teóricas, ao passo que o referencial de competências remete a um recorte mais pragmático dos problemas a resolver em campo.

Com frequência, os saberes pertinentes serão nomeados "de passagem". Muitas vezes, figurarão "indiretamente" na descrição das competências. Se quisermos "utilizar as novas tecnologias", devemos evidentemente dominar os conceitos básicos e certos conhecimentos informáticos e tecnológicos.

Outros saberes permanecerão implícitos: todos os saberes de ação e de experiência sem os quais o exercício de uma competência está comprometido. Normalmente, são saberes pontuais: para usar um computador em aula, é preciso conhecer as particularidades da máquina, seus programas, seus periféricos e sua eventual conexão a uma rede. Cada professor assimila tais saberes em razão de sua pertença a um estabelecimento ou a uma equipe. Ele também os constrói ao sabor de sua experiência, de modo que esses saberes são, por um lado, de ordem privada, ou seja, pouco comunicáveis e difíceis de identificar. Demasiado gerais ou demasiado específicos, os saberes mobilizados não são, então, organizadores adequados de um referencial de competências.

O recorte feito certamente não é o único possível. Sem dúvida, seria possível propor outros reagrupamentos, igualmente plausíveis, das 44 competências específicas finalmente distinguidas. Notemos, todavia, que os 10 grandes domínios foram constituídos *primeiramente,* enquanto as competências mais específicas só foram definidas em um segundo momento. Nesse sentido, o referencial não provém de um procedimento indutivo que seria parte de uma miríade de gestos profissionais determinados em campo. Tal procedimento, aparentemente sedutor, levaria a uma visão bastante conservadora do ofício e a um reagrupamento das atividades conforme critérios relativamente superficiais, por exemplo, de acordo com os interlocutores (alunos, pais, colegas ou outros) ou com as disciplinas escolares. As 10 famílias resultam de uma construção teórica conectada à problemática da mudança.

Por essa razão, não se encontrarão neste referencial as categorias mais convencionais, tais como a construção de sequências didáticas, a avaliação e a gestão de classe. Planejar uma aula ou uma lição não figura, por exemplo, entre as competências escolhidas por duas razões:

- o desejo de desarticular a representação comum do ensino como "sequência de lições";
- a vontade de englobar as aulas em uma categoria mais vasta (organizar e dirigir situações de aprendizagem).

Essa escolha não invalida o recurso a um ensino magistral, que é, às vezes, a situação de aprendizagem mais pertinente, considerando-se os conteúdos, os objetivos visados e as imposições. A aula deveria, entretanto, tornar-se um dispositivo didático entre outros, utilizado conscientemente, mais do que o emblema da ação pedagógica, qualquer outra modalidade sendo exceção.

Sem ser a única possível, nem esgotar os diversos componentes da realidade, essa estrutura de dois níveis irá guiar-nos em uma *viagem em tomo das competências* que, certamente menos épica do que a volta ao mundo em 80 dias, nos levará a passar em revista as múltiplas facetas do ofício de professor.

Este livro presta-se, pois, a várias leituras:

- aqueles que procuram identificar e descrever as competências profissionais encontrarão nele um referencial, um a mais, cuja única originalidade talvez seja basear-se em uma visão explícita e argumentada do ofício e de sua evolução;
- aqueles que se interessam mais pelas práticas e pelo ofício podem abstrair as próprias competências, retendo apenas os gestos profissionais que elas subentendem;
- aqueles que trabalham para modernizar e para democratizar o sistema educativo encontrarão neste trabalho um conjunto de propostas relativas aos recursos de que depende a mudança.

Sobre nenhum desses pontos a pesquisa dá garantias quanto aos meios, nem resposta quanto às finalidades. Esta obra pretende ser um *convite para viagem,* e para debate, a partir de uma constatação: os programas de formação e as estratégias de inovação fundamentam-se, com demasiada frequência, em representações pouco explícitas e insuficientemente negociadas do ofício e das competências subjacentes ou, então, em referenciais técnicos e áridos, cujos fundamentos o leitor não assimila.

REFERENCIAL COMPLETO

Dez domínios de competências reconhecidas como prioritárias na formação contínua das professoras e dos professores do ensino fundamental:

Competências de referência	Competências mais específicas a trabalhar em formação contínua (exemplos)
1. Organizar e dirigir situações de aprendizagem.	• Conhecer, para determinada disciplina, os conteúdos a serem ensinados e sua tradução em objetivos de aprendizagem. • Trabalhar a partir das representações dos alunos. • Trabalhar a partir dos erros e dos obstáculos à aprendizagem. • Construir e planejar dispositivos e sequências didáticas. • Envolver os alunos em atividades de pesquisa, em projetos de conhecimento.

Competências de referência	Competências mais específicas a trabalhar em formação contínua (exemplos)
2. **Administrar a progressão das aprendizagens.**	• Conceber e administrar situações-problema ajustadas ao nível e às possibilidades dos alunos. • Adquirir uma visão longitudinal dos objetivos do ensino. • Estabelecer laços com as teorias subjacentes às atividades de aprendizagem. • Observar e avaliar os alunos em situações de aprendizagem, de acordo com uma abordagem formativa. • Fazer balanços periódicos de competências e tomar decisões de progressão.
3. **Conceber e fazer evoluir os dispositivos de diferenciação.**	• Administrar a heterogeneidade no âmbito de uma turma. • Abrir, ampliar a gestão de classe para um espaço mais vasto. • Fornecer apoio integrado, trabalhar com alunos portadores de grandes dificuldades. • Desenvolver a cooperação entre os alunos e certas formas simples de ensino mútuo.
4. **Envolver os alunos em sua aprendizagem e em seu trabalho.**	• Suscitar o desejo de aprender, explicitar a relação com o saber, o sentido do trabalho escolar e desenvolver na criança a capacidade de auto-avaliação. • Instituir e fazer funcionar um conselho de alunos (conselho de classe ou de escola) e negociar com eles diversos tipos de regras e de contratos. • Oferecer atividades opcionais de formação, *à la carte*. • Favorecer a definição de um projeto pessoal do aluno.
5. **Trabalhar em equipe.**	• Elaborar um projeto de equipe, representações comuns. • Dirigir um grupo de trabalho, conduzir reuniões. • Formar e renovar uma equipe pedagógica. • Enfrentar e analisar em conjunto situações complexas, práticas e problemas profissionais. • Administrar crises ou conflitos interpessoais.
6. **Participar da administração da escola.**	• Elaborar, negociar um projeto da instituição. • Administrar os recursos da escola. • Coordenar, dirigir uma escola com todos os seus parceiros (serviços paraescolares, bairro, associações de pais, professores de língua e cultura de origem). • Organizar e fazer evoluir, no âmbito da escola, a participação dos alunos.

Competências de referência	Competências mais específicas a trabalhar em formação contínua (exemplos)
7. Informar e envolver os pais.	• Dirigir reuniões de informação e de debate. • Fazer entrevistas. • Envolver os pais na construção dos saberes.
8. Utilizar novas tecnologias.	• Utilizar editores de textos. • Explorar as potencialidades didáticas dos programas em relação aos objetivos do ensino. • Comunicar-se a distância por meio da telemática. • Utilizar as ferramentas multimídia no ensino.
9. Enfrentar os deveres e os dilemas éticos da profissão.	• Prevenir a violência na escola e fora dela. • Lutar contra os preconceitos e as discriminações sexuais, étnicas e sociais. • Participar da criação de regras de vida comum referentes à disciplina na escola, às sanções e à apreciação da conduta. • Analisar a relação pedagógica, a autoridade, a comunicação em aula. • Desenvolver o senso de responsabilidade, a solidariedade e o sentimento de iustiça.
10. Administrar sua própria formação contínua.	• Saber explicitar as próprias práticas. • Estabelecer seu próprio balanço de competências e seu programa pessoal de formação contínua. • Negociar um projeto de formação comum com os colegas (equipe, escola, rede). • Envolver-se em tarefas em escala de uma ordem de ensino ou do sistema educativo. • Acolher a formação dos colegas e participar dela.
Competências de referência.	Competências mais específicas a trabalhar em formação contínua (exemplos)

Fonte: Arquivo *Formação contínua. Programa dos cursos* 1996-1997, Genebra, ensino fundamental, Serviço de aperfeiçoamento, 1996. Esse referencial foi adotado pela instituição mediante proposta da comissão paritária da formação.

I
ORGANIZAR E DIRIGIR SITUAÇÕES DE APRENDIZAGEM

Por que apresentar como uma nova competência a capacidade de organizar e de dirigir situações de aprendizagem? Ela não estaria no próprio cerne do ofício de professor?

Tudo depende, evidentemente, do que se esconde sob as palavras. O ofício de professor foi, por muito tempo, assimilado à aula magistral seguida de exercícios. A figura do *Magister* lembra aquela de *Discípulo*, que "bebe suas palavras" e nunca para de se formar em contato com ele, elaborando posteriormente seu pensamento. Escutar uma lição, fazer exercícios ou estudar em um livro podem ser atividades de aprendizagem. Consequentemente, o professor mais tradicional pode pretender organizar e dirigir tais situações, mais ou menos como M. Jourdin fazia prosa, sem saber, ou mais exatamente, sem dar importância a isso. A própria ideia de situação de aprendizagem não apresenta nenhum interesse para aqueles que pensam que se vai à escola para aprender e que todas as situações servem supostamente a esse desígnio. Desse ponto de vista, insistir nas "situações de aprendizagem" nada acrescenta à visão clássica do ofício de professor. Essa insistência pode até mesmo parecer pedante, como se insistíssemos em dizer que um médico "concebe e dirige situações terapêuticas" mais do que simplesmente reconhecer que trata seus pacientes, assim como o mestre instrui seus alunos. Com exceção daqueles que estão familiarizados com as pedagogias ativas e com os trabalhos em didática das disciplinas, os professores de hoje não se concebem espontaneamente como "conceptores-dirigentes de situações de aprendizagem".

Trata-se de uma simples questão de vocabulário, ou eles tem razões para resistir a uma maneira de ver que só pode complicar sua vida? Tomemos o exemplo do ensino universitário de primeiro ciclo*, tal como ainda dispensado

---

* N. de T. O sistema universitário francês compreende três ciclos: o primeiro corresponde à graduação no Brasil; o segundo e o terceiro correspondem aproximadamente à pós-graduação (mestrado e doutorado).

na maioria dos países. A aula é dada em um anfiteatro, diante de centenas de rostos anônimos. Compreenda e aprenda quem puder! O professor poderia por um instante alimentar a ilusão de que cria, desse modo, para cada um, uma situação de aprendizagem, definida pela escuta da palestra magistral e pelo trabalho de tomada de notas, de compreensão e de reflexão que ela supostamente suscita. Se ele refletir, verá que a padronização aparente da situação é uma ficção e que existem tantas situações diferentes quanto alunos. Cada um vivencia a aula em função de seu humor e de sua disponibilidade, do que ouve e compreende, conforme seus recursos intelectuais, sua capacidade de concentração, o que o interessa, faz sentido para ele, relaciona-se com outros saberes ou com realidades que lhe são familiares ou que consegue imaginar. Nesse estágio da reflexão, o professor terá a sabedoria de suspendê-la, sob pena de avaliar que, na verdade, não sabe grande coisa a respeito das situações de aprendizagem que cria... Ver-se como conceptor e dirigente de situações de aprendizagem não deixa de ter riscos: isso pode levar ao questionamento de sua pertinência e eficácia!

O sistema educativo construiu-se de cima para baixo. É por isso que as mesmas constatações valem, até um certo ponto, para o ensino médio e, em menor medida, para o ensino fundamental.* Quando os alunos são crianças ou adolescentes, eles são menos numerosos e o ensino é mais interativo; há mais possibilidades de exercícios e experiências feitas por eles (e não *diante* deles). Entretanto, enquanto praticarem uma pedagogia magistral e pouco diferenciada, os professores não dominarão verdadeiramente as situações de aprendizagem nas quais colocam *cada um* de seus alunos. No máximo, podem velar, usando meios disciplinares clássicos, para que todos os alunos escutem com atenção e envolvam-se ativamente, pelo menos em aparência, nas tarefas atribuídas. A reflexão sobre as situações didáticas começa com a questão de Saint-Onge (1996): "Eu, ensino, mas eles aprendem?".

Desde Bourdieu (1966), sabe-se que só aprendem verdadeiramente, por meio dessa pedagogia, os "herdeiros", aqueles que dispõem dos meios culturais para tirar proveito de uma formação que se dirige formalmente a todos, na ilusão da equidade, identificada nesse caso pela igualdade de tratamento. Isso parece evidente hoje em dia. No entanto, foi necessário um século de escolaridade obrigatória para se *começar* a questionar esse modelo, opondo-lhe um modelo mais *centrado nos aprendizes,* suas representações, sua atividade, as situações concretas nas quais são mergulhados e seus efeitos didáticos. Sem dúvida, essa evolução – inacabada e frágil – tem vínculos com a abertura dos estudos longos a novos públicos, o que obriga a se preocupar com aqueles

---

*N. de R. T. Ver quadro comparativo dos sistemas educacionais na França e no Brasil, p. 23.

para os quais assistir a uma aula magistral e fazer exercícios não é suficiente para aprender. Há laços estreitos entre a pedagogia diferenciada e a reflexão sobre as situações de aprendizagem (Meirieu, 1989; 1990).

OS SISTEMAS BRASILEIRO E FRANCÊS DE EDUCAÇÃO: EQUIVALÊNCIA DE NÍVEIS

Fonte: adaptado por Magda Soares. Apresentação à Edição Brasileira do livro *Ler e escrever: entrando no mundo da escrita*, de Chártier, A-M.; Clesse, C.; Hebrard, J. Porto Alegre: Artes Médicas Sul, 1996.

Sistema educacional brasileiro

Ensino superior		
4º ano*	ENSINO MÉDIO	18
3º ano		17
2º ano		16
1º ano		15
8ª série	SÉRIES FINAIS DO ENSINO FUNDAMENTAL	14
7ª série		13
6ª série		12
5ª série		11
4ª série	SÉRIES INICIAIS DO ENSINO FUNDAMENTAL	10
3ª série		9
2ª série		8
1ª série		7
Pré-escola	EDUCAÇÃO INFANTIL	6
		5
		4
Creche		3
		2
		1
		0

Sistema educacional francês

		Ensino superior		
	18			
	17	Terminale	LYCÉE	ÉCOLE SECONDAIRE
	16	Première		
	15	Seconde		
	14	Troisiéme		
	13	Quatriéme	COLLÈGE	
	12	Cinquiéme		
Cycle III	11	Sixiéme		
	10	Cours Moyen 2ème année CM2	ÉCOLE ÉLÉMENTAIRE	
	9	Cours Moyen 1ère année CM1		
Cycle II	8	Cours Élémentaire 2ème année CE2		
	7	Cours Élémentaire 1ère année CE1		
	6	Cours Préparatoire CP		
	5	Grande Section	ÉCOLE MATERNELLE	
	4	Moyenne Section		
Cycle I	3	Petite Section		
	2			

* Refere-se aos cursos técnicos de nível médio.

Na perspectiva de uma escola mais eficaz para todos, organizar e dirigir situações de aprendizagem deixou de ser uma maneira ao mesmo tempo banal e complicada de designar o que fazem espontaneamente todos os professores. Essa linguagem acentua a *vontade de conceber situações didáticas ótimas,* inclusive e principalmente para os alunos que não aprendem ouvindo lições. As situações assim concebidas distanciam-se dos exercícios clássicos, que apenas exigem a operacionalização de um procedimento conhecido. Permanecem úteis, mas não são mais o início e o fim do trabalho em aula, como tampouco a aula magistral, limitada a funções precisas (Etienne e Lerouge, 1997, p. 64). Organizar e dirigir situações de aprendizagem é manter um espaço justo para tais procedimentos. É, sobretudo, despender energia e tempo e dispor das competências profissionais necessárias para imaginar e criar outros tipos de situações de aprendizagem, que as didáticas contemporâneas encaram como *situações amplas, abertas, carregadas de sentido e de regulação,* as quais requerem um método de pesquisa, de identificação e de resolução de problemas.

Essa competência global mobiliza várias competências mais específicas:

- Conhecer, para determinada disciplina, os conteúdos a serem ensinados e sua tradução em objetivos de aprendizagem.
- Trabalhar a partir das representações dos alunos.
- Trabalhar a partir dos erros e dos obstáculos à aprendizagem.
- Construir e planejar dispositivos e sequências didáticas.
- Envolver os alunos em atividades de pesquisa, em projetos de conhecimento.

Vamos analisá-las, uma a uma, lembrando-nos de que todas contribuem para a concepção, organização e animação de situações de aprendizagem.

CONHECER, PARA DETERMINADA DISCIPLLNA, OS CONTEÚDOS A SEREM ENSINADOS E SUA TRADUÇÃO EM OBJETIVOS DE APRENDIZAGEM

Conhecer os conteúdos a serem ensinados e a menor das coisas, quando se pretende instruir alguém. Porém, a verdadeira competência pedagógica não está aí; ela consiste, de um lado, em *relacionar* os conteúdos a *objetivos* e, de outro, a *situações de aprendizagem.* Isso não parece necessário, quando o professor se limita a percorrer, capítulo após capítulo, página após página, o "texto do saber". Certamente, nesta etapa há *transposição didática* (Chevallard, 1991), na medida em que o saber é organizado em lições sucessivas, conforme um plano e em um ritmo que deem conta, em princípio, do nível médio e das aquisições anteriores dos alunos, com momentos de revisão e de avaliação. Em tal pedagogia, os objetivos são implicitamente definidos pelos conteúdos: trata-se, em suma, de o aluno assimilar o conteúdo e de dar provas dessa assimilação durante uma prova oral, escrita ou um exame.

A preocupação com os objetivos vem à tona durante os anos 60, com a "pedagogia de domínio", tradução aproximada da expressão inglesa *mastery learning*. Bloom (1979), seu criador, defende um ensino orientado por critérios de domínio, regulado por uma avaliação formativa que leve a "remediações". Na mesma época (Bloom, 1975), propõe a primeira "taxonomia dos objetivos pedagógicos", ou seja, uma classificação completa das aprendizagens visadas na escola.

Nos países francófonos, essa abordagem foi frequentemente caricaturada sob o rótulo de "pedagogia por objetivos". Hameline (1979) descreveu tanto as virtudes quanto os excessos e os limites do trabalho por objetivos. Huberman (1988) mostrou que o modelo da pedagogia de domínio permanece pertinente, desde que ampliado e integrado a abordagens mais construtivistas. Hoje em dia, ninguém mais pleiteia um ensino guiado a cada passo por objetivos muito precisos, imediatamente testados com vistas a uma remediação imediata. O ensino certamente persegue objetivos, mas não de maneira mecânica e obsessiva. Eles intervêm em três estágios:

- do planejamento didático, não para ditar situações de aprendizagem próprias a cada objetivo, mas para identificar os objetivos trabalhados nas situações em questão, de modo a escolhê-los e dirigi-los com conhecimento de causa;
- da análise *a posteriori* das situações e das atividades, quando se trata de delimitar *o que se desenvolveu realmente* e de modificar a sequência das atividades propostas;
- da avaliação, quando se trata de controlar os conhecimentos adquiridos pelos alunos.

Traduzir o programa em objetivos de aprendizagem e estes em situações e atividades realizáveis não é uma atividade linear, que permita honrar cada objetivo separadamente. Os saberes e o *savoir-faire* de alto nível são construídos em situações *múltiplas, complexas,* cada uma delas dizendo respeito a vários objetivos, por vezes em várias disciplinas. Para organizar e dirigir tais situações de aprendizagem, é indispensável que o professor domine os saberes, que esteja mais de uma lição à frente dos alunos e que seja capaz de encontrar o essencial sob múltiplas aparências, em contextos variados.

"O que se concebe bem se enuncia claramente, e as palavras para dizê-lo afloram com facilidade", dizia Boileau. Atualmente, estamos bem além desse preceito. Não basta, *para fazer com que se aprenda,* estruturar o texto do saber e depois "lê-lo" de modo inteligível e vivaz, ainda que isso já requeira talentos didáticos. A competência requerida hoje em dia é o domínio dos conteúdos com suficiente fluência e distância para *construí-los* em situações abertas e tarefas complexas, aproveitando ocasiões, partindo dos interesses dos alunos, explorando os acontecimentos, em suma, favorecendo a apropriação ativa e a transferência dos saberes, sem passar necessariamente por sua exposição metódica, na ordem prescrita por um sumário.

Essa facilidade na administração das situações e dos conteúdos exige um domínio pessoal não apenas dos saberes, mas também daquilo que Develay (1992) chama de *matriz disciplinar*, ou seja, os conceitos, as questões e os paradigmas que estruturam os saberes no seio de uma disciplina. Sem esse domínio, a unidade dos saberes está perdida, os detalhes são superestimados e a capacidade de reconstruir um planejamento didático a partir dos alunos e dos acontecimentos encontra-se enfraquecida.

Por isso, a importância de saber identificar *noções-núcleo* (Meirieu, 1989, 1990) ou competências-chave (Perrenoud, 1998a) em torno das quais organizar as aprendizagens e em função das quais orientar o trabalho em aula e estabelecer prioridades. Não é razoável pedir a cada professor que faça sozinho, para sua turma, uma leitura dos programas com vistas a extrair núcleos. Entretanto, mesmo que a instituição proponha uma reescritura dos programas nesse sentido, eles correm o risco de permanecer letra morta para os professores que não estão prontos para consentirem um importante *trabalho* de vaivém entre os conteúdos, os objetivos e as situações. É esse preço que pagarão para navegar na cadeia da transposição didática "como peixes na água"!

TRABALHAR A PARTIR DAS REPRESENTAÇÕES DOS ALUNOS

A escola não constrói a partir do zero, nem o aprendiz não é uma tábula rasa, uma mente vazia; ele sabe, ao contrário, "muitas coisas", questionou-se e assimilou ou elaborou respostas que o satisfazem provisoriamente. Por causa disso, muitas vezes, o ensino choca-se de frente com as *concepções dos aprendizes*.

Nenhum professor experiente ignora este fato: os alunos pensam que sabem uma parte daquilo que se deseja ensinar-lhes. Uma boa pedagogia tradicional usa, às vezes, esses fragmentos de conhecimento como pontos de apoio, mas o professor transmite, pelo menos implicitamente, a seguinte mensagem: "Esqueçam o que vocês sabem, desconfiem do senso comum e do que lhes contaram e escutem-me, pois vou dizer-lhes como as coisas acontecem realmente".

A didática das ciências (Giordan e De Vecchi, 1987; De Vecchi, 1992, 1993; Astolfi e Develay, 1996; Astolfi, Darot, Ginsburger-Vogel e Toussaint, 1997; Joshua e Dupin, 1993) mostrou que não é possível livrar-se tão facilmente das concepções prévias dos aprendizes. Elas fazem parte de um *sistema de representações* que tem sua coerência e suas funções de explicação do mundo e que se reconstitui sub-repticiamente, a despeito das demonstrações irrefutáveis e dos desmentidos formais feitos pelo professor. Até mesmo ao final dos estudos científicos universitários, os estudantes retomam ao senso comum quando estão às voltas, fora do contexto da aula ou do laboratório, com um problema de forças, de calor, de reação química, de respiração ou de contágio. Tudo se passa como se o ensino teórico expulsasse, na hora da aula e do exame, uma "naturalidade" prestes a reaparecer a todo vapor nos outros contextos.

O que vale para as ciências manifesta-se em todas as áreas em que a ocasião e a necessidade de compreender não esperaram que o assunto fosse tratado na escola... Trabalhar a partir das representações dos alunos não consiste em fazê-las expressarem-se, para desvalorizá-las imediatamente. O importante é dar-lhes *regularmente* direitos na aula, interessar-se por elas, tentar compreender suas raízes e sua forma de coerência, não se surpreender se elas surgirem novamente, quando as julgávamos ultrapassadas. Para isso, deve-se abrir um espaço de discussão, não censurar imediatamente as analogias falaciosas, as explicações animistas ou antropomórficas e os raciocínios espontâneos, sob pretexto de que levam a conclusões errôneas.

Bachelard (1996) observa que os professores têm dificuldades para compreender que seus alunos não compreendem, já que perderam a memória do caminho do conhecimento, dos obstáculos, das incertezas, dos atalhos, dos momentos de pânico intelectual ou de vazio. Para o professor, um número, uma subtração, uma fração são saberes adquiridos e banalizados, assim como o imperfeito, a noção de verbo, de concordância ou de subordinada ou, então, a noção de célula, de tensão elétrica ou de dilatação. O professor que trabalha a partir das representações dos alunos tenta reencontrar a memória do tempo em que ainda não sabia, *colocar-se no lugar dos aprendizes,* lembrar-se de que, se não compreendem, não é por falta de vontade, mas porque o que é evidente para o especialista parece opaco e arbitrário para os aprendizes. De nada adianta explicar cem vezes a técnica de desconto a um aluno que não compreende o princípio da numeração em diferentes bases. Para aceitar que um aluno não compreende o princípio de Arquimedes, deve-se avaliar sua extrema abstração, a dificuldade de conceituar a resistência da água ou de se desfazer da ideia intuitiva de que um corpo flutua "porque faz esforços para não afundar", como um ser vivo.

Para imaginar o conhecimento já construído na mente do aluno, e que obstaculiza o ensino, não basta que os professores tenham a memória de suas próprias aprendizagens. Uma cultura mais extensa em história e em filosofia das ciências poderia ajudá-los, por exemplo, a compreenderem por que a humanidade levou séculos para abandonar a ideia de que o Sol girava em torno da Terra, ou para aceitar que uma mesa seja um sólido essencialmente vazio, considerando-se a estrutura atômica da matéria. A maior parte dos conhecimentos científicos contraria a intuição. As representações e as concepções que lhes são opostas não são apenas aquelas das crianças, mas das sociedades do passado e de uma parte dos adultos contemporâneos. É igualmente útil que os professores tenham algumas noções de psicologia genética. Enfim, é importante que se confrontem com os limites de seus próprios conhecimentos e que (re)descubram que as noções de número imaginário, de quanta, de buraco negro, de supercondutor, de DNA, de inflação ou de metacognição colocam-no em dificuldades, da mesma forma que seus alunos, diante das noções mais elementares.

Resta trabalhar a partir das concepções dos alunos, dialogar com eles, fazer com que sejam avaliadas para aproximá-las dos conhecimentos científicos a serem ensinados. A competência do professor é, então, essencialmente *didática*. Ajuda-o a fundamentar-se nas representações prévias dos alunos, sem se fechar nelas, a encontrar um ponto de entrada em seu sistema cognitivo, uma maneira de desestabilizá-los *apenas o suficiente* para levá-los a restabelecerem o equilíbrio, incorporando novos elementos às representações existentes, reorganizando-as se necessário.

TRABALHAR A PARTIR DOS ERROS E DOS OBSTÁCULOS À APRENDIZAGEM

Esta competência segue imediatamente a anterior. Baseia-se no postulado simples de que aprender não é primeiramente memorizar, estocar informações, mas *reestruturar seu sistema de compreensão de mundo*. Tal reestruturação não acontece sem um importante trabalho cognitivo. Engajando-se nela, restabelece-se um equilíbrio rompido, dominando melhor a realidade de maneira simbólica e prática.

Por que a sombra de uma árvore se alonga? Porque o Sol se deslocou, dirão aqueles que, na vida cotidiana, continuam a pensar que o Sol gira em torno da Terra. Porque a Terra seguiu sua rotação, dirão os discípulos de Galileu. Daí a estabelecer uma relação precisa entre a rotação da Terra (ou o movimento aparente do Sol) e o alongamento de uma sombra, há apenas um passo, que supõe um modelo geométrico e trigonométrico que a maioria dos adultos teria bastante dificuldade para relembrar ou elaborar rapidamente. Pedir a alunos de 11 ou 12 anos que façam um esquema para representar o fenômeno coloca-os, portanto, diante de *obstáculos cognitivos* que só poderão superar graças a certas aprendizagens.

A pedagogia clássica trabalha a partir dos obstáculos, mas privilegia aqueles que a teoria propõe, aqueles que o aluno encontra em seu livro de matemática ou de física, quando, lendo pela terceira ou oitava vez o enunciado de um teorema ou de uma lei, ainda não compreende por que a soma dos ângulos de um triângulo é igual a 180^0, ou como pode ser possível um corpo cair com aceleração constante.

Solicita-se aos alunos que, na suposta tomada de uma fortaleza, calculem que comprimento deverá ter uma escada que permita transpor um fosso de 6 metros de largura para que se alcance o alto de um muro de 9 metros. Se conhecerem o teorema de Pitágoras e forem capazes de ver tanto sua pertinência como sua aplicação, farão a soma das raízes quadradas de 6 e de 9, ou seja, 36 + 81 = 117, deduzindo que bastara uma escada de 11 metros.

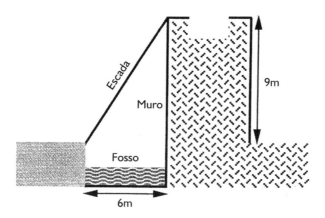

Se não conhecerem o teorema de Pitágoras, deverão, ou descobri-lo, ou proceder de modo mais pragmático, construindo, por exemplo, uma maquete em escala reduzida. Conforme a idade dos alunos e o programa que tem em mente, o professor pode introduzir *imposições,* por exemplo, proibindo o procedimento mais empírico, se quiser fazer com que descubram o teorema, ou, ao contrário, favorecê-lo, se quiser induzir um trabalho sobre as proporções.

Conforme conhecerem o teorema, forem capazes de descobri-lo ou estarem muito longe disso, os alunos não farão as mesmas aprendizagens:

- Se conhecerem o teorema, trabalharão "simplesmente" a operacionalização ou a *transferência* de um conhecimento adquirido, em um contexto no qual sua pertinência não se mostra à primeira vista, já que se deve reconstituir um triângulo retângulo, ou seja, comparar o fosso e o muro aos lados do ângulo direito, a escada à hipotenusa, pensando em Pitágoras. Nesse nível, pode-se sugerir aos alunos que

considerem o fato de que não se colocará a escada exatamente na beira do fosso e que esta ultrapassará o muro.
- Se eles "chegarem perto" do teorema, o obstáculo cognitivo será de outra ordem. Os alunos deverão construir a intuição de que provavelmente existe uma regra que lhes permitirá, se a encontrarem, calcular sem hesitar. Faltará descobri-la e depois formalizá-la, fase na qual o professor, sem dúvida, intervirá propondo outras situações e talvez o próprio teorema, se julgar que tem pouco tempo para fazer com que o descubram ou se achar, com ou sem razão, que seus alunos "jamais conseguirão sozinhos".
- Se os alunos não tiverem nenhuma ideia da existência possível de um teorema aplicável, eles se contentarão em buscar uma solução pragmática por meio de estimativas e simulações. O obstáculo será mais metodológico do que propriamente matemático, se a situação assemelhar-se mais a um problema aberto do que a uma situação-problema.

Uma verdadeira situação-problema obriga a *transpor um obstáculo graças a uma aprendizagem inédita,* quer se trate de uma simples transferência, de uma generalização ou da construção de um conhecimento inteiramente novo. O obstáculo toma-se, então, o objetivo do momento, um *objetivo-obstáculo,* conforme a expressão de Martinand (1986) retomada por Meirieu, Astolfi e muitos outros. O ajuste das *situações-problema* às possibilidades dos alunos será abordado no próximo capítulo.

Deparar-se com o obstáculo é, em um primeiro momento, enfrentar o vazio, a ausência de qualquer solução, até mesmo de qualquer pista ou método, sendo levado à impressão de que jamais se conseguirá alcançar soluções. Se ocorre a devolução do problema, ou seja, se os alunos apropriam-se dele, sua mente põe-se em movimento, constrói hipóteses, procede a explorações, propõe tentativas "para ver". Em um trabalho coletivo, inicia-se a discussão, o choque das representações obriga cada um a precisar seu pensamento e a levar em conta o dos outros.

É nesse momento que o erro de raciocínio e de estratégia ameaça. Assim, para demonstrar o teorema de Pitágoras e provar que, em um triângulo retângulo abc, o quadrado da hipotenusa é igual à soma dos quadrados dos lados do ângulo direito, inscreve-se geralmente o triângulo retângulo em um retângulo. Que o leitor tente reconstituir a sequência do raciocínio e medir o número de operações mentais que devem encadear-se corretamente e guardar na memória de trabalho para poder dizer "o que se devia demonstrar"! Daí a multiplicar os erros, é uma verdadeira corrida de obstáculos!

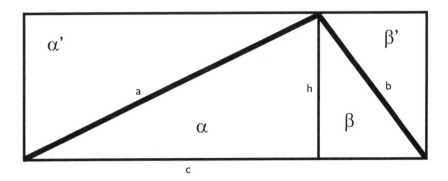

Diante de uma tarefa complexa, os obstáculos cognitivos são, em larga medida, constituídos por pistas falsas, erros de raciocínio, estimativa ou cálculo. Entretanto, o erro também ameaça aparecer nos exercícios mais clássicos: "Eu tinha dinheiro, quando saí esta manhã; durante o dia, gastei primeiramente 70 francos e depois mais 40; sobraram 120 francos. Quanto eu tinha ao partir?". Muitas crianças calcularão 120 – 70 – 40 e obterão 10 francos, isto é, um resultado numericamente correto, considerando-se as operações feitas, mas que não é a resposta ao problema e que, além disso, é improvável, já que a soma de partida é inferior ao montante de cada despesa feita... Para que se compreenda esse erro, devem-se analisar as dificuldades da subtração e considerar o fato de que, na realidade, precisa-se de uma adição para resolver o problema levantado em termos de gastos, isto é, de subtração (Vergnaud, 1980).

A didática das disciplinas interessa-se cada vez mais pelos erros e tenta *compreendê-los,* antes de combatê-los. Astolfi (1997) propõe que se considere o erro como uma *ferramenta para ensinar,* um revelador dos mecanismos de pensamento do aprendiz. Para desenvolver essa competência, o professor deve, evidentemente, ter conhecimentos em didática e em psicologia cognitiva. De início, deve interessar-se pelos erros, aceitando-os como etapas *estimáveis* do esforço de compreender, esforçar-se, não corrigi-los ("Não diga, mas diga!"), proporcionando ao aprendiz, porém, os meios para *tomar consciência deles,* identificar sua origem e transpô-los.

CONSTRUIR E PLANEJAR DISPOSITIVOS E SEQUÊNCIAS DIDÁTICAS

Uma situação de aprendizagem inscreve-se em um dispositivo que a torna *possível* e, às vezes, em uma *sequência* didática na qual cada situação é uma etapa em uma progressão. Sequências e dispositivos didáticos inscrevem-se, por sua vez, em um contrato pedagógico e didático, regras de funcionamento e *instituições internas à classe*.

As noções de dispositivo e de sequência didáticos chamam a atenção para o fato de que uma situação de aprendizagem não ocorre ao acaso e é engendrada por um dispositivo que coloca os alunos diante de uma tarefa a ser realizada, um projeto a fazer, um problema a resolver. Não há dispositivo geral; tudo depende da disciplina, dos conteúdos específicos, do nível dos alunos, das opções do professor. Um procedimento de projeto leva a certos dispositivos. O trabalho por meio de situações-problema leva a outros, os procedimentos de pesquisa, a outros ainda. Nesses casos, há um certo número de *parâmetros* que devem ser dominados para que as aprendizagens almejadas se realizem. Para entrar em mais detalhes, conviria considerar uma disciplina em particular. Um procedimento de projeto em geografia, uma experiência em ciências, um trabalho sobre situações matemáticas ou uma pedagogia do texto requerem dispositivos variados.

Tomemos como exemplo uma série de experiências em torno do princípio de Arquimedes, detalhadas em uma obra do Grupo Francês de Educação Nova (Laschkar e Bassis, 1985). Lembremos, para aqueles que tiverem esquecido, que o princípio de Arquimedes explica principalmente por que certos corpos flutuam. Cada corpo mergulhado em um líquido é objeto de um empuxo igual ao peso de volume de líquido que ele ocupa. Disso resulta que:

- os corpos cuja densidade (ou peso da unidade de volume) é superior àquela do líquido afundarão;
- aqueles que tiverem densidade igual permanecerão em equilíbrio (como um submarino imerso e estabilizado);
- aqueles cuja densidade for inferior à do líquido subirão à superfície e flutuarão (como barcos), a linha de flutuação delimitando a parte imersa.

O equilíbrio é alcançado quando o peso de volume do líquido deslocado por essa parte for igual à massa global do corpo que flutua. Classicamente, pede-se aos alunos que imaginem substituir o corpo que flutua pelo líquido do qual, de certo modo, "tomou o lugar". Podem, então, entrever que, se esse líquido estivesse fechado em um envelope sem peso nem espessura, ele permaneceria no lugar, o que indica que sofre um empuxo ascendente equilibrando seu peso, que o atrai para o fundo.

Um professor do GFEN, que ensina física em uma turma de ensino fundamental francês (13-14 anos), formou-se em biologia. Sem dúvida, é por essa razão que não aborda o princípio de Arquimedes de maneira tão abstrata.

Começa fazendo seus alunos refletirem sobre pares de matérias: pão-açúcar, madeira-concreto, ferro-plástico, sem referência a essa fase em um líquido. Pergunta-lhes qual é a mais pesada. As primeiras respostas brotam sem raciocínio, baseadas na intuição sensível da densidade, sem que o conceito seja construído. Posteriormente, vem a constatação decisiva: não se pode saber, "depende de quanto se toma de matéria".

Quanto? Os alunos concluirão – após reflexão – que um quilo de penas é tão pesado quanto um quilo de chumbo. A quantidade refere-se, portanto, ao volume. O professor, partidário do princípio de auto-socioconstrução dos saberes (Bassis, 1998; Vellas, 1996), evita facilitar o trabalho. Ele não propõe volumes de madeira, ferro, plástico ou concreto iguais e com a mesma forma, que bastaria pesar. Põe à disposição dos alunos pedaços de volumes, de formas e de pesos diversos, que não se prestam nem a uma comparação direta por peso, nem a um recorte fácil em volumes iguais. As condições estão preenchidas para que emerja, pouco a pouco, o conceito de peso da unidade de volume.

Em uma segunda sequência, o professor propõe que se aborde o mesmo problema de outra forma. Dá a cada equipe um pedaço de massa de modelar, pedindo aos alunos que meçam tão precisamente quanto possível a massa e o volume. Eles têm à sua disposição balanças e tubos de ensaio graduados que podem ser enchidos de água e nos quais podem-se mergulhar os pedaços. Note-se que os conceitos de massa e de volume estão, nessa fase do curso, supostamente construídos e mobilizáveis. O novo desafio é sua correlação, da qual decorrerá o conceito de peso da unidade de volume.

Os alunos pesam os blocos de massa de modelar em balança e medem seu volume por imersão, fazendo depois um quadro comparativo:

	Equipe 1	Equipe 2	Equipe 3	Equipe 4	Equipe 5
Massa em gramas	22	42	90	50	150
Volume em mililitros	15	30	150	35	100

Os alunos da equipe 3 dão as indicações: a relação entre massa e volume não é provável. A equipe está certa do peso e quer medir novamente o volume. O professor solicita que *calculem* esse volume, sem retornar ao tubo de ensaio. A turma mobiliza-se e chega a formulações do gênero: "Quando se divide massa por volume, o resultado é quase sempre o mesmo". Ou "É preciso multiplicar o volume por uma cifra maior que 1 e menor que 2 para encontrar a massa". Passemos por cima das verificações e tentativas que possibilitam, após vários desvios, estabilizar, nomear e formalizar o conceito de peso da unidade de volume. Saber se uma matéria é mais pesada ou leve que outra pode ser reformulado mais "cientificamente": seu peso da unidade de volume é superior ou inferior? Os alunos compreenderam que não se podia comparar senão os pesos da unidade de volume igual e que essa era uma das funções das unidades de volume, que são volumes fictícios, os quais não se recorta fisicamente.

O professor introduz uma terceira sequência, que chama de *Flutua ou afunda?*, dizendo: "Um *iceberg* de 5.000 toneladas flutua, uma bolinha de aço de 10 gramas afunda!". Os alunos respondem-lhe que o aço é mais pesado que o gelo. O professor espanta-se, já que 10 gramas "é uma massa menor do que 5.000 toneladas". Os alunos respondem: "Não, não se trata da bolinha, mas do aço. Do peso da unidade de volume..." (Laschkar e Bassis, 1985, p. 60).

A dissociação está feita; na mente dos alunos, o peso da unidade de volume do aço existe independentemente da bolinha, assim como a do gelo existe independentemente do *iceberg*. O caminho até a descoberta do princípio de Arquimedes ainda é longo e semeado de armadilhas, mas a ferramenta conceitual indispensável foi adquirida.

Remetendo à obra para a descrição detalhada dessa experiência, retenho aqui o essencial, transponível a outros conhecimentos, em outras disciplinas: a construção do conhecimento é uma *trajetória coletiva* que o professor orienta, criando situações e dando auxílio, sem ser o especialista que transmite o saber, nem o guia que propõe a solução para o problema.

Quanto mais se aderir a um procedimento construtivista, mais importante será conceber situações que estimulem o conflito cognitivo entre alunos ou na mente de cada um, por exemplo, entre o que o aluno antecipa e o que observa. O professor afirma não deixar de "tirar coelhos da cartola" para provocar progressos. Por exemplo, sem comentários, mergulha dois pedaços idênticos de gelo, um na água e o outro no álcool. Os efeitos diferentes obrigam os alunos a considerarem o peso da unidade de volume do *líquido* e a construírem uma relação entre peso da unidade de volume do sólido imerso e peso de volume do líquido, base do princípio de Arquimedes.

Dispositivos e sequências didáticas buscam, para fazer com que se aprenda, *mobilizar* os alunos seja para *compreenderem*, seja para *terem êxito*, se possível os dois (Piaget, 1974). Sua concepção e sua implantação levam ao confronto de um dos dilemas de toda pedagogia ativa: ou investir em projetos que envolvam e apaixonem os alunos, com o risco de que professores e alunos tornem-se prisioneiros de uma lógica de produção e de êxito, ou implantar dispositivos e sequências mais abertamente centralizados em aprendizagens, reencontrando os impasses das pedagogias da lição e do exercício (Perrenoud, 1998n).

Todo dispositivo repousa sobre hipóteses relativas à aprendizagem e à relação com o saber, o projeto, a ação, a cooperação, o erro, a incerteza, o êxito e o fracasso, o obstáculo, o tempo. Se construímos dispositivos partindo do princípio de que todos querem aprender e aceitam pagar um preço por isso, marginalizamos os alunos para os quais o acesso ao saber não pode ser tão direto. Procedimentos de projeto podem, ao contrário, tornar-se fins em si mesmos e afastar-se do programa. A competência profissional consiste na busca de um *amplo repertório* de dispositivos e de sequências na sua adaptação ou construção, bem como na identificação, com tanta perspicácia quanto possível, que eles mobilizam e ensinam.

ENVOLVER OS ALUNOS EM ATIVIDADES DE PESQUISA, EM PROJETOS DE CONHECIMENTO

Acabamos de abordar esse tema acerca dos dispositivos didáticos. Chega-se, então, ao fenômeno mais geral da motivação (Viau, 1994; Chappaz, 1996; Delannoy, 1997), da *relação com o saber* (Charlot, Bautier e Rochex, 1994; Charlot, 1997) e do *sentido da experiência e do trabalho escolares* (Develay, 1996; Rochex, 1995, Perrenoud, 1996a; Vellas, 1996). Voltaremos a isso em um outro capítulo sobre o envolvimento dos alunos em suas aprendizagens. Antes de ser uma competência didática precisa, ligada a conteúdos específicos, envolver os alunos em atividades de pesquisa e em projetos de conhecimento passa por uma capacidade fundamental do professor: tornar acessível e desejável *sua própria relação com o saber* e com a pesquisa, encarnar um modelo plausível de *aprendiz*.

Quando se lê "Da utilidade das experiências de pensamento para fazer os barcos flutuarem", retém-se apenas os aspectos epistemológicos e didáticos da sequência descrita. Cada filiação de conceitos, cada sucessão de experiências levanta a questão de seus fundamentos e de suas alternativas. Pode-se igualmente debater o papel do professor, entre intervencionismo ou *laisser faire*. O mais importante permanece implícito: uma sequência didática só se desenvolve se os alunos *aceitarem a parada* e tiverem realmente vontade de saber se o concreto é mais pesado do que o ferro, ou por que um *iceberg* flutua, enquanto uma minúscula bolinha de aço afunda.

Não se trata mais, em relação a alunos de 13 anos, daquela curiosidade insaciável e daquela vontade espontânea de compreender das crianças de 3 anos, a idade dos porquês. Nessa fase do curso, os adolescentes já aprenderam durante 8 a 10 anos as mazelas do ofício de aluno (Perrenoud, 1996a). Não são mais atraídos por um enigma qualquer. Também conhecem as mazelas do ofício de professor e reconhecem ao primeiro olhar o tédio do trabalho repetitivo sob a aparência lúdica de uma nova tarefa. Refletem suficientemente depressa, esgotando em cinco minutos uma adivinhação de jogos televisivos. Para que aprendam, é preciso envolvê-los em uma atividade de uma certa importância e de uma certa duração, garantindo ao mesmo tempo uma progressão visível e mudanças de paisagem, para todos aqueles que não tem a vontade obsessiva de se debruçar durante dias sobre um problema que *resiste*.

O trabalho sobre a densidade e o princípio de Arquimedes não é um procedimento de projeto clássico, no sentido de que não há produção social visada. O produto é o saber; o destinatário, o grupo e seus membros. Não se prevê apresentar o princípio de Arquimedes aos pais de alunos sob a forma de uma exposição no estilo de um museu de ciências e técnicas, com painéis, experiências, diaporama. Isso poderia ser uma boa ideia, mas evidenciaria a comunicação de um conhecimento adquirido, oferecendo certamente a ocasião de consolidá-lo, até mesmo fazer uma parte dos alunos acessá-lo *in extremis*. O professor do Grupo Francês de Educação Nova não escolhe essa "cobertura", no sentido usado para um agente secreto. Ele envolve abertamente seus alunos "em atividades de pesquisa, em projetos de conhecimento".

Ele *envolve...* O indicativo assume aqui todo seu interesse. Em um esporte coletivo, pode-se envolver a bola, mas ela não se defende. Porém, ninguém pode envolver-se no lugar dos alunos. O professor só pode dizer "envolvam-se, tornem a se envolver". Percebe-se o delicado *equilíbrio* a ser encontrado entre a estruturação didática do procedimento e a dinâmica da turma. *Uma* atividade de pesquisa desenrola-se, geralmente, em vários episódios, porque toma tempo. Na escola, a grade-horária e a capacidade de atenção dos alunos obrigam a suspensão do procedimento para retomá-lo mais tarde, no dia seguinte, às vezes na semana seguinte. Conforme os momentos e os alunos, tais intervenções podem ser benéficas ou desastrosas. Às vezes, elas quebram o direcionamento das pessoas ou do grupo para o saber; em outros momentos, permitem a reflexão, deixando as coisas evoluírem em um canto da mente e retomando-as com novas ideias e uma energia renovada. A dinâmica de uma pesquisa é sempre simultaneamente intelectual, emocional e relacional. O papel do professor é relacionar os momentos fortes, assegurar a memória coletiva ou confiá-la a certos alunos, pôr à disposição de certos alunos, fazer buscar ou confeccionar os materiais requeridos para o experimento. Durante cada sessão, o interesse diminui. O desencorajamento atinge certos alunos, quando seus esforços não são recompensados ou quando descobrem que um problema pode esconder um outro, de modo que não veem o fim do túnel, levando-os ao desinteresse pela questão. O envolvimento inicial pode ser, a cada instante, questionado.

Em um procedimento de projeto, o principal motor para o qual o professor pode apelar e o desafio do êxito de uma tarefa que perde seu sentido se não chegar a um produto. Frequentemente, esse desafio pessoal e coletivo é acompanhado por um contrato moral com terceiros: quando se anunciou um jornal ou um espetáculo, tenta-se honrar essa promessa. Em uma atividade de pesquisa, falta esse contrato e, finalmente, parece bastante fácil resignar-

-se a viver sem conhecer o princípio de Arquimedes, ainda mais sem compreendê-lo. Em uma sociedade desenvolvida, a vida de um adulto depende de um número inacreditável de processos tecnológicos de cuja existência apenas suspeita e que seria incapaz de explicar. Pode-se nadar e navegar sem conhecer, nem compreender o princípio de Arquimedes.

Pode-se apostar que a maioria dos seres humanos que faz corpos ou barcos flutuarem ignora esse princípio. Eles utilizam regras mais práticas, que derivam da experiência transmitida de geração em geração ou do conhecimento teórico dos engenheiros. Um professor não pode, portanto, legitimar uma atividade de pesquisa demonstrando facilmente que o saber visado é de uma importância vital na vida cotidiana dos seres humanos. Aqueles que, devido a uma orientação especializada, tiverem realmente que dominar essas teorias terão a oportunidade de aprendê-las e reaprendê-las amplamente na universidade. Na escola, no ensino fundamental e até mesmo no ensino médio, o utilitarismo não pode justificar a maior parte dos saberes ensinados e exigidos.

Um projeto de conhecimento não é, pois, fácil de transvestir em projeto de ação ou de colocar em uma perspectiva "prática", salvo negando a divisão do trabalho e o futuro provável dos alunos. Estes veem bem ao seu redor: os adultos não compreendem como funcionam o refrigerador, a televisão ou o leitor de CD que fazem parte de sua vida cotidiana. Como fazê-los acreditar que precisarão de conhecimentos científicos em uma sociedade na qual as tecnologias funcionam, quer isso seja motivo de lamento ou de alegria, apesar do desconhecimento de seus fundamentos teóricos pela maioria dos usuários? Para dirigir abertamente um projeto de conhecimento, deve-se, então, ser capaz de suscitar uma paixão *desinteressada* pelo saber, pela *teoria,* sem tentar justificá-la, pelo menos durante a escolaridade de base, por um uso prático que será o apanágio de alguns especialistas.

Como tomar o conhecimento apaixonante por si mesmo? Essa não é somente uma questão de competência, mas de identidade e de projeto pessoal do professor. Infelizmente, nem todos os professores apaixonados dão-se o direito de partilhar sua paixão, nem todos os professores curiosos conseguem tornar seu amor pelo conhecimento inteligível e contagioso. A competência aqui visada passa pela arte de comunicar-se, seduzir, encorajar, mobilizar, envolvendo-se como pessoa.

A paixão pessoal não basta, se o professor não for capaz de estabelecer uma *cumplicidade* e uma *solidariedade* verossímeis na busca do conhecimento. Ele deve buscar *com seus alunos,* mesmo que esteja um pouco adiantado, renunciando a defender a imagem do professor "que sabe tudo", aceitando mostrar suas próprias divagações e ignorâncias, não cedendo à tentação de interpretar a comédia do domínio, não colocando sempre o conhecimento ao lado da razão, da preparação do futuro e do êxito. Quanto aos professores que se mostram impassíveis diante dos conhecimentos que ensinam, como esperar que suscitem a menor vibração em seus alunos?

Todas as competências aqui evocadas têm um forte componente didático. Esta última, mais do que as outras, lembra-nos que a didática tropeça incessantemente na questão do sentido e da subjetividade do professor e do aprendiz e, portanto, também nas relações intersubjetivas que se constituem acerca do saber, mas não se desenvolvem somente no registro cognitivo.

Acredita-se que a capacidade de organizar e de animar situações-problema e outras situações fecundas de aprendizagem suponha competências bastante semelhantes àquelas exigidas por um procedimento de pesquisa de maior fôlego. Todavia, enquanto uma situação-problema se organiza em torno de *um* obstáculo e desaparece quando ele é ultrapassado, um procedimento de pesquisa parece mais ambicioso, pois leva os alunos a construírem eles próprios a teoria. O procedimento em torno do peso de volume e do princípio de Arquimedes pode ser interpretado como uma sequência de situações-problema: cada uma delas permite o enfrentamento de um novo obstáculo, que deve ser transposto para que a trajetória continue. A diferença é que, na mente do professor e, às vezes, na dos alunos, encontra-se em um *programa de trabalho a médio prazo*. De modo ideal, e sem dúvida dessa maneira que se deveria levar os alunos a construírem todos os conhecimentos científicos, em biologia, química, geologia, física, mas também em economia ou em geografia. Infelizmente, os procedimentos de pesquisa tomam tempo, de modo que as progressões didáticas, das quais falaremos a seguir, organizam-se, muitas vezes, mais em função das noções previstas no programa do que de uma lógica de pesquisa mais caprichosa e ávida de tempo.

As situações-problema, conforme serão vistas, representam uma forma de acordo entre essas duas lógicas.

2
ADMINISTRAR A PROGRESSÃO DAS APRENDIZAGENS

Em princípio, a escola é inteiramente organizada para favorecer a progressão das aprendizagens dos alunos para os domínios visados ao final de cada ciclo de estudos. Os programas são concebidos nessa perspectiva, assim como os métodos e os meios de ensino propostos ou impostos aos professores. Portanto, poder-se-ia dizer que, assumida pelo sistema, a progressão não exige nenhuma competência particular dos professores. Em uma cadeia de montagem, se os engenheiros conceberam bem a sucessão das tarefas, cada operário contribui para fazer com que o produto progrida para seu estado final sem que seja necessária a tomada de decisões estratégicas. A estratégia é inteiramente *incorporada ao dispositivo* de produção, e os trabalhadores podem limitar-se às suas tarefas, sem tomar iniciativas intempestivas. Deles se espera uma forma de habilidade e ajustes marginais dados às operações previstas em razão de pequenas variações dos materiais e das condições de trabalho. Não cabe a eles pensar a totalidade do processo.

O processo é diferente na escola, porque não se pode programar as aprendizagens humanas como a produção de objetos industriais. Não é somente uma questão de ética. É simplesmente *impossível,* devido à diversidade dos aprendizes e à sua autonomia de sujeitos. Desse modo, todo ensino digno desse nome deveria ser *estratégico,* no sentido dado por Tardif (1992), ou seja, concebido em uma perspectiva a longo prazo, cada ação sendo decidida em função de sua contribuição almejada à progressão ótima das aprendizagens de cada um.

O que parece evidente no plano dos princípios é, na realidade, extremamente difícil nas condições da ação cotidiana, de modo que a progressão é frequentemente limitada ao ano letivo, se não às atividades em andamento e ao capítulo aberto do programa. A parcela dos professores na gestão ótima das progressões ampliou-se consideravelmente, quando se renunciou aos planos de estudos que prescreviam uma progressão por semana. Uma nova ampliação delineia-se com a introdução de ciclos de aprendizagens plurianuais. Além disso, a progressão da classe não é mais a única preocupação. O movimento rumo à individualização dos percursos de formação e à pedagogia diferenciada levam a que se pense a progressão de *cada* aluno.

As decisões de progressão assumidas pela instituição decrescem em proveito das decisões confiadas aos professores. A competência correspondente assume, então, uma importância sem precedentes e ultrapassa em muito o planejamento didático dia após dia. Ela própria mobiliza várias competências mais específicas. Eis as que orientam este capítulo:

- Conceber e administrar situações-problema ajustadas ao nível e às possibilidades dos alunos.
- Adquirir uma visão longitudinal dos objetivos do ensino.
- Estabelecer laços com as teorias subjacentes às atividades de aprendizagem.
- Observar e avaliar os alunos em situações de aprendizagem, de acordo com uma abordagem formativa.
- Fazer balanços periódicos de competências e tomar decisões de progressão.

Vamos examiná-las sucessivamente.

CONCEBER E ADMINISTRAR SITUAÇÕES-PROBLEMA AJUSTADAS AO NÍVEL E ÀS POSSIBILIDADES DOS ALUNOS

A noção de situação-problema foi introduzida no capítulo anterior, juntamente com aquela de objetivo-obstáculo. Vamos retomá-la sob o ângulo da pedagogia diferenciada. Os alunos não abordam as situações com os mesmos recursos e não encontram os mesmos obstáculos. Para não voltar a uma diferenciação por grupos de nível, deve-se conseguir administrar a heterogeneidade no seio de uma situação. A primeira condição é saber exatamente o que se espera dela.

Astolfi define as 10 características de uma situação-problema deste modo:

1. Uma situação-problema é organizada em torno da *resolução de um obstáculo* pela classe, obstáculo previamente *bem-identificado*.
2. O estudo organiza-se em torno de uma *situação de caráter concreto*, que permita efetivamente ao aluno formular *hipóteses e conjecturas*. Não se trata, portanto, de um estudo aprofundado, nem de um exemplo *ad*

hoc, de caráter ilustrativo, como aqueles encontrados nas situações clássicas de ensino (inclusive em trabalhos práticos).
3. Os alunos veem a situação que lhes é proposta como um *verdadeiro enigma a ser resolvido,* no qual estão em condições de investir. Esta é a condição para que funcione a *devolução:* o problema, ainda que inicialmente proposto pelo professor, torna-se "questão dos alunos".
4. Os alunos *não dispõem, no início, dos meios da solução* buscada, devido à existência do obstáculo a transpor para chegar a ela. É a necessidade de resolver que leva o aluno a elaborar ou a se apropriar coletivamente dos instrumentos intelectuais necessários à construção de uma solução.
5. A situação deve oferecer *resistência suficiente,* levando o aluno a nela investir seus conhecimentos anteriores disponíveis, assim como *suas representações,* de modo que ela leve a questionamentos e à elaboração de novas ideias.
6. Entretanto, a solução não deve ser percebida como fora de alcance pelos alunos, não sendo a situação-problema uma situação de caráter problemático. A atividade deve operar em uma *zona próxima,* propícia ao *desafio intelectual* a ser resolvido e à *interiorização* das "regras do jogo".
7. A *antecipação* dos resultados e sua expressão coletiva precedem a busca efetiva da solução, fazendo parte do jogo o *"risco"* assumido por cada um.
8. O trabalho da situação-problema funciona, assim, como um *debate científico dentro da classe,* estimulando os *conflitos sociocognitivos* potenciais.
9. A *validação* da solução e sua *sanção* não são dadas de modo externo pelo professor, mas resultam do *modo de estruturação da própria situação.*
10. O reexame coletivo do caminho percorrido é a ocasião para um *retorno reflexivo,* de caráter metacognitivo; auxilia os alunos a conscientizarem-se das *estratégias* que executaram de forma heurística e a estabilizá-las em *procedimentos* disponíveis para novas situações--problema *(in* Astolfi *et al.,* 1997, p. 144-145).

Como administrar a progressão das aprendizagens, praticando uma pedagogia das situações-problema? A resposta inicial é simples: *otimizar a gestão do tempo que resta,* propondo situações-problema que favoreçam as aprendizagens visadas, isto é, tomem os alunos onde se encontrem e os levem um pouco mais adiante. Na linguagem atual, seria possível dizer que se trata de solicitar os alunos em sua *zona de desenvolvimento proximal* (Vygotsky, 1985), de propor situações que ofereçam desafios que estejam ao seu alcance e que levem cada um a progredir, sendo mobilizadoras. Esse princípio é de difícil operacionalidade por duas razões distintas.

A primeira é por ser difícil avaliar-se uma situação-problema como um exercício clássico. Quando se propõe a alunos – com vistas a enriquecer seu vocabulário – que contém uma história de 10 linhas não utilizando a letra E, instrução inspirada em um romance de Georges Perec – que a respeita do início ao fim -, não se sabe exatamente o que essa tarefa desencadeará. Com efeito, não existe um procedimento pronto. Pode-se imaginar um leque de atitudes e de estratégias. Um grupo, por exemplo, pode decidir de saída eliminar qualquer palavra que contenha a letra E. Terá dificuldades, portanto, desde o início e será difícil construir o menor roteiro. Um outro grupo inventará uma história sem preocupar-se muito com a instrução e depois tentará substituir as palavras que contém a letra proibida por outras, de sentido próximo, o que certamente obrigará a remanejar sua história, fato que irá engajá-lo em uma tarefa de transposição menos impossível do que "pensar" sem empregar nenhum conceito cujo significante contenha a letra E. Essas duas estratégias não criam os mesmos obstáculos. Portanto, é difícil prever totalmente o nível de dificuldade da tarefa, já que esta dependerá da dinâmica de grupo e da estratégia coletiva criada, às vezes surpreendente.

A segunda dificuldade é, evidentemente, que uma situação-problema, em aula, endereça-se a um grupo. Pode-se tentar limitar sua heterogeneidade, mas isso não é fácil, nem forçosamente desejável:

- salvo quando se criam grupos em função do mesmo nível intelectual, é difícil prever a distância de cada aluno de uma tarefa inédita; as capacidades de abstração, de expressão e de liderança desempenham, é claro, um papel importante nas situações abertas, mas seu conteúdo específico pode modular essas hierarquias gerais;
- pode-se questionar se grupos de níveis são configurações ideais para abordar uma situação-problema: os grupos de nível elevado viverão conflitos de poder, mas enfrentarão a tarefa; os grupos de nível fraco poderiam sofrer de uma falta de liderança;
- o funcionamento paralelo de grupos de níveis muito desiguais cria problemas insolúveis de gestão de classe; se trabalham sobre a mesma situação-problema, alguns chegam a uma solução, ao passo que outros estão ainda no início do procedimento; se trabalham sobre situações--problema diferentes, isso aumenta a distância e impede a classe de funcionar como um fórum em que se confrontam as hipóteses e os procedimentos dos grupos.

O funcionamento em vários grupos heterogêneos não é, para dizer a verdade, mais simples. O problema desloca-se, e a mesma tarefa não representa igual desafio para todos. Nem todos desempenham o mesmo papel no procedimento coletivo, o que não suscita consequentemente as mesmas aprendizagens em todos. Tal fato é um trunfo e, ao mesmo tempo, um risco:

- é um trunfo, porque permite diversificar os modos de participação;
- é um risco, porque a divisão das tarefas favorece, em geral, os alunos mais dotados de recursos.

Encontram-se os mesmos dilemas que em uma atividade-quadro ou qualquer outro procedimento de projeto: o funcionamento coletivo pode marginalizar os alunos que têm mais necessidade de aprender. Para neutralizar esse risco, é indispensável que a gestão das situações-problema seja feita em dois níveis:

- na escolha das situações propostas, que devem, *grosso modo,* convir ao nível médio do grupo e situar-se na zona de desenvolvimento próximo da maioria dos alunos;
- dentro de cada situação, para desviá-la no sentido de um melhor ajuste e, ao mesmo tempo, para diversificá-la e dominar os efeitos perversos da divisão espontânea do trabalho, que favorece os favorecidos.

A competência do professor é, pois, *dupla:* investe na concepção e, portanto, na antecipação, no ajuste das situações-problema ao nível e às possibilidades dos alunos; manifesta-se também ao vivo, em tempo real, para guiar uma improvisação didática e ações de regulação. A forma de liderança e as competências requeridas não se comparam àquelas que exigem a condução de uma lição planejada, até mesmo interativa.

ADQUIRIR UMA VISÃO LONGITUDINAL DOS OBJETIVOS DO ENSINO

A história da instituição escolar levou a uma estruturação progressiva da formação em anos de programa. Todavia, até meados do século XX, coexistiram vários níveis em cada classe, às vezes até 6 ou 8, quando um vilarejo contava com poucas crianças escolarizadas. Os reagrupamentos escolares e a urbanização do campo generalizaram as classes de um único nível. Elas delimitaram o horizonte da maioria dos professores ao programa de um ano. Seu contrato, agora, é acolher alunos presumidamente preparados a assimilar o programa do ano, e depois devolvê-los, 35 a 40 semanas mais tarde, em condições de abordar o programa do nível seguinte.

Felizmente, nem todas as escolas funcionam ainda ou não funcionam mais de acordo com tais progressões esquemáticas. O hábito de acompanhar os alunos por dois anos, a sobrevivência de classes de graus múltiplos, as experiências recentes de abertura e de classes multiidades e, sobretudo, a criação de *ciclos plurianuais de aprendizagem* evitam o fechamento total de cada professor em um único ano de programa. Em contrapartida, fator menos favorável, a mobilidade dos professores é entravada por diferenças de estatuto e de formação, que os impedem, em inúmeros sistemas educativos, de assumirem todos os níveis e todas as idades do início da educação infantil ao final da escolaridade básica*. Às divisões bastante difundidas entre ensino fundamental e médio acrescentam-se, em certos sistemas educativos, especializações menos universais, seja na escola de ensino fundamental (entre educação infantil e ensino fundamental), seja no ensino médio (entre ensino obrigatório e pós-obrigatório).

Disso resulta que muitos professores têm, desde sua formação inicial, uma visão limitada da totalidade da formação. Sua experiência direta é mais reduzida ainda. Desse modo, cada professor é levado a dar uma importância desmedida aos poucos anos em que é experiente, sem ter claramente consciência do que se passa antes e depois. Seria melhor que todos tivessem uma visão longitudinal dos objetivos do ensino, principalmente para *julgar com conhecimento de causa* o que deve ser absolutamente adquirido agora e o que poderia sê-lo mais tarde, sem que isso acarrete consequências. A centralização em um ou dois programas anuais impede a construção consciente das estratégias de ensino-aprendizagem *a longo prazo*. Isso é inconveniente, principalmente para todos os objetivos que seria absurdo querer alcançar em um ano, por exemplo, ensinar a ler, escrever, refletir, argumentar, avaliar-se, expressar-se pelo desenho ou pela musica, cooperar, formar projetos, fazer observações científicas. O fechamento de cada professor em "seu programa" leva, conforme o caso, a uma forma de obsessão pedagógica ou a um ato de fé em um futuro cada vez mais cor-de-rosa, porque se supõe que "alguém", mais tarde, assumirá os problemas insolúveis e "fará o necessário". Esse fechamento impede que se distinga o essencial – a construção de competências básicas – de mil aprendizagens nocionais e pontuais que não constituem desafios maiores.

O trabalho em equipe é favorável ao domínio das progressões sobre vários anos, quando leva à cooperação entre colegas que ensinam em outros níveis. Entretanto, não basta ter uma ideia aproximada dos programas dos anos anteriores e posteriores, assim como aqueles que moram em um país tem uma vaga ideia dos países limítrofes. O verdadeiro desafio é o *domínio da totalidade da formação de um ciclo de aprendizagem e, se possível, da escolaridade básica,* não tanto para ser capaz de ensinar indiferentemente em qualquer

---

* N. de T. Na França, o ensino é obrigatório até os 16 anos de idade.

nível ou ciclo, mas para inscrever cada aprendizagem em uma continuidade a longo prazo, cuja lógica primordial é contribuir para a construção das competências visadas ao final do ciclo ou da formação.

Nos programas modernos, particularmente quando orientados para competências, cada professor trabalha para a realização dos *mesmos* objetivos. De certo modo, ele retoma o trabalho no ponto em que seus colegas pararam, mais ou menos como um médico prossegue um tratamento iniciado por outro. Nesse caso, um profissional não recomeça do zero, pois informa-se sobre o que já foi adquirido, sobre as estratégias, os obstáculos, continua no mesmo caminho, se lhe parecer promissor, muda de estratégia, no caso contrário, sempre visando aos mesmos domínios finais.

Essa maneira de agir exige competências de avaliação e de ensino que vão bem além do domínio de um programa anual. Concretamente, isso significa, por exemplo, que cada professor deveria ser capaz de ensinar seus alunos a ler, em qualquer idade, enquanto não tiverem atingido o nível de domínio julgado necessário ao final de um ciclo ou da formação. Deveria, então, ser capaz de fazer um diagnóstico preciso das competências dos aprendizes-leitores (Rieben e Perfetti, 1989), qualquer que fosse sua idade. Até mesmo, e sobretudo, fora das horas destinadas ao ensino da língua materna, pois é também em ciências ou em história que se revelam os problemas de leitura, diante de tipos de textos diferentes, e deveriam ser tratados, no mínimo, sob o ângulo que concerne à disciplina – o texto histórico, o texto científico como gêneros específicos -, mas se necessário de forma mais global.

Essa visão longitudinal também exige um bom conhecimento das fases de desenvolvimento intelectual da criança e do adolescente, de maneira a poder articular aprendizagem e desenvolvimento e julgar se as dificuldades de aprendizagem devem-se a uma má apreciação da fase de desenvolvimento e da zona próxima, ou se há outras causas. Ela requer, enfim, um amplo domínio dos conhecimentos e das competências a fazer adquirir.

No passado, certos professores estavam apenas um pouco à frente de seus alunos, sendo a diferença de conhecimento muito pequena. Isso os tornava totalmente incapazes de desenvolver estratégias a longo prazo, viviam o dia a dia, seguindo os trilhos do programa e dos manuais. Gerir progressões plurianuais é completamente diferente desse modo de proceder, que "funciona", mas fabrica fracasso... Em vários países, o número de professores qualificados para os quais se exija esse nível de domínio é insuficiente. Nas sociedades desenvolvidas, quando se recrutam professores que tenham o *baccalauréat* + 5[*], poder-se-ia esperar por um domínio da totalidade da formação,

---

[*] N. de T. Bac+5: estudos universitários de primeiro, segundo e terceiro ciclos, que correspondem, aproximadamente, à graduação e à pós-graduação no Brasil.

o que, aliás, é visado pelas formações iniciais bem concebidas. Infelizmente, assumir repetidamente os mesmos anos do programa (se possível na mesma habilitação ou no mesmo tipo de estabelecimento!) leva a uma desqualificação progressiva: os conhecimentos teóricos ou didáticos que não foram operacionalizados durante 10 anos se enfraquecem, e alguns até se tornam obsoletos em relação aos progressos da pesquisa. Os professores igualmente se habituam a um conjunto de textos, de manuais, de provas que concretizam o produto final da transposição didática. Reconstruir um procedimento didático a partir dos programas, *a fortiori* dos conhecimentos científicos ou das práticas sociais, parece um trabalho exorbitante para quem desenvolveu instrumentos e material ligados a um ano específico de programa.

A capacidade de conceber e de gerir progressões em vários anos não é, portanto, um conhecimento de modo algum sólido e estável. Pode-se até mesmo levantar a hipótese de que essa competência só se desenvolverá realmente se as escolas funcionarem em ciclos plurianuais e se os professores sentirem-se institucionalmente responsáveis pelo conjunto da formação do ensino fundamental. Pode-se avaliar aqui a importância de articular as competências emergentes às evoluções estruturais do sistema educativo: se ele continua a funcionar por anos de programa e valida as práticas individualistas, não se pode ver como professores que tenham aprendido a gerir ciclos e a trabalhar em equipe poderiam conservar competências não empregadas...

ESTABELECER LAÇOS COM AS TEORIAS SUBJACENTES ÀS ATIVIDADES DE APRENDIZAGEM

As atividades de aprendizagem são, em princípio, apenas *meios* a serviço de finalidades que autorizariam outras trajetórias. Nessa perspectiva, são supostamente escolhidas em função de uma "teoria" – científica ou ingênua, pessoal ou partilhada – daquilo que faz com que se aprenda melhor e, portanto, progrida na formação.

Na prática, as coisas são menos racionais. Certas atividades são inspiradas pela tradição, pela imitação, pelos recursos de ensino. Nem sempre são pensadas em uma perspectiva estratégica. Por vezes, nem mesmo são pensadas... Além disso, as atividades e as situações propostas são constantemente limitadas por tempo, espaço, contrato didático, expectativa de uns e de outros, cooperação moderada dos alunos, imaginação e competências do professor. Assim, uma pesquisa no dicionário ou uma situação matemática, concebidas para levar ao aprendizado, podem tornar-se dispositivos que resultem em nada, na ausência de condições suficientes: falta de sentido, de tempo, de envolvimento, de regulação.

Escolher e modular as atividades de aprendizagem é uma competência profissional essencial, que supõe não apenas um bom conhecimento dos mecanismos gerais de desenvolvimento e de aprendizagem, mas também um domínio das didáticas das disciplinas. Quando um professor "faz ditados" sem poder dizer que valor atribui a essa atividade, limitando-se a lembrar a tradição pedagógica ou o senso comum, pode-se pensar que não domina nenhuma teoria da aprendizagem da ortografia. Esta lhe permitiria situar o ditado no conjunto das atividades possíveis e escolhê-lo conscientemente, por seu valor tático e estratégico na progressão das aprendizagens, e não "por falta de algo melhor" ou "como de hábito". Pode-se dizer o mesmo de qualquer atividade proposta aos alunos, quer seja tradicional ou nova.

Essa maneira de ver, que poderia parecer trivial, encontra-se em ruptura com o funcionamento clássico da instituição escolar, que investiu muito em recursos padronizados de ensino, principalmente fichas e cadernos de exercícios, reduzindo a competência do professor à escolha do exercício correto.

A formação dos professores apenas agora começa a torná-los capazes de inventar atividades e sequências didáticas a partir dos objetivos visados. A inventividade didática dos professores é pequena e depende mais da imaginação pessoal ou da criatividade dos movimentos de escola nova do que da formação profissional ou dos recursos oficiais de ensino. Não há nenhuma razão para que cada um reinvente a roda sozinho, ou busque a originalidade pela originalidade. Importa, em contrapartida, que cada professor seja capaz de pensar constantemente por si mesmo, em função de seus alunos do momento, a relação entre o que ele lhes diz para fazer e a progressão das aprendizagens. Isso não é evidente. A maioria das organizações humanas funciona de acordo com *rotinas* amplamente desconectadas de suas razões de ser, e é necessário não apenas competência, mas também energia e, às vezes, coragem para se questionar constantemente por que se faz o que se faz...

OBSERVAR E AVALIAR OS ALUNOS EM SITUAÇÕES DE APRENDIZAGEM, DE ACORDO COM UMA ABORDAGEM FORMATIVA

Para gerir a progressão das aprendizagens, não se pode deixar de fazer *balanços* periódicos das aquisições dos alunos. Eles são essenciais para fundamentar decisões de aprovação ou de orientação necessárias mais tarde. Esta não é sua única função, uma vez que também devem contribuir para estratégias de ensino-aprendizagem em um grau ou em um ciclo.

Longe de constituir uma surpresa, esses balanços deveriam confirmar e aprimorar o que o professor já sabe ou pressente. Portanto, não dispensam absolutamente uma *observação contínua*, da qual uma das funções é atualizar e completar uma representação das aquisições do aluno. Contrariamente ao que se crê, às vezes, a avaliação contínua preenche uma função *cumulativa*, até mesmo *certificativa*, porque nada substitui a observação dos alunos no trabalho, quando se quer conhecer suas competências, assim como se julga o pedreiro "ao lado da parede", cotidianamente, mais do que em uma "prova de construção". Todavia, não basta conviver em aula com um aluno para saber observá-lo, nem observá-lo com atenção para identificar claramente suas aquisições e modos de aprendizagem. Sem empregar uma instrumentação pesada, pouco compatível com a gestão da classe e das atividades, é importante que o professor saiba determinar, interpretar e memorizar momentos significativos que, em pequenos toques, contribuem para estabelecer um quadro de conjunto do aluno às voltas com diversas tarefas. O recurso conjunto de um portfólio e de um diário pode facilitar esse trabalho.

Evidentemente, a observação contínua não tem apenas a função de coletar dados com vistas a um balanço. Sua primeira intenção é *formativa*, o que, em uma perspectiva pragmática, significa que considera tudo o que pode auxiliar o aluno a aprender melhor: suas aquisições, as quais condicionam as tarefas que lhe podem ser propostas, assim como sua maneira de aprender e de raciocinar, sua relação com o saber, suas angústias e bloqueios eventuais diante de certos tipos de tarefas, o que faz sentido para ele e o mobiliza, seus interesses, seus projetos, sua autoimagem como sujeito mais ou menos capaz de aprender, seu ambiente escolar e familiar.

Cardinet (1996b) insiste mais na avaliação das *condições de aprendizagem* do que das aquisições, pois ela permite regulações bem mais rápidas. Jamais se pode estar certo de que aprendizagens estão ocorrendo. Entretanto, um professor experiente, modesto e lúcido é capaz de detectar com uma certa precisão:

- de um lado, os alunos que têm chances pequenas de aprender, porque a tarefa exige demais, porque não se envolvem, entediam-se, trabalham com uma lentidão desesperadora, copiam de seus colegas, não dialogam com ninguém, não têm objetivos, fixam-se obsessivamente em detalhes ou se agitam para responder, na expectativa de que se passe a outro ponto;
- de outro, os alunos que, ao contrário, têm boas chances de aprender, porque se envolvem, interessam-se, expressam-se, engajam-se na tarefa, cooperam, parecem divertir-se, não a abandonam ao primeiro pretexto, fazem perguntas e questionam-se.

É preciso ser experiente para descobrir as *artimanhas* dos alunos – em geral, mestres na arte de parecerem ativos –, mas também para saber que o silêncio concentrado não é uma garantia de aprendizagem. Acontece de alunos que conversam aprenderem melhor do que aqueles considerados modelos. Um professor experiente sabe que as atividades que cria, por mais bem concebidas e preparadas que sejam, nem sempre dão os resultados esperados. O professor propõe, os alunos dispõem. Por que querer salvar a qualquer preço atividades iniciadas, apenas porque foram previstas? Uma das competências cruciais, no ensino, é saber regular os processos de aprendizagens mais do que auxiliar para o êxito da atividade (Perrenoud, 1998i).

Um trabalho de formação mais intensivo ajudaria os professores a determinarem melhor os indicadores de aprendizagem que permitem uma regulação interativa, em particular quando o professor persegue objetivos de alto nível taxonômico. Se deseja desenvolver em seus alunos a imaginação, a expressão, a argumentação, o raciocínio, o senso de observação ou a cooperação, não pode esperar progressos sensíveis em algumas semanas. A construção de atitudes, de competências ou de conhecimentos fundamentais leva meses, até mesmo anos. Quando chega a hora de avaliar, não há mais tempo para a regulação, que cabe mais a um professor em início de formação.

Há muito tempo, Carroll (1963, 1965) chamou a atenção para o tempo gasto na tarefa. Os alunos que gastam pouco tempo na tarefa têm poucas chances de aprender, salvo quando têm uma imensa facilidade. Os outros indicadores de aprendizagem são mais sutis, pois obrigam a discernir o que, em uma mobilização efetiva, constrói o saber. Muitos alunos bastante ativos limitam-se a mobilizar o que já sabem, o que é gratificante, mas nem sempre prioritário (Perrenoud, 1996n).

A avaliação formativa situa-se em uma perspectiva *pragmática* (Perrenoud, 1991, 1998b), não tem nenhum motivo para ser padronizada, nem notificada aos pais ou à administração. Inscreve-se na relação diária entre o professor e seus alunos, e seu objetivo é auxiliar cada um a aprender, não a prestar contas a terceiros. O professor tem interesse em tomar a amplitude do trabalho de observação e de interpretação proporcional à situação singular do aluno, em uma lógica de resolução de problemas, investindo pouco quando tudo vai bem ou quando as dificuldades são visíveis a olho nu, envolvendo-se em um diagnóstico e em um acompanhamento mais intensivos quando as dificuldades resistem a uma primeira análise. O professor também tem o direito de confiar em sua *intuição* (Allal, 1983; Weiss, 1986, 1992). Para não ficar perdido, convém que:

- aposte em tecnologias e dispositivos didáticos interativos, portadores de regulação (Weiss, 1993; Perrenoud, 1993c, 1998b, 1998i);
- forme seus alunos para a avaliação mútua (Allal e Michel, 1993);
- desenvolva uma avaliação *formadora,* assumida pelo sujeito aprendiz (Nunziati, 1990); a autoavaliação não consiste, então, em preencher

o próprio boletim, mas em dar provas de uma forma de lucidez em relação à maneira como se aprende;
• favoreça a metacognição como fonte de autoregulação dos processos de aprendizagem (Allal e Saada-Robert, 1992; Allal, 1984, 1993a e b);
• consiga fazer com rapidez a triagem de um grande número de observações fugazes, para identificar uma *Gestalt* que guiará sua ação e suas prioridades de intervenção reguladora.

Tais práticas exigem capacitação em avaliação formativa (Allal, 1991; Cardinet, 1986a e b) e conhecimento dos diversos paradigmas da avaliação (De Ketele, 1993). Entretanto, o importante é integrar avaliação contínua e didática (Amigues e Zerbato-Poudou, 1996; Bain, 1988; Allal, Bain e Perrenoud, 1993), aprender a avaliar para ensinar melhor (Gather Thurler e Perrenoud, 1988), em suma, não mais separar avaliação e ensino, considerar cada situação de aprendizagem como fonte de informações ou de hipóteses preciosas para delimitar melhor os conhecimentos e a atuação dos alunos.

FAZER BALANÇOS PERIÓDICOS DE COMPETÊNCIAS E TOMAR DECISÕES DE PROGRESSÃO

A formação escolar obriga, em certos momentos, a tomada de decisões de seleção ou de orientação. É o que acontece no final de cada ano letivo, em um curso estruturado em etapas anuais, ou no final de cada ciclo. Participar dessas decisões, negociá-las com o aluno, seus pais e outros profissionais, bem como encontrar o acordo perfeito entre os projetos e as exigências da instituição escolar são elementos que fazem parte das competências básicas de um professor.

Sem subestimar a importância de tais decisões, cujas incidências sobre a carreira escolar acarretam riscos maiores para os alunos e suas famílias, privilegiarei aqui as decisões de progressão que se situam mais em uma lógica de ensino-aprendizagem do que de orientação-seleção. Nesse caso, a escolaridade é organizada em patamares anuais, pois isso atinge em parte a reprovação, cujo valor é hoje em dia apreciado em função de uma estratégia de formação mais do que de uma estrita aplicação de normas de aprovação. Tal fato concerne igualmente à decisão de enviar um aluno para uma aula de apoio ou, ainda, aconselhar um atendimento médico-pedagógico mais intenso.

A introdução de ciclos de aprendizagem faz emergirem decisões de um outro tipo. De um ciclo ao seguinte, as decisões de passagem parecem assemelhar-se a decisões de aprovação ou de reprovação. Na verdade, na medida em que a reprovação de um ciclo não tem muito sentido, trata-se, antes, de resolver um dilema pedagógico. É melhor manter um aluno por mais um ano no mesmo ciclo, correndo-se o risco de retardar seu desenvolvimento e aumentar seu atraso escolar, ou é melhor fazê-lo passar para o ciclo seguinte, ainda que não domine todos os seus pré-requisitos e possa perder seu tempo e agravar as lacunas?

Outras decisões de progressão requerem competências novas no âmbito dos ciclos de aprendizagem: quando se trabalha em grupos multiidade, em módulos, em aberturas diversas, um aluno não passa todo seu tempo, durante dois ou três anos, no mesmo grupo. De mês em mês, ou de semana em semana, os alunos são redistribuídos em diversos grupos de níveis, de necessidades, de projetos. Cada decisão desvia a progressão para as competências visadas e constitui uma espécie de micro-orientação, às vezes judiciosa, às vezes infeliz. Em outro trabalho (Perrenoud, 1997b e c), analisei o desafio dos ciclos de aprendizagem: passar de uma gestão de "fluxos extensos" a uma gestão de "fluxos reduzidos", com uma utilização ótima do tempo que resta. A cada dia, potencialmente, uma decisão poderia ser tomada acerca de cada aluno, em resposta à pergunta: em que grupo, graças a quais atividades e qual atendimento, ele teria mais chances de progredir?

Essas decisões são tomadas a partir de um balanço das aquisições e, ao mesmo tempo, de um prognóstico e de uma estratégia de formação que considere recursos e dispositivos disponíveis. Encontramo-nos, nesse caso, no coração do ofício de professor.

RUMO A CICLOS DE APRENDIZAGEM

O termo da progressão mostra-se ainda mais atual, porque há uma orientação na maior parte dos sistemas educativos, na escola de ensino fundamental e mesmo depois dela, para os ciclos de aprendizagem. Isso modifica consideravelmente os dados do problema, na medida em que essa organização dá aos professores, coletivamente, mais responsabilidades e poder.

O grupo que acompanha as escolas de ensino fundamental em inovação, em Genebra, publicou nove teses (Grupo de Pesquisa e de Inovação, 1997) sobre a *progressão na perspectiva dos ciclos*:

1. A gestão da progressão dos alunos depende amplamente das representações dos professores quanto a seu papel e sua responsabilidade no êxito de cada um.
2. A gestão ótima da progressão passa pela convicção preliminar de que cada aluno é capaz de alcançar os objetivos mínimos estabelecidos com a condição de individualizar seu percurso.

3. A progressão dos alunos é gerada no âmbito de um ciclo de aprendizagem no qual os alunos passam, em princípio, o mesmo número de anos para alcançar objetivos de aprendizagem incontornáveis.
4. Uma progressão 'satisfatória dos alunos em suas aprendizagens passa pelo questionamento da organização escolar atual, do recorte da escolaridade por graus, dos prazos e programas anuais.
5. Uma gestão ótima da progressão dos alunos em suas aprendizagens exige a operacionalização de várias formas de reagrupamento e de trabalho.
6. Uma gestão satisfatória da progressão dos alunos passa por um questionamento dos modos de ensino e de aprendizagem articulados à busca de um máximo de sentido dos saberes e do trabalho escolar para o aluno.
7. A gestão da progressão dos alunos implica remanejamento das práticas de avaliação, para tomar visível e regular o percurso individual de cada aluno.
8. A gestão da progressão dos alunos exige que a equipe docente assuma coletivamente a responsabilidade de toda decisão relativa ao percurso dos alunos, de acordo com a totalidade dos parceiros intemos e externos à escola.
9. A gestão ótima da progressão dos alunos implica, tanto em nível individual quanto coletivo, a aquisição de novas competências pelos professores no âmbito de um plano progressivo de reflexão e de formação.

A última tese ressalta explicitamente o desafio em termos de competências, mas se terá percebido que cada uma das oito teses anteriores requer novos *savoir-faire*, baseados em novas representações da aprendizagem, da diferenciação, dos ciclos e da própria progressão.

Não se poderia definir tais competências amplamente antes dos dispositivos. No entanto, os ciclos só evoluirão se os professores conseguirem inventar dispositivos de acompanhamento das progressões durante vários anos. Além dos instrumentos e modelos de observação formativa, levanta-se um problema de *gestão dos percursos* em forte interação com os modos de agrupamentos dos alunos e os dispositivos de ensino-aprendizagem.

No papel, nada é mais simples do que saber constantemente onde se encontra cada aluno e regular seu percurso de acordo com isso. É o que fazem os controladores aéreos com os voos que lhes são confiados, ou os atendentes com os pacientes hospitalizados. O acompanhamento personalizado é relativamente fácil, quando se dispõe de um *ratio favorável* entre, de um lado, o número de trajetórias a seguir, de informações a coletar e a interpretar, de microdecisões a tomar e, de outro, o número de profissionais destinados a tais tarefas. Esse *ratio* é mais favorável em uma torre de controle e em um hospital do que em uma escola, onde as trajetórias são menos fáceis de codificar e de controlar, considerando-se, de um lado, a complexidade e a opacidade dos processos de aprendizagem e, de outro, a autonomia dos alunos e sua cooperação flutuante, ou às vezes sua resistência ativa a qualquer acompanhamento. Diante dessas dificuldades, teme-se que, na escola, o acompanhamento personalizado seja sempre imperfeito.

Na medida em que o *ratio* alunos/professores não melhorará espetacularmente, o que é um litotes em um período em que tenderia mais a se degradar, só se pode jogar com os agrupamentos e dispositivos. É por essa razão que gerir a progressão dos alunos, principalmente em ciclos, exige competências em *engenharia* do ensino-aprendizagem, da avaliação e do atendimento personalizado. Ainda que se tenha insistido muito nos instrumentos e nos modelos de tomada de informação, a questão central é: como organizar o trabalho em um ciclo para que os professores estejam, em pessoa ou através dos substitutos ou das tecnologias, tão frequentemente quanto possível em situação de coletar informações e de modificar as atividades a partir disso? O acompanhamento depende da gestão dos recursos humanos, que não atingiu, no âmbito escolar, a sofisticação dos instrumentos de avaliação com critérios.

Deve-se acrescentar que progressões plurianuais só podem ser dirigidas em função de objetivos de desenvolvimento e de aprendizagem a longo prazo? Cabe ao poder organizador definir os objetivos de cada ciclo de aprendizagem, em termos de competências ou de núcleos de conhecimentos. Seu uso correto delimita um novo campo de competência para os professores. De que adianta criar magníficas bases de competências, se os profissionais que as possuem nelas procuram encontrar os antigos programas anuais? Durante décadas, professores à frente de sua época buscaram identificar os objetivos fundamentais escondidos "entre as linhas dos programas nocionais". Quando muda a concepção institucional dos programas, suas práticas estão de repente de acordo com a norma. Ao mesmo tempo, outros professores entram em dissidência, porque não se sentem capazes de gerir progressões didáticas planejadas para mais de um ano e pedem a manutenção das balizas tradicionais...

3
CONCEBER E FAZER EVOLUIR OS DISPOSITIVOS DE DIFERENCIAÇÃO

Para que cada aluno progrida rumo aos domínios visados, convém colocá-lo, com bastante frequência, em uma situação de aprendizagem ótima *para ele*. Não basta que ela tenha sentido, que o envolva e mobilize. Deve também solicitá-lo em sua zona de desenvolvimento próximo.

Quem poderia se opor a esse magnífico programa? O incômodo é que há inúmeros alunos em uma aula. Ora, uma situação-padrão consegue excepcionalmente ser ótima *para todos*, porque eles não têm o mesmo nível de desenvolvimento, os mesmos conhecimentos prévios, a mesma relação com o saber, os mesmos interesses, os mesmos recursos e maneiras de aprender. Diferenciar e romper com a pedagogia frontal – a mesma lição, os mesmos exercícios para todos –, mas é, sobretudo, criar uma *organização do trabalho* e dos *dispositivos didáticos* que coloquem cada um dos alunos em uma situação ótima, priorizando aqueles que têm mais a aprender. Saber conceber e fazer com que tais dispositivos evoluam é uma competência com a qual sonham e a qual constroem pouco a pouco todos os professores que pensam que o fracasso escolar não é uma fatalidade, que todos podem aprender. "Todos capazes", afirma o Grupo Francês de Educação Nova e, juntamente com ele, todos aqueles que defendem o princípio de *educabilidade*. Resta propor situações de aprendizagem adequadas!

Aos olhos de muitos professores em exercício isso ainda parece uma utopia. Evidentemente, todo mundo é capaz de diferenciar em alguns momentos, nesta ou naquela disciplina, se tiver um pouco de energia e de imaginação. Infelizmente, esses esforços raramente estão *à altura das variações* entre alunos da mesma turma. O ideal, quando se tem de 20 a 30 alunos, seria oferecer a cada um deles o que Claparède chamava, no início do século, de "educação sob medida". É isso que parece fora de alcance.

O problema será insolúvel, de fato, enquanto se imaginar que, para criar uma situação de aprendizagem ótima para cada aluno, seja preciso encarregar-se dele pessoalmente. Isso não é nem possível, nem desejável. A solução não é transformar a aula em uma série de relações duais, com o professor ocupando-se com cada aluno individualmente. O cálculo é fácil: à razão de 26 alunos por turma para 26 horas semanais, isso daria, para cada um, uma hora de atendimento individualizado por semana... Não será possível, mesmo que se diminua muito o efetivo das turmas, tomar esse modelo realizável. Aliás, isso resolveria apenas parte do problema:

- Diante de oito, três, ou até mesmo um só aluno, um professor não sabe necessariamente propor a cada um deles uma situação de aprendizagem ótima. Não basta mostrar-se totalmente disponível para um aluno: é preciso também compreender o motivo de suas dificuldades de aprendizagem e saber *como* superá-las. Todos os professores que tiveram a experiência do apoio pedagógico, ou que deram aulas particulares sabem a que ponto pode-se ficar despreparado em uma situação de atendimento individual, ainda que, aparentemente, ela seja ideal.
- Certas aprendizagens só ocorrem graças a interações sociais, seja porque se visa ao desenvolvimento de competências de comunicação ou de coordenação, seja porque a interação é indispensável para provocar aprendizagens que passem por conflitos cognitivos ou por formas de cooperação.

Diferenciar o ensino não poderia, pois, consistir em multiplicar as "aulas particulares". Para encontrar um meio-termo entre um ensino frontal ineficaz e um ensino individualizado impraticável, deve-se organizar diferentemente o trabalho em aula, acabar com a estruturação em níveis anuais, ampliar, criar *novos espaços-tempos de formação,* jogar, em uma escala maior, com os reagrupamentos, as tarefas, os dispositivos didáticos, as interações, as regulações, o ensino mútuo e as tecnologias da formação (Perrenoud, 1997b; Tardif, 1998).

Essa competência global não remete a um dispositivo único, menos ainda a métodos ou instrumentos específicos. Ela consiste em utilizar todos os recursos disponíveis, em apostar em todos os parâmetros para "organizar as interações e as atividades de modo que cada aprendiz vivencie, tão frequentemente quanto possível, situações fecundas de aprendizagem" (Perrenoud, 1996b, p. 29).

Essa competência *sistêmica* mobiliza competências mais especificas. Distinguiremos quatro delas:

- Administrar a heterogeneidade no âmbito de uma turma.
- Abrir, ampliar a gestão de classe para um espaço mais vasto.

- Fornecer apoio integrado, trabalhar com alunos portadores de dificuldades.
- Desenvolver a cooperação entre os alunos e certas formas simples de ensino mútuo.

Vamos analisá-las detalhadamente, sem esquecer que remetem a competências bastante complementares, apresentadas em outros capítulos, principalmente organizar e dirigir situações de aprendizagem (Capítulo 1), administrar a progressão das aprendizagens (Capítulo 2), envolver os alunos em suas aprendizagens e em seu trabalho (Capítulo 4) e trabalhar em equipe (Capítulo 5).

ADMINISTRAR A HETEROGENEIDADE NO ÂMBITO DE UMA TURMA

O sistema escolar tenta homogeneizar cada turma nela agrupando alunos com a mesma idade. Disso resulta uma homogeneidade muito relativa, devido às disparidades, na mesma idade, dos níveis de desenvolvimento e dos tipos de socialização familiar. Por essa razão, corrige-se tal mecanismo sumário:

- pelo jogo das dispensas de idade, integrando alunos mais jovens, que demonstram uma certa precocidade;
- sobretudo, pelo jogo das reprovações, graças às quais os alunos que não têm a maturidade ou o nível requerido não passam de ano e repetem o programa na companhia de alunos mais jovens.

A ação desses mecanismos garante que os alunos inscritos na mesma turma estejam igualmente preparados para seguir uma formação indiferenciada? Sabe-se muito bem que não. Eles estão ainda menos preparados porque os sistemas educativos não ousam mais, e isso é bom, reprovar um aluno em cada cinco alunos. Considerando-se a eficácia bastante limitada dessa medida, da qual se toma progressivamente consciência graças a numerosos trabalhos científicos (Allal e Schubauer-Leoni, 1992; Crahay, 1996, 1997; Hutmacher, 1993; Paul, 1996, Perrenoud, 1996h), é duvidoso que a reprovação possa, no futuro, contribuir fortemente para a homogeneidade das turmas. Até mesmo no ensino médio, a mentalidade atual autoriza cada vez menos a criação explícita de habilitações muito seletivas. Quando existem, elas deixam totalmente em aberto, aliás, a questão da heterogeneidade das turmas que não fazem parte delas! Um professor experiente sabe que a homogeneidade total e inacessível na falta de uma seleção prévia bastante rigorosa, mas também porque, mesmo no grupo mais selecionado, ela se *recria,* sem dúvida de maneira menos espetacular, desde o início do ano e no próprio decorrer da progressão no programa. Somente um professor iniciante ainda sonha ter apenas alunos igualmente aptos e motivados a tirarem proveito de seu ensino.

Quando se perde a ilusão de poder salvaguardar uma pedagogia frontal constituindo-se grupos homogêneos, quando se atacam seriamente as diferenças, a primeira tentação continua sendo a divisão dos alunos em grupos homogêneos ou a reunião dos alunos que possuem dificuldades para lhes oferecer apoio, na esperança de que, com isso, recriem-se grupos passíveis de mesmo "tratamento". Diante da diferença, classificar e orientar os "casos" semelhantes para tratamentos uniformes continua a ser um esquema de pensamento muito tenaz. Ora, essa maneira de agir – além de muitas limitações práticas – postula que se pode, antes de envolver os alunos em um trabalho de uma certa duração, saber o que lhes convém.

Meirieu (l989c, 1990, 1995, 1996a) posicionou-se muito claramente contra essa pedagogia do "diagnóstico prévio". Ele propõe que se renuncie à composição de grupos homogêneos devidamente preparados para tratamento padronizado, para enfrentar a heterogeneidade *no âmbito de um grupo de trabalho,* tal como se manifesta *diante de uma tarefa* e, em particular, diante de uma *situação-problema.* O que leva, sem renunciar a toda regulação retroativa (remediação, apoio) ou proativa (microorientação para tarefas e grupos diferentes), a dar prioridade às regulações *interativas* em situação, os alunos permanecendo *juntos* (Allal, 1988). Isso não quer dizer que se deva renunciar a qualquer recurso pontual a grupos de níveis, menos ainda que se deva trabalhar em uma composição estável. Meirieu (l989a e b) mostrou a pertinência do trabalho, em alguns momentos, em *grupos de necessidades,* em outros, em *grupos de projeto.*

O importante, em uma pedagogia diferenciada, é criar dispositivos *múltiplos,* não baseando tudo na intervenção do professor. O trabalho por plano semanal, a atribuição de tarefas autocorretivas e o emprego de *softwares* interativos são recursos preciosos. Organizar o espaço em oficinas ou em "cantos" – entre os quais os alunos circulam – é uma outra maneira de enfrentar as diferenças. Nenhuma delas é, sozinha, uma solução mágica. A diferenciação exige métodos complementares e, portanto, uma forma de inventividade didática e organizacional, baseada em um pensamento arquitetônico e sistêmico.

Se isso fosse tão simples, os especialistas apresentariam pedagogias diferenciadas "prontas para uso", acompanhadas de formações que concedessem exatamente as competências desejadas. Na realidade, o canteiro está aberto, tateia-se, nenhum dispositivo está, atualmente, à altura dos problemas. No ponto em que estão a pesquisa e a inovação, as competências requeridas dos professores irão levá-los mais a contribuir para o esforço de desenvolvimento do que a aplicar modelos testados e aprovados.

ABRIR, AMPLIAR A GESTÃO DE CLASSE PARA UM ESPAÇO MAIS VASTO

Uma coisa parece certa: entre as quatro paredes da aula e durante os oito a nove meses de um ano letivo, poucos professores são capazes de fazer milagres. Não é impossível encontrar, aqui e ali, um novo Freinet que, sozinho, inventa uma pedagogia diferenciada, ativa e cooperativa, feita sob medida para seus alunos. Isso supõe uma criatividade, uma energia e uma perseverança fora do comum.

Parece sensato convidar os professores menos excepcionais a juntarem forças para organizar a diferenciação em escala de várias classes e, se possível, em vários anos. A organização oficial da escola em *ciclos de aprendizagem plurianuais* facilita tal cooperação, mas está longe de ser suficiente: em certos sistemas formalmente estruturados em ciclos, cada professor trabalha como antes, a portas fechadas, sozinho com sua turma, às vezes reconstituindo os níveis anuais ocultos, contra o espírito dos textos oficiais. Em outros sistemas, ainda organizados em etapas anuais, certas equipes pedagógicas criaram ciclos antes da implantação oficial, desmembrando os anos e as classes paralelas, gerando grupos multi-idade, ou estabelecendo uma grande continuidade entre os níveis anuais. Elas provam que se pode diferenciar desde já, no âmbito dos textos em vigor.

A gestão de uma classe tradicional é objeto da formação inicial e consolida-se no decorrer da experiência. O trabalho em espaços mais amplos exige novas competências. Algumas delas giram em torno da cooperação profissional; quando tratarmos do trabalho em equipe, falaremos disso. Outras se referem à gestão da progressão das aprendizagens em vários anos, assunto tratado no capítulo anterior.

Insistiremos aqui em uma competência propriamente administrativa, definida em uma escala mais vasta do que a classe: pensar, organizar, habitar, fazer viverem espaços de formação que reagrupem dezenas de alunos, durante vários anos. Esses funcionamentos levantam problemas inéditos de organização e de coordenação. Nos sistemas tradicionais, tais aspectos são regrados pela estruturação da formação em programas anuais e pela formação de classes estáveis a cada reinício das aulas. Em uma pedagogia diferenciada e em uma organização por ciclos de aprendizagem, tais problemas competem aos professores, que só podem resolvê-los em equipe e de modo local (Maison des Trois Espaces, 1993).

O trabalho docente nesses espaços-tempos de formação proporciona mais tempo, recursos e forças, imaginação, continuidade e competências para que construam dispositivos didáticos eficazes, com vistas a combater o fracasso escolar. Isso obriga a dominar parâmetros mais complexos e a prevenir riscos não negligenciáveis de desorganização ou de desvio. As equipes pedagógicas que se lançam em uma gestão nessa escala gastam seu tempo, em um primeiro momento, resolvendo problemas de organização, aprendendo o acordo e a cooperação, reconstruindo rotinas econômicas, reencontrando pontos de referência, controlando os efeitos de decisões, procurando saber onde estão todos os alunos, o que estão fazendo, com quem trabalham, em que situação se encontram, de que precisam e para que tarefas ou que grupos orientá-los no dia seguinte ou na próxima semana. Ainda aqui, novas competências estão emergindo. Seus contornos só serão percebidos progressivamente, já que ninguém pode propor um modelo ideal de organização do trabalho em uma pedagogia diferenciada (Perrenoud, 1997b).

FORNECER APOIO INTEGRADO, TRABALHAR COM ALUNOS PORTADORES DE GRANDES DIFICULDADES

Algumas crianças encontram dificuldades que ultrapassam as possibilidades comuns de diferenciação e exigem medidas excepcionais. Pode-se, em certos casos, considerar uma classe especializada, um apoio pedagógico extraclasse, até mesmo uma forma ou outra de reprovação, ainda que se saiba que sua eficácia é restrita na maior parte dos casos.

No entanto, o ideal seria, em uma organização de equipe, encontrar os recursos para atender a esses alunos, se fosse o caso com ajuda externa, mas sem excluí-los. As medidas de integração de crianças deficientes ou psicóticas em classes comuns abriram um caminho, assim como as práticas de apoio psicopedagógico integradas à sala de aula, com o interventor e o titular da classe trabalhando juntos, um ou outro assumindo mais particularmente os alunos com grandes dificuldades. Do ponto de vista das competências em jogo, percebe-se que os professores deverão, com o tempo, apropriar-se de uma parte dos saberes e do *savoir-faire* dos professores especializados ou dos professores de apoio, mesmo que nem todos exerçam essa função permanentemente. Isso supõe não só competências mais precisas em didática e em avaliação, mas também capacidades relacionais que permitam enfrentar, sem se desestabilizar, nem desencorajar, resistências, medos, rejeições, mecanismos de defesa, fenômenos de transferência, bloqueios, regressões e todo tipo de mecanismos psíquicos no decorrer dos quais dimensões afetivas, cognitivas e relacionais conjugam-se para impedir que aprendizagens decisivas comecem ou prossigam normalmente.

Analisando a *cultura profissional* dos professores de apoio experientes, suas competências, representações, atitudes, saberes e *savoir-faire*, obtém-se a seguinte lista:

a) Saber observar uma criança na situação, com ou sem instrumentos.
b) Dominar um procedimento clínico (observar, agir, corrigir, etc.), saber tirar partido das tentativas e erros, possuir uma prática metódica, sistemática.
c) Saber construir situações didáticas sob medida (mais a partir do aluno do que do programa).
d) Saber negociar/explicitar um contrato didático personalizado (baseado no modelo do contrato terapêutico).
e) Praticar uma abordagem sistêmica, não procurar um bode expiatório; ter a experiência da comunicação, do conflito, do paradoxo, da rejeição, do implícito, não se sentir atacado ou ameaçado pessoalmente à menor disfunção.
f) Estar acostumado à ideia de supervisão, estar consciente dos riscos que se corre e se faz correr em uma relação de atendimento.
g) Respeitar um código explícito de deontologia mais do que apelar para o amor pelas crianças e para o senso comum.
h) Estar familiarizado com uma abordagem ampla da pessoa, da comunicação, da observação, da intervenção e da regulação.
i) Ter domínio teórico e prático dos aspectos afetivos e relacionais da aprendizagem e possuir cultura psicanalítica básica.
j) Saber que, muitas vezes, é necessário abandonar o registro propriamente pedagógico para compreender e agir de modo eficaz.
k) Saber levar em conta mais os ritmos dos indivíduos do que os calendários da instituição.
l) Estar convencido de que os indivíduos são todos diferentes e o que "funciona" para um não "funcionará" necessariamente para outro.
m) Fazer uma reflexão específica sobre o fracasso escolar, as diferenças pessoais e culturais.
n) Dispor de boas bases teóricas em psicologia social do desenvolvimento e da aprendizagem.
o) Participar de uma cultura (trabalho de equipe, formação contínua, assumir riscos, animação, autonomia) que se encaminhe para uma forte profissionalização, um domínio da mudança.
p) Ter o hábito de considerar as dinâmicas e as resistências familiares e de tratar com os pais como pessoas complexas, mais do que como responsáveis legais de um aluno.

Sem transformar os professores em psicoterapeutas, essas competências enfatizam um atendimento mais individualizado, um método mais clínico, com instrumentos conceituais diferentes daqueles mobilizados para gerir um grupo (Perrenoud, 1991a).

DESENVOLVER A COOPERAÇÃO ENTRE OS ALUNOS E CERTAS FORMAS SIMPLES DE ENSINO MÚTUO

Enquanto os professores se virem como a única fonte de impulso e de regulação das aprendizagens dos alunos, pode-se temer que não se cansarão de tentar estar "em todos os lugares". Mesmo concebendo dispositivos engenhosos e recorrendo às tecnologias mais avançadas, não conseguirão enfrentar todos os problemas.

Sem que isso se constitua em uma solução miraculosa, é interessante apostar na cooperação entre os alunos. O ensino mútuo não é uma ideia nova, já florescia no século passado na pedagogia inspirada por Lancaster (Giolitto, 1983). O professor tinha 100 ou 200 alunos de todas as idades sob sua responsabilidade e, evidentemente, não podia ocupar-se de todos, nem propor uma única lição a um público tão vasto e heterogêneo. O grupo era então organizado em subconjuntos, que ficavam a cargo de "subprofessores", frequentemente alunos mais velhos ou monitores sem formação pedagógica. O papel do professor era fazer com que o conjunto funcionasse, mais do ensinar diretamente a todos.

O método lancasteriano repousava sobre uma disciplina de ferro e, evidentemente, só funcionava com pedagogias bastante elementares, baseadas no treinamento e na memorização. Hoje em dia, estamos condenados a inventar novas formas de ensino mútuo, que apelem para a autonomia e para a responsabilidade dos alunos, o que não é simples. Certamente, trabalhando em equipe pedagógica, pode-se pedir a alunos mais velhos que façam o papel de monitores. Entre alunos com idades muito próximas, pode-se também favorecer certas formas de "contrato didático" para determinadas tarefas. Todavia, pode-se questionar se a energia despendida para fazer tais dispositivos funcionarem não é desproporcional em relação aos resultados esperados, na medida em que parece difícil estender essas fórmulas à totalidade das noções inscritas no programa.

Talvez não se deva ter constantemente tais ambições. Os alunos podem formar-se mutuamente sem que um deles desempenhe o papel do professor. Basta que se envolvam em uma tarefa cooperativa que provoque conflitos sociocognitivos (Perret-Clermond, 1979; Perret-Clermond e Nicolet, 1988) e favoreça a evolução das representações, dos conhecimentos, dos métodos de cada um por meio do confronto com outras maneiras de ver e de agir. O confronto dos pontos de vista estimula uma atividade *metacognitiva* da qual todos extraem um benefício (Allal, 1993a e b; Grangeat, 1997; Lehrhaus, 1998; Rouiller, 1998), mesmo que isso não leve a uma ação coletiva.

"Não se aprende sozinho!", afirma o CRESAS (1987), insistindo no papel das interações sociais na construção dos conhecimentos. O mesmo autor coletivo defende (1991) uma verdadeira *pedagogia interativa*. Isso supõe que o professor seja capaz de fazer os alunos trabalharem em equipe. Observemos, todavia, que frequentemente nos enganamos sobre o sentido dessa fórmula: trabalhar em equipe não consiste em fazer juntos o que se poderia fazer separadamente, menos ainda em "olhar o líder ou o aluno mais hábil do grupo fazer". A organização do trabalho em equipe levanta problemas de gestão de classe, principalmente o da alternância entre as orientações e o trabalho coletivo e os momentos de trabalho em subgrupos. Essa complexidade sairá caro, se seu único efeito for justapor atividades que cada um poderia realizar sozinho. O desafio didático é inventar tarefas que *imponham* uma verdadeira cooperação (Daniel e Schleifer, 1996; Groupe français d'education nouvelle, 1996, Capítulo 15).

Isso só será interessante se essas tarefas provocarem as aprendizagens almejadas. Ora, não é fácil conciliar a lógica da ação bem-sucedida e aquela da aprendizagem ótima: uma ação coletiva funciona ainda melhor quando leva indivíduos autônomos e competentes a cooperarem e a aceitarem, por preocupação com a eficácia, uma liderança funcional. Em uma situação de classe, no âmbito de um grupo de três ou cinco alunos, cada um deles aprende e ainda não constitui um recurso muito eficaz para o grupo. Os alunos que mais precisam aprender também são aqueles que contribuem mais para desorganizar e para retardar a ação coletiva... No esporte, no trabalho, na vida, uma equipe eficaz afasta os indivíduos menos competentes das tarefas mais cruciais, chegando a marginalizá-los socialmente. A aprendizagem cooperativa deve saber privilegiar a eficácia didática em detrimento da eficácia da ação; sem isso, ninguém poderá "aprender, fazendo, a fazer o que não sabe fazer" (Meirieu, 1996b).

O desenvolvimento da cooperação passa, então, por atitudes, par regras do jogo, por uma cultura da solidariedade, da tolerância, da reciprocidade e por uma prática regular do conselho de classe (Philibert e Wiel, 1997). Saber favorecer a emergência dessa cultura e criar instituições internas de acordo não é a menor das competências pedagógicas. Ela não basta para pôr os alunos a trabalharem em verdadeiras tarefas coletivas, que os tornem dependentes uns dos outros. E, de um certo modo, uma *preliminar*, uma condição necessária, pois é muito custoso, até mesmo impossível, criar as condições da cooperação no momento exato em que se precisa dela. Quando os professores trabalham em equipe, tornam-se capazes de desenvolver essas atitudes e essa cultura ao longo de toda a formação, o que dispensa cada um de construí-la a partir do zero toda vez que recebe novos alunos.

A bagagem dos professores deveria estender-se não apenas às variantes europeias e norte-americanas da pedagogia cooperativa, mas também se abrir à *pedagogia institucional,* menos centrada nas interações didáticas, mais sensível à gestão cooperativa da classe como *comunidade* e como *sociedade,* e a implantação de *instituições internas,* outras tantas ocasiões de aprender a democracia e de regular o trabalho coletivo (Imbert, 1976, 1998; Lobrot, 1970; Ourye Vasquez, 1971; Pochet, Oury e Oury, 1986; Vasquez e Oury, 1973). A pedagogia institucional pertence, muitas vezes, a uma corrente libertária, crítica e autogestionária que assusta os professores com uma sensibilidade política menos manifesta. Pode-se lamentar isso, pois além das posições categóricas sobre a escola e a sociedade, a pedagogia institucional, como a de Freinet, a qual da continuidade, propõe instrumentos perfeitamente utilizáveis em maior escala, como o "Isso dá?", o "Isso não dá?" e, é claro, o conselho de classe. Sem dar as costas a uma cooperação *no* trabalho, essas abordagens fazem da organização do trabalho e da classe um desafio coletivo.

Toda pedagogia diferenciada exige a cooperação ativa dos alunos e de seus pais. Esse é um recurso, assim como uma condição, para que uma discriminação positiva não seja vivenciada e denunciada como uma injustiça pelos alunos mais favorecidos. Portanto, é importante que o professor dê todas as explicações necessárias para conseguir a adesão dos alunos, sem a qual suas tentativas serão todas sabotadas por uma parte da turma. Ver aí, além disso, uma ocasião de educação para a cidadania não poderia contradizer as intenções da pedagogia diferenciada...

UMA DUPLA CONSTRUÇÃO

Toda competência individual constrói-se, no sentido de que não se pode transmiti-la, de que só pode ser treinada, nascer da experiência e da reflexão sobre a experiência, mesmo quando existem modelos teóricos, instrumentos e saberes procedimentais.

No domínio em questão, as competências a construir não são inteiramente identificadas, porque os dispositivos de diferenciação ainda são bastante sumários, frágeis e limitados. Construir competências individuais nesse domínio é, portanto, participar de um procedimento coletivo que mobilize os professores inovadores e os pesquisadores.

No campo tecnológico, os grupos de estudos desenvolvem produtos sofisticados e, quando estão prontos, difundem-nos com um manual e, eventualmente, com uma formação para os usuários. Os dispositivos de pedagogia diferenciada não tem a mesma natureza, serão sempre concebidos e construídos *hic et nunc,* a partir de tramas e de exemplos nos quais os professores podem inspirar-se, sem poder reproduzi-los integralmente. As competências requeridas dos professores ultrapassam, pois, o mero uso inteligente de um instrumento. Pode-se lamentar isso, porque exige deles um investimento considerável. Ou pode-se ficar satisfeito, pois é aí que se justifica e se define a profissionalização de seu ofício.

4
ENVOLVER OS ALUNOS EM SUAS APRENDIZAGENS E EM SEU TRABALHO

"Não posso fazer nada por ele, se ele não quiser se cuidar", dirá ainda hoje em dia um médico desesperado com a falta de cooperação de seu paciente. "Não posso fazer nada por ele, se ele não quiser se instruir", dirá ou pensará um professor.

No entanto, há uma diferença: a instrução é legalmente obrigatória dos 6 aos 16, até mesmo aos 18 anos, conforme o país; aquém e além da escolaridade obrigatória, o direito civil dá aos pais a autoridade de instruírem e de mandarem instruir seus filhos. Encontra-se, então, nas escolas, uma proporção significativa de crianças e de adolescentes que não escolheram livremente a instrução e aos quais não se pode dizer: "Se você não quer trabalhar, nem aprender, volte para casa, ninguém o está forçando a vir a escola".

A instituição escolar coloca os professores de ensino fundamental e médio em uma posição muito difícil: eles devem instruir, 25 a 35 horas por semana, 40 semanas por ano, durante 10 a 20 anos, crianças e depois adolescentes que, algumas vezes, nada pediram. Ingenuamente, poder-se-ia concluir que a competência e a vontade de desenvolver o *desejo de saber* e a *decisão de aprender* (Delannoy, 1997) encontram-se no centro do ofício de professor.

Na realidade, desejo de saber e decisão de aprender pareceram, por muito tempo, fatores fora de alcance da ação pedagógica: se estivessem presentes, pareceria possível ensinar; se faltassem, nenhuma aprendizagem pareceria conveniente. Nenhum professor está totalmente livre da esperança de trabalhar apenas com alunos "motivados". Cada professor *espera* alunos que se envolvam no trabalho, manifestem o desejo de saber e a vontade de aprender. A *motivação* ainda é tida, com demasiada frequência, como uma *preliminar*, cuja força não depende do professor.

De onde ela viria então? Do patrimônio genético, da personalidade, da cultura do meio ou da família de origem, das influências do ambiente familiar, do bom ou do mau exemplo dos colegas? As "teorias subjetivas" da vontade de trabalhar e de aprender são, sem dúvida, tão diversas quanto as representações espontâneas da inteligência e de sua gênese. Todavia, apesar das diferenças, encontra-se um sentimento comum de impotência e de irresponsabilidade.

A democratização dos estudos trouxe para as escolas de ensino médio alunos que outrora ingressavam diretamente na vida ativa. Não há mais "herdeiros", defensores da cultura escolar e cuja única resistência é da ordem da preguiça e da desordem organizada. Os professores tiveram que se conformar com isso. No ensino médio, os estabelecimentos escolares recebem alunos muito heterogêneos no que tange à relação com o saber. No fundamental, a tradição é receber todo mundo, mas as ambições são maiores, confrontando o corpo docente com alunos pouco desejosos de aprender e menos ainda de trabalhar.

A responsabilidade pelo desejo e pela vontade pouco a pouco se inscreveu no ofício de professor, muitas vezes por não ter outra alternativa do que por vontade de despertar vocações. A voga do "projeto pessoal do aluno" não deve iludir: os professores sabem bem que muitos alunos quase não têm projeto e que é difícil propor-lhes um. A nostalgia de classes homogêneas e prontas para trabalhar não desapareceu. Porém, é preciso trabalhar com a realidade da escolarização em massa.

Sem dúvida, subsiste um amplo leque de atitudes entre os professores: alguns não perdem um segundo sequer para desenvolver a motivação dos alunos e acham que "não são pagos para isso"; limitam-se a *exigi-la* e a lembrar as consequências catastróficas da indolência e da reprovação. Outros consagram uma parcela não negligenciável de tempo a encorajar, a reforçar uma certa curiosidade. A linguagem dos centros de interesse, das atividades de liberação, de estímulo ou de motivação tornou-se banal. Ela pode dar a ilusão de que suscitar ou manter a vontade de aprender é uma preocupação atual partilhada por todos os professores. A realidade é menos cor-de-rosa. Pouquíssimos professores podem declarar sistematicamente: "Um grande número de meus alunos não vê nem o interesse, nem a utilidade dos saberes que desejo ensinar-lhes. Vou, então, consagrar uma grande parte do meu trabalho a desenvolver o desejo de saber e a decisão de aprender". É verdade que tal constatação é profundamente desencorajadora, quando se trabalha em uma instituição que mantém a ficção de alunos dispostos a aprender e que fixa os planos de estudos baseada nisso.

Se a escola quisesse criar e manter o desejo de saber e a decisão de aprender, deveria diminuir consideravelmente seus programas, de maneira a *integrar em um capítulo tudo o que permita aos alunos dar-lhe sentido e ter vontade de se apropriar desse conhecimento*. Ora, os programas são concebidos para alunos cujo interesse, desejo de saber e vontade de aprender são supostamente adquiridos e estáveis. Seus autores não ignoram que faltam esses pré-requisitos a certos alunos, mas apostam em uma motivação "extrínseca", imaginando que trabalharão sob a ameaça de uma nota ruim, de uma sanção, de um futuro comprometido ou, para os mais jovens, de uma perda de amor ou de estima da parte dos adultos. Não se pode pedir aos professores que façam milagres quando suas atribuições estão baseadas em uma ficção coletiva. A responsabilidade do sentido a ser construído não poderia repousar apenas sobre os ombros dos professores.

Contudo, não esperemos que os autores dos programas tenham diminuído estes para nos questionarmos *como* se poderia, então, envolver mais os alunos em sua aprendizagem e em seu trabalho. *Ter mais tempo é apenas zona das condições necessárias.* A competência requerida é de ordem didática, epistemológica, relacional. Podem-se isolar diversos componentes, que são outras tantas competências específicas:

- Suscitar o desejo de aprender, explicitar a relação com o saber, o sentido do trabalho escolar e desenvolver na criança a capacidade de autoavaliação.
- Instituir e fazer funcionar um conselho de alunos (conselho de classe ou de escola) e negociar com eles diversos tipos de regras e de contratos.
- Oferecer atividades opcionais de formação, *à la carte*.
- Favorecer a definição de um projeto pessoal do aluno.

Vamos examiná-las uma a uma.

SUSCITAR O DESEJO DE APRENDER, EXPLICITAR A RELAÇÃO COM O SABER, O SENTIDO DO TRABALHO ESCOLAR E DESENVOLVER NA CRIANÇA A CAPACIDADE DE AUTOAVALIACAO

A distinção entre desejo de saber e decisão de aprender, tal como proposta por Delannoy (1997), sugere pelo menos dois meios de ação. Certas pessoas têm prazer em aprender por aprender, gostam de dominar dificuldades, superar obstáculos. Em última análise, pouco lhes importa o resultado. Somente lhes interessa o *processo*. Uma vez concluído, passam a outra coisa, como o escritor se afasta do romance terminado para começar um outro livro. Com alunos desse tipo, o professor pode limitar-se a propor desafios intelectuais e problemas, sem insistir demais nos aspectos utilitários.

A maioria das pessoas interessa-se, *em alguns momentos*, pelo jogo da aprendizagem, se lhes oferecerem situações abertas, estimulantes, interessantes. Há maneiras mais lúdicas do que outras de propor a mesma tarefa cognitiva. Não é necessário que o trabalho pareça uma *via crucis;* pode-se aprender rindo, brincando, tendo prazer.

Infelizmente, nem sempre isso bastará, mesmo quando o professor faz tudo o que pode para mobilizar o maior número de alunos. Salvo para alguns, aprender exige tempo, esforços, emoções dolorosas: angústia do fracasso, frustração por não conseguir aprender, sentimento de chegar aos limites, medo do julgamento de terceiros. Para consentir em tal investimento e, portanto, tomar a decisão de aprender e *conservá-la,* é preciso uma boa razão. O prazer de aprender é uma delas, o desejo de saber é outra.

Este desejo é múltiplo: saber para compreender, para agir de modo eficaz, para passar em um exame, para ser amado ou admirado, para seduzir, para exercer um poder... O desejo de saber não é uniforme. A escola, mesmo que defenda absolutamente uma relação *desinteressada* com o saber, não pode, no dia a dia, tomar a liberdade de desprezar as outras motivações. Os mais alheios ao próprio *conteúdo* do saber em jogo oferecem inevitavelmente menores garantias de uma construção ativa, pessoal e duradoura dos conhecimentos. Todavia, diante de tantos alunos que não manifestam *nenhuma* vontade de saber, uma vontade de aprender, mesmo frágil e superficial, já é um consolo.

Assim, as estratégias dos professores podem desenvolver-se em um duplo registro:

- criar, intensificar e diversificar o desejo de aprender;
- favorecer ou reforçar a decisão de aprender.

Do desejo de saber à decisão de aprender, o caminho é tortuoso. Mesmo os alunos mais convencidos da vantagem que teriam em saber matemática ou geografia podem "desabar" diante do trabalho requerido para por esse projeto em andamento. O inferno do fracasso escolar está cheio de boas intenções. Há quase tanta coerência em uma criança que decidiu aprender do que em um adulto que decidiu emagrecer ou deixar de fumar. Se a vontade de saber é uma condição necessária, e suficiente apenas nos seres muito racionais e dotados da vontade de fazer, contra ventos e tempestades, o que decidiram. Nos outros, as resistências do saber e o preço da aprendizagem não podem deixar incólume uma decisão de aprender que, ela própria, quando vacila, enfraquece o desejo de saber que a fundamentava. Não paramos de renunciar a muitas coisas que, por um momento, pareceram-nos desejáveis, pois no uso damo-nos conta de que o investimento é mais pesado do que pensávamos, ou de que entra em conflito com outros projetos ou outros desejos.

Ensinar é, portanto, *reforçar a decisão de aprender,* sem agir como se ela estivesse tomada de uma vez por todas. É não encerrar o aluno em uma concepção do ser sensato e responsável, que não convém nem mesmo à maior parte dos adultos.

Ensinar é também *estimular o desejo de saber.* Só se pode desejar saber ler, calcular de cabeça, falar alemão ou compreender o ciclo da água, quando se concebem esses conhecimentos e seus usos. Às vezes, isso é difícil, porque a prática em jogo permanece opaca, vista do exterior. Como alguém que nem mesmo imagina o que é o cálculo diferencial poderia desejar dominá-lo? Como poderia compreender de que se trata sem dominá-lo?

Entretanto, tal paradoxo não vale na mesma medida para todos os componentes do programa. Uma criança de quatro anos não compreende exatamente o que significa ler, de um ponto de vista cognitivo, mas, às vezes, já tem uma representação da leitura e dos *poderes* que ela confere. Uma *relação com o saber* (Charlot, 1997) depende sempre de uma representação das práticas sociais nas quais ela se investe.

No início, essa representação não está constituída em todos os alunos. Cabe ao professor fazer com que se construa ou se consolide. Até mesmo para as competências básicas, cujo uso parece "evidente", nada é óbvio. O ingresso na cultura escrita (Benardin, 1997) já é uma etapa muitas vezes ultrapassada, antes de entrar na escola, nas crianças oriundas dos meios favorecidos, mas muito incerta para as outras. Estudando o iletrismo que atinge 8% dos jovens adultos franceses, Bentolila (1996) demonstra que são a observação e a antecipação dos usos sociais da língua que dão sentido à sua aprendizagem. Por não ter essa familiaridade, Mathieu, 20 anos, e iletrado:

> Seu pai, representante comercial, ele não o viu nem com muita frequência, nem por muito tempo. Sua mãe, enfermeira em um hospital na outra ponta de Paris, tinha mais o que fazer do que ler. Não, os livros não faziam parte do universo da família D. O diálogo, aliás, também não; falavam-se pouco, escutavam-se menos ainda [...]. Faltam-lhe as palavras para dizer o mundo, faltam-lhe frases para expressar o que pensa. A própria ideia de que se possa comunicar a alguém o que se pensa lhe é totalmente estranha. Mathieu nomeia os objetos e os seres, constata os acontecimentos, mas não fala *de* nada; não questiona nada. (Bentolila, 1996, p. 9-10)

Mathieu "ignora o que significa falar"! Como poderia ele construir um desejo de *domínio* acerca de uma prática cuja existência mal imagina e que parece não lhe dizer respeito?

Inúmeros pesquisadores trabalham hoje com o sentido dos saberes, do trabalho e da experiência escolares. Alguns estudam a relação com os saberes ensinados de um ponto de vista sociológico (Charlot, 1997; Charlot, Bautier e Rochex, 1995; Dubet e Martucelli, 1996; Montandon, 1997; Perrenoud, 1996a; Rochex, 1995). Outros adotam um ponto de vista mais didático (Astolfi, 1992; Baruk, 1985; Develay, 1996; De Vecchi e Carmona-Magnaldi, 1996; Jonnaert, 1985; Jonnaert e Lenoir; Vellas, 1996). Outros, ainda, um ponto de vista psicanalítico (Bettelheim e Zelan, 1983; Cifali, 1994; Delannoy, 1997; Filloux, 1974; Imbert, 1994, 1996). Todas essas abordagens estão longe de circundar todo o problema, mas sugerem que, nessa área, seria vantajoso se as competências do professor se fundamentassem em uma *cultura em ciências humanas* além do senso comum. Para a maior parte dos alunos que têm uma relação confusa com a escola ou com o saber, de nada serve dar encorajamentos, chamar à razão ou dizer: "É para seu bem" ou, então, "Você compreenderá mais tarde".

A competência profissional aqui em questão apela para dois recursos mais precisos:

- de um lado, uma compreensão e um certo domínio dos fatores e dos mecanismos sociológicos, didáticos e psicológicos em jogo no surgimento e na manutenção do desejo de saber e da decisão de aprender;
- de outro, habilidades no campo da transposição didática, das situações, das competências, do trabalho sobre a transferência dos conhecimentos, todos eles recursos para auxiliar os alunos a conceberem as práticas sociais para as quais são preparados e o papel dos saberes que as tornam possíveis.

INSTITUIR UM CONSELHO DE ALUNOS E NEGOCIAR COM ELES DIVERSOS TIPOS DE REGRAS E DE CONTRATOS

A construção de sentido não é inteiramente ditada pela cultura do ator, ela evolui com a situação, ao sabor das interações. Basta, consequentemente, explicar de tempos em tempos, ao conjunto da classe, a razão de ser deste ou daquele capítulo? É preciso mais para convencer aqueles que teriam mais necessidade disso. A construção do sentido deve ser, em parte, *diferenciada* e, sobretudo, inscrever-se em um *diálogo singular* com um aluno ou com um pequeno grupo.

Pode-se, entretanto, investir em uma definição *coletiva* das regras do jogo. O conselho de classe, inventado por Freinet, desenvolvido pela pedagogia institucional, é com frequência reduzido a um lugar de regulação dos desvios e dos conflitos: as pessoas não se escutam, não respeitam os outros, cometem-se violências, monopolizam-se recursos; as vítimas queixam-se, os culpados explicam-se, o conselho toma medidas. Se consegue reestabelecer a harmonia, parece, por vezes, perder sua função mediadora. Ora, tanto em Freinet como na pedagogia institucional, o conselho não é prioritariamente um espaço de resolução de conflitos. O trabalho, os saberes e a aprendizagem não precisam ser "expulsos" do conselho de classe pelos problemas disciplinares que, muitas vezes, são provocados, aliás, pelo tédio e pela falta de sentido do trabalho escolar.

O conselho de classe é um espaço onde é possível *gerir abertamente a distância entre o programa e o sentido que as alunos dão a seu trabalho*. Em cada classe, há um contrato pedagógico (Filloux, 1974) e didático (Schubauer-Leoni, 1986; Brousseau, 1996; Joannert, 1996; Joshua, 1996) pelo menos implícito, que fixa certas regras do jogo em torno do saber, impedindo o professor, por exemplo, de colocar questões sobre assuntos ainda não abordados, ou o aluno de perguntar constantemente por que se estuda isto ou aquilo. A relação legítima com o saber é definida pelo contrato didático, que intima, por exemplo, o aluno a trabalhar mesmo que não compreenda o objetivo de uma atividade.

O conselho de classe poderia ser o espaço onde se gera abertamente a distância entre os alunos e o programa, onde se codificam as regras, por exemplo, os "direitos imprescritíveis do aprendiz". Assim denominei (Perrenoud, 1994d), inspirando-me nos direitos imprescritíveis do leitor, propostos por Pennac (1991), uma série de direitos passíveis de aperfeiçoar o contrato pedagógico e didático:

OS DIREITOS IMPRESCRITÍVEIS DO APRENDIZ
1. O direito de não estar constantemente atento.
2. O direito a seu foro íntimo.
3. O direito de só aprender o que tem sentido.
4. O direito de não obedecer seis a oito horas por dia.
5. O direito de se movimentar.
6. O direito de não manter todas as promessas.
7. O direito de não gostar da escola e de dizê-lo.
8. O direito de escolher com quem quer trabalhar.
9. O direito de não cooperar para seu próprio processo.
10. O direito de existir como pessoa.

Cabe ao leitor completar essa lista, pensando no desejo de saber ou na decisão de aprender. Não para impor um regulamento aos alunos, mas para ter uma ideia do que poderia surgir se o conselho dos alunos se atribuísse a tarefa de tornar o trabalho escolar aceitável.

Os poderes do grupo-classe (Imbert, 1976, 1998) são consideráveis e podem desempenhar um papel essencial de *mediação:* a relação com o saber pode ser redefinida na classe, graças a uma verdadeira negociação do contrato didático, o que evidentemente supõe, do professor, a vontade e a capacidade de escutar os alunos, de ajudá-los a formular seu pensamento e de ouvir suas declarações...

OFERECER ATIVIDADES OPCIONAIS DE FORMAÇÃO

Esta competência pode parecer menor. Qualquer um é capaz de propor atividades equivalentes em certos momentos: tema de um texto ou de um desenho, escolha do poema ou da canção a aprender, opção entre vários exercícios de mesmo nível. Pode-se levantar quatro hipóteses acerca disso:

1. Essas escolhas não são oferecidas a não ser que correspondam a caminhos diferentes para atingir o *mesmo* objetivo de formação.
2. Os professores subestimam a importância dessas escolhas pelos alunos e não se aplicam a oferecê-las com tanta frequência como deveriam. Renunciam a elas, portanto, cada vez que isso "complica a vida" sem proveito visível, devido ao material requerido, à dificuldade do acompanhamento ou da avaliação de atividades distintas, ou dos problemas de julgamento decorrentes disso.
3. As escolhas concentram-se mais nas disciplinas secundárias.
4. Elas somente são feitas se o professor dominar suas implicações em termos de didática, avaliação e gestão de classe.

Em resumo, a padronização parece a regra, a diversificação das atividades permanece exceção; não se pensa nisso sistematicamente e se renuncia se ela levantar problemas de organização.

No entanto, todos sabem que o sentido de uma atividade, para qualquer um, depende muito de seu caráter escolhido ou não; quando a própria atividade e imposta, seu sentido depende ainda da possibilidade de escolher o método, os recursos, as etapas de realização, o local de trabalho, os prazos e os parceiros. A atividade que não tem nenhum componente escolhido pelo aluno tem muito poucas chances de envolvê-lo. Estudando os efeitos da organização do trabalho sobre a dinâmica psíquica, Dejours (1993) mostra que o cansaço, o estresse, a insatisfação, o sentimento de alienação e de ausência de sentido aumentam quando a organização do trabalho é rígida e não deixa nenhuma margem à pessoa para adaptar a tarefa a seus ritmos, seu corpo, suas preferências, sua visão das coisas. O que vale para os trabalhadores de uma empresa também vale para os alunos!

Seria possível definir essa competência profissional como "a arte de fazer da diversidade a regra", a padronização das atividades intervindo apenas conforme o caso, por razões específicas. Dito de modo tão radical, isso pode parecer impossível. A diversificação sistemática das tarefas levanta, de fato, problemas de gestão de classe e de material que podem tornar-se proibitivos. É melhor reconhecer tal fato com realismo. Antes de se chocar com esses obstáculos, encontra-se um problema didático: enquanto o professor não se sentir livre para distender os laços convencionados (e, frequentemente, implícitos) entre um objetivo de aprendizagem, uma atividade cognitiva que supostamente o serve e os recursos de ensino correspondentes, terá tendência a "fazer um pacote", o que leva a deixar pouquíssima margem aos alunos. Na verdade, geralmente a formação dos professores mais os familiariza com atividades associadas a capítulos do programa do que lhes fornece competências necessárias para escolher ou eliminar atividades em função de um *objetivo* de formação.

Sob a aparente simplicidade das opções que oferecem sistematicamente certos professores, sobretudo no âmbito de um "plano de semana" ou de quinzena, esconde-se, portanto, uma grande confiança nos efeitos de formação das atividades que sugerem e a certeza de que constituem caminhos *equivalentes* para alcançar os mesmos objetivos. A dissociação então operada entre conteúdos e objetivos concilia segurança e liberdade.

FAVORECER A DEFINIÇÃO DE UM PROJETO PESSOAL DO ALUNO

A emergência do Projeto Pessoal do Aluno (PPA) na França pode fazer sonhar. Agir como se os alunos tivessem um projeto e como se bastasse corresponder a ele é uma espécie de fraude, até mesmo de injunção paradoxal, principalmente para os alunos com dificuldades. Mascara-se, desse modo, o caráter obrigatório da instrução. Espera-se o PPP, "Projeto Pessoal do Prisioneiro"!

Evadir-se, talvez seja esse o projeto espontâneo do aluno que não pediu para ir à escola. Evadir-se fisicamente não é fácil, e qualquer tentativa tem um alto preço; porém, a evasão pode ser mental, sonhando, com os olhos no infinito, conversando, ou olhando pela janela.

Como diz Delannoy (1997), "Evitemos primeiramente esmorecer". Aos alunos que *têm* um projeto pessoal, a escola quase não oferece encorajamentos, salvo se seu projeto coincidir miraculosamente com o programa e os leva a fazer de modo espontâneo o que o professor tinha justamente a intenção de lhes pedir... *Uma* primeira faceta dessa competência consiste, pois, em *identificar os projetos pessoais existentes,* sob todas as suas formas, valorizá-los, reforçá-los. O projeto pessoal de uma criança não é necessariamente completo, coerente e estável. A melhor maneira de fazê-lo desaparecer é, sem dúvida, aplicar-lhe uma lógica de adulto.

Elias Canetti (1980) conta:

> Meu pai lia diariamente o *Neue Freie Presse,* e era um grande momento quando ele desdobrava lentamente seu jornal. Depois que começava a ler, não tinha mais olhos para mim, eu sabia que ele não me responderia de modo algum, minha própria mãe não lhe perguntava nada nesse

momento, nem mesmo em alemão. Eu procurava saber o que esse jornal podia ter de tão atraente; no início, pensava que era seu odor; quando estava sozinho e ninguém me via, eu subia na cadeira e cheirava avidamente o jornal. Apenas mais tarde, percebi que a cabeça de meu pai não parava de se mexer ao longo de todo o jornal; fiz o mesmo, nas suas costas, enquanto brincava no chão, sem nem mesmo ter sob os olhos, portanto, o jornal que ele segurava com as duas mãos sobre a mesa. Um visitante entrou uma vez de imprevisto e chamou meu pai, que se voltou e me surpreendeu lendo um jornal imaginário. Ele falou então comigo, antes mesmo de atender o visitante, explicando-me que se tratava das letras, todas as letrinhas, ali, e bateu em cima delas com o indicador. Vou ensiná-las eu mesmo para você, logo, acrescentou, despertando em mim uma curiosidade insaciável pelas letras.

Essa criança trará para a escola um projeto: ler todas as "letrinhas". Infelizmente, não se pode excluir que tal desejo desapareça se for triturado por um método ortodoxo de aprendizagem da leitura. Os projetos são frágeis, nem sempre racionais, nem sempre justificáveis, mas são os verdadeiros motores de nossa ação. O professor tem, portanto, interesse em assumi-los *como eles são* e, se não levam muito longe ou não levam aonde a escola quer conduzir os alunos, em saber fazer com que evoluam de maneira organizada, de modo que originem outros projetos, mais ambiciosos ou mais de acordo com o programa.

Quanto aos alunos que *não tem* projeto pessoal, o mais grave seria fazê-los ouvir que "têm uma pilha a menos". Étienne e colaboradores (1992) salientam que o projeto pode, se não formos atentos, tornar-se uma nova norma e, desse modo, uma nova ficção. Boutinet (1993) mostrou que construir a própria identidade e a vida formando projetos e uma relação com o mundo, *entre outras,* que caracteriza as sociedades ditas modernas. Projetar-se no futuro quase não tem sentido nas sociedades em que a identidade não passa pela realização de si e pela transformação do mundo. Encontra-se em parte essa diversidade no seio de cada sociedade; na nossa, nem todas as famílias tem a mesma capacidade de fazer e realizar projetos. Essa capacidade está fortemente ligada ao poder que se exerce sobre sua própria vida e a dos outros. É por isso que os indivíduos e os grupos dominados têm poucos recursos para formar projetos. Exigir de uma criança que expresse ou escolha rapidamente um projeto pessoal e, então, uma forma de *violência cultural* que, por mais involuntária que seja, demonstra uma falta de respeito à diversidade das relações com o mundo.

Ao mesmo tempo, inscrever seu esforço presente em um projeto continua sendo a maneira mais certa de lhe dar um sentido. Tentemos não jogar o bebê com a água do banho! A primeira faceta da competência requerida consiste, portanto, em navegar entre a manipulação e o laxismo. É legítimo incitar uma criança a se interrogar, a fazer projetos, realizá-los, avaliá-los, com a condição de se lembrar de que este é um longo caminho e seria injusto e pouco eficaz fazer disso um pré-requisito para as outras aprendizagens. Se elas se inscrevem em um projeto pessoal a médio prazo, tanto melhor! Se não, a construção do sentido deve tomar outros caminhos.

Vê-se que esta última competência, assim como as outras, requer certamente conhecimentos didáticos, mas também uma grande capacidade de comunicação, de empatia, de respeito à identidade do outro. Reler *Frankenstein pédagogue* (Meirieu, 1996) antes de cada volta às aulas evitaria fazer da exigência prévia de um projeto pessoal uma nova forma de violência simbólica...

5
TRABALHAR EM EQUIPE

A evolução da escola caminha para a cooperação profissional. Modismo, sob a influência de sonhadores, dirão aqueles que só se sentem bem "sozinhos no comando". No entanto, há múltiplas razões para inscrever a cooperação nas rotinas do ofício de professor. Eis algumas delas:

- A intervenção crescente, na escola, de psicólogos e de outros profissionais do setor médico-pedagógico ou médico-social demanda novas colaborações, em torno de casos de alunos que têm graves dificuldades, sofrem de deficiências ou são objeto de violências ou de outras formas de maus-tratos.
- A divisão do trabalho pedagógico aumenta, na escola primária, com a emergência de papéis específicos (apoio pedagógico, coordenadores de projetos, intervenção de professores especialistas) e o desenvolvimento do trabalho em dupla. Isso suscita novas formas de cooperação, por exemplo, a repartição igualitária das tarefas e a partilha da informação em uma dupla, ou a delegação a especialistas de um problema que ultrapassa o titular, com o máximo de indicações para facilitar o trabalho.
- Insiste-se cada vez mais na *continuidade* das pedagogias, de um ano letivo ao seguinte, como fator de êxito escolar. A redefinição do ofício de aluno, do contrato didático, das exigências no início de cada ano letivo perturbam os alunos mais frágeis e suas famílias; além disso, a ausência de colaboração entre titulares de graus sucessivos aumenta a probabilidade de reprovação dos alunos com dificuldades.
- A evolução rumo aos ciclos de aprendizagem de dois anos ou mais faz uma forte pressão para a colaboração entre professores, dos quais se solicita um atendimento conjunto e uma corresponsabilidade dos alunos de um ciclo.
- A vontade de diferenciar e de conduzir procedimentos de projeto favorece aberturas pontuais, até mesmo atividades coletivas mais amplas.

- Os pais organizam-se, solicitam um diálogo de grupo para grupo e esperam respostas coerentes dos professores, o que leva estes últimos a se unirem.
- A constituição dos estabelecimentos em "pessoa jurídica", em coletividades, que supostamente desenvolvem um projeto, às quais o sistema imagina conceder maior autonomia, requer funcionamentos cooperativos mais regulares.

Resulta disso que trabalhar em conjunto torna-se uma necessidade, ligada mais à evolução do ofício do que a uma escolha pessoal. Ao mesmo tempo, há cada vez mais professores, jovens ou adolescentes, que *desejam* trabalhar em equipe, visando a níveis de cooperação mais ou menos ambiciosos. Alguns deles excluem radicalmente o trabalho solitário, outros são mais ambivalentes, mas veem as vantagens de uma cooperação regular se esta lhes deixar uma autonomia suficiente.

A que leva o trabalho em equipe? Existem diversos tipos de equipes. Do arranjo que permite partilhar recursos à corresponsabilidade de um grupo de alunos há vários níveis, que se pode esquematizar como segue:

TRABALHAR EM EQUIPE: NÍVEIS DE INTERDEPENDÊNCIA

	Partilha de recursos	Partilha de ideias	Partilha de práticas	Partilha de alunos
Pseudoequipe = arranjo material	•			
Equipe *lato sensu* = grupo de permuta	•	•		
Equipe *stricto sensu* = coordenação de práticas	•	•	•	
Equipe *stricto sensu* = corresponsabilidade de alunos	•	•	•	•

Mesmo um arranjo puramente material supõe algumas competências, por exemplo, para garantir uma certa *justiça*. Cada vez que um coletivo recebe recursos para repartir, por exemplo, um fundo escolar, um material de vídeo ou equipamentos de informática, surge a questão: para cada um de acordo com suas necessidades, méritos, projetos, ou exatamente a mesma coisa para todos? Uma pseudoequipe pode dissolver-se e perder seus recursos por não ter sabido encontrar uma divisão inteligente e equânime ao mesmo tempo.

Em uma equipe *lato sensu,* as pessoas limitam-se a discutir respectivas ideias e práticas, sem decidir nada. No entanto, tais trocas exigem uma forma de equidade na tomada de palavra e de riscos: se são sempre os mesmos que falam, submetem um problema ao grupo, pedem conselhos, e sempre os mesmos que escutam, criticam ou dizem "a única coisa a fazer é...", isso não durará. Ademais, uma troca pode prejudicar a autoimagem de um professor, mesmo que não atinja formalmente sua autonomia. Se todos se protegerem e só oferecerem uma superfície lisa, as trocas permanecerão vazias. Se forem mais autênticos, podem, se forem mal conduzidos, deixar feridas duradouras naqueles que têm a impressão de não terem sido compreendidos e defendidos, mas, ao contrário, julgados e desacreditados. Os membros das equipes duradouras demonstram grandes competências de comunicação.

Isso é ainda mais evidente em uma equipe *stricto sensu,* já que ela funciona como um verdadeiro coletivo, em proveito do qual cada um dos participantes aliena, voluntariamente, uma parte de sua liberdade profissional. Quando há limitações à coordenação das práticas, cada um mantendo "seus" alunos, tudo depende do que se partilha: sobrevive-se facilmente a uma disfunção que dure 10 dias de ateliês abertos antes do Natal. A situação é mais problemática no caso de um dispositivo que exija, durante todo o ano escolar, uma divisão flexível do trabalho e um acordo regular sobre o programa, as atividades e a avaliação. A corresponsabilidade dos mesmos alunos exige ainda mais competências, pois, mesmo que não se entendam, os professores não podem separar-se no decorrer do ano...

Em todos os casos, é preciso que cada um encontre seu espaço, proteja sua parcela de fantasia, até mesmo de *loucura* (Perrenoud, 1994f, 1996c). Mesmo em uma equipe democrática, composta por pares, alguns exercem uma forte influência sobre as decisões da equipe e têm, pois, pouco mérito em aderir a elas, ao passo que outros têm a impressão de se submeter à "lei do grupo" ou de seu líder. Sem competências de regulação que permitam expressar tais impressões e propor um equilíbrio melhor, a equipe irá dissolver-se ou fará uma paródia de cooperação.

Trabalhar em equipe é, portanto, uma questão de competências e pressupõe igualmente a *convicção* de que a cooperação é um valor profissional. Os dois aspectos estão mais ligados do que se pensa: desvaloriza-se facilmente o que não se domina. Algumas reticências acerca do trabalho de equipe mascaram o *medo* de não saber retirar-se, de ser "devorado" ou dominado pelo grupo ou por seus líderes. Uma adesão entusiasta ao princípio do trabalho em equipe, ao contrário, irá atenuar-se ao se descobrir que não se sabe agir de modo cooperativo, que isso toma muito tempo ou cria ressentimento ou estresse incapazes de serem superados ou verbalizados.

Isso leva a distinguir três grandes competências:

1. Saber trabalhar eficazmente em equipe e passar de uma 'pseudoequipe' a uma verdadeira equipe.
2. Saber discernir os problemas que requerem uma cooperação intensiva. Ser profissional não é trabalhar em equipe 'por princípio', é saber fazê-lo conscientemente, quando for mais eficaz. É, portanto, participar de uma cultura de cooperação, estar aberto para ela, saber encontrar e negociar as modalidades ótimas de trabalho em função dos problemas a serem resolvidos.
3. Saber perceber, analisar e combater resistências, obstáculos, paradoxos e impasses ligados à cooperação, saber se autoavaliar, lançar um olhar compreensivo sobre um aspecto da profissão que jamais será evidente, haja vista sua complexidade. (Gather Thurler, 1996a, p. 151)

Salientarei particularmente a segunda ideia: saber trabalhar em equipe é também, paradoxalmente, *saber não trabalhar em equipe quando não valer a pena*. A cooperação é um meio que deve apresentar mais vantagens do que inconvenientes. É preciso abandoná-la se, por exemplo, o tempo de acordos e a energia psíquica requeridos para chegar a um consenso forem desproporcionais aos benefícios esperados. Uma equipe duradoura tem um saber insubstituível: *dar a seus membros uma ampla autonomia de concepção ou de realização cada vez que não for indispensável dar-se as mãos...*

O referencial aqui adotado enumera competências mais precisas:

- Elaborar um projeto em equipe, representações comuns.
- Dirigir um grupo de trabalho, conduzir reuniões.
- Formar e renovar uma equipe pedagógica.
- Confrontar e analisar em conjunto situações complexas, práticas e problemas profissionais.
- Administrar crises ou conflitos interpessoais.

Vamos examinar detalhadamente cada uma dessas competências.

ELABORAR UM PROJETO EM EQUIPE, REPRESENTAÇÕES COMUNS

A cooperação nem sempre implica projeto comum. Mesmo quando cada professor segue seu caminho e "faz o que tem a fazer", acontece ser de seu interesse incitar a fazer alianças, arranjos, colaborações pontuais, sem, no entanto, fazer parte duradouramente do mesmo grupo. Saber cooperar é, desse modo, uma competência que ultrapassa o trabalho de equipe. Entrar em acordo com pais para enfrentar o absenteísmo ou a indisciplina de uma criança, ou com colegas para supervisionar alternadamente os recreios, não significa formar uma verdadeira equipe.

Pode-se definir uma equipe como um *grupo reunido em torno de um projeto comum,* cuja realização passa por diversas formas de acordo e de cooperação. Os projetos são tão diversos quanto as situações e as ações possíveis no ofício. Distingo projetos de dois tipos:

- os projetos que se organizam em torno de uma atividade pedagógica precisa, como, por exemplo, a montagem de um espetáculo em conjunto, a organização de uma jornada esportiva, a criação de oficinas abertas, a criação de um jornal; a cooperação é, então, o meio para realizar um empreendimento que ninguém tem a força ou a vontade de fazer sozinho; ela se encerra no momento em que o projeto é concluído;
- os projetos cujo desafio é a própria cooperação e que não têm prazos precisos, já que visam a instaurar uma forma de *atividade profissional interativa* (Gather Thurler, 1996a) que se assemelha mais a um *modo de vida e de trabalho* do que a um desvio para alcançar um objetivo preciso.

É evidente que a oposição não é absoluta: uma equipe reunida para levar adiante um empreendimento definido pode, ao seu final, envolver-se em uma nova aventura e criar uma rede permanente de cooperação; ao contrário, uma equipe criada sobre a vontade de trabalhar em conjunto pode envolver-se em empreendimentos comuns que se tornam, às vezes, sua principal razão de ser.

Em ambos os casos, o importante é que se saiba *elaborar um projeto.*

Em uma "cultura de projeto" (Boutinet, 1993), todos estão familiarizados com a ideia de projeto. Daí a dominar as fases de negociação e de condução de um projeto coletivo há apenas um passo...

No projeto de tipo "empreendimento coletivo visando a uma realização", é relativamente fácil identificar o produto visado, mas resta entrar em acordo sobre a imagem exata que se tem dele, o nível de exigência, os destinatários, o calendário, a divisão das tarefas, a liderança, todos aqueles aspectos que devem ser esclarecidos para que cada um possa envolver-se com conhecimento de causa.

Em um projeto de tipo "divisão de forças e de ideias, coordenação de práticas", a razão de ser da cooperação é mais difícil de formular. À pergunta: "O que vamos fazer juntos?", pode-se responder: "Decidiremos isso juntos", deixando o questionador sem resposta. Ele é também mais arriscado: quando se planeja a montagem de um espetáculo, trata-se de uma *ação delimitada,* ao passo que o projeto de trabalhar em conjunto estende-se às relações profissionais cotidianas, revela a necessidade de partilhar, de romper a solidão, de fazer parte de um grupo, questões que expõem, às vezes, ao escárnio dos cínicos, aos alertas dos céticos ou ao sarcasmo daqueles que tomam qualquer dúvida profissional por uma confissão de fraqueza ou de incompetência.

Nos dois casos, a gênese de um projeto é uma questão de *representações partilhadas* daquilo que os atores querem fazer juntos. Se não fizerem esse trabalho no início, deverão fazê-lo a seguir, na primeira divergência grave, na primeira crise. Se uma equipe não é capaz de *dizer*, explicitamente, o que a mantém unida, ela se desfaz ou regride a um simulacro diante dos primeiros obstáculos. Ora, articular representações é não só abrir um espaço de livre discussão *no* projeto e *antes* do projeto, escutar as propostas, mas também decodificar os desejos menos confessos de seus parceiros, explicitar os próprios e buscar acordos inteligentes.

Essa competência ultrapassa a mera capacidade de comunicação. Supõe uma certa compreensão das dinâmicas de grupos e das diversas fases do "ciclo de vida de um projeto", principalmente de sua gênese, sempre incerta. Falar dos medos, das fantasias de perder a autonomia, dos territórios a proteger, dos poderes a assumir ou a se submeter (Perrenoud, 1996c), das competências e das incompetências a manifestar ou a construir, em suma, de todas as vicissitudes das relações intersubjetivas (Cifali, 1994) não é, então, um luxo, mas uma condição para começar, dentro de uma relativa transparência e de um certo equilíbrio entre os desejos de uns e de outros!

DIRIGIR UM GRUPO DE TRABALHO, CONDUZIR REUNIÕES

Todos os membros de um grupo são coletivamente responsáveis por seu funcionamento: o respeito aos horários e à pauta do dia, a preocupação em chegar a decisões claras, a lembrança das opções feitas, a divisão das tarefas, o planejamento dos próximos encontros, a avaliação e a regulação do funcionamento, o que significa que cada um exerce permanentemente uma parte da função de comando e de condução. Ela supõe ao mesmo tempo:

- uma postura, uma certa descentralização, a preocupação de que o grupo funcione, o que leva a intervenções aparentemente "desinteressadas", que não servem a uma proposta ou um ponto de vista pessoais, mas facilitam a comunicação e a tomada de decisão eficazes e igualitárias; na verdade, a médio prazo, cada um dos participantes tem interesse em que sua equipe funcione, mas, às vezes, é envolvido em

questões de poder, em projetos a defender, em jogos relacionais ou emoções que provocam divergência, incerteza ou desordem no funcionamento coletivo;
- competências de observação e de interpretação do que se passa, acompanhadas de competências de intervenção sobre o processo de comunicação ou sobre a estruturação da tarefa.

É sensato delegar-se um condutor a um grupo, de um certo tamanho, que venha sendo pressionado sobre questões de prazos ou ameaçado por um nítido desequilíbrio de forças presentes, sem que seus integrantes percam tais preocupações. Essa última fórmula é preferível, pois assegura um acompanhamento entre as reuniões e faz com que o condutor se sinta responsável pela continuidade da reunião anterior e por assegurar a preocupação da seguinte.

Desempenhar o papel de condutor exige, igualmente manifestas, a postura e as competências anteriormente lembradas. Portanto, não é verdadeiramente um papel especializado; é, antes, o direito e o dever de dar *prioridade* à função de condução da reunião. Conduzir é *dar vida,* sem contentar-se apenas em distribuir a fala.

Para fazer com que esse papel emerja e para permitir ao condutor que o desempenhe plenamente, convém que a equipe enfrente a questão da *liderança* e não a confunda com a autoridade administrativa. Ora, constata-se uma profunda ambivalência dos professores em relação a uma condução digna desse nome. Existem queixas frequentes de uma ou várias das seguintes disfunções:

a) Todo mundo fala ao mesmo tempo, interrompe e não se escuta mais o outro.
b) Ninguém fala, todo mundo parece perguntar-se, embaraçado: "O que estou fazendo aqui?".
c) Conversas começam em vários cantos paralelamente à discussão geral, não se sabe mais quem escuta quem.
d) Os participantes não sabem mais muito bem por que se reuniram; passam um tempo enorme perguntando-se: "Temos alguma coisa a fazer juntos?".
e) A discussão toma diversos rumos, passa-se "de saco para mala", ninguém se acha, é uma confusão...
f) Uma ou duas pessoas falam sem parar, contam sua vida, monopolizam a fala.
g) Algumas pessoas não dizem nada durante toda a sessão, não se sabe o que pensam, não demonstram nenhuma vontade de se expressar, ninguém ousa solicitá-las.

h) Certas pessoas parecem ter vontade de falar, mas hesitam em tomar a palavra. Cada vez que parecem decidir-se, alguém toma a dianteira ou as interrompe.
i) Alguns participantes chegam atrasados, não compreendem muito bem o que está acontecendo, não ousam perguntar, e ninguém se preocupa em dar-lhes explicações.
j) Não se sabe muito bem até quando vai a reunião, alguns deixam a sessão no meio da discussão, que se dispersa.
k) Duas pessoas ou dois subgrupos discutem interminavelmente sobre determinado assunto que não interessa a outros participantes, que assistem à querela como espectadores impotentes.
l) As opiniões são divididas sobre o que se deve discutir ou sobre a maneira de fazê-lo. Não se sabe como decidir a sequência do debate, cada um continua com suas ideias.
m) Algumas pessoas emitem opiniões categóricas, estigmatizando qualquer opinião contrária. Outras, magoadas, calam-se ou retiram-se.
n) A reunião termina sem que se decida o princípio, o conteúdo ou a data de um novo encontro. (Perrenoud, 1986)

Há uma irritação geral quando isso acontece. E, no entanto, assim que alguém dá a impressão de tomar as rédeas, mesmo a pedido dos participantes, logo é alvo de sarcasmos como "Sim, chefe!", ou "Atenção, olha o chefe". Não se perde uma ocasião para lhe mostrar que ele não deve ser levado a sério, o que encoraja uma condução fraca, "culpada", que finalmente deixa todos pouco à vontade. Se as coisas vão mal, o condutor pode tornar-se o bode expiatório ideal. Na mesma linha, certos grupos recusam qualquer apelo a instrumentos de condução, suspeitos de favorecerem a "manipulação". Por vezes, o condutor designado, a exemplo de um centroavante ativo, é "marcado" de perto por todos aqueles que, embora não tendo desejado assumir seu papel, temem dar-lhe poder demais. Em resumo, é preciso ser ingênuo ou um tanto *kamikase* para desempenhar esse papel no meio docente.

É na equipe pedagógica que, de modo ideal, superaram-se esses mal-estares em torno da autoridade e da liderança. Compreendeu-se que o grupo precisa de uma força de *regulação,* que este é um poder atribuído pela equipe e que não há razão para sabotá-lo logo que parece instituir-se... Vê-se a esse respeito que as competências, longe de serem meras "habilidades de condução", repousam sobre uma *percepção* daquilo que fazemos funcionar em um grupo, que se ancora em uma releitura de nossa experiência, assim como em certos conhecimentos oriundos das ciências humanas (psicanálise, psicologia social, sociologia dos grupos restritos).

FORMAR E RENOVAR UMA EQUIPE PEDAGÓGICA

Em certas organizações, a equipe é composta pelo organograma ou pela hierarquia: assumindo um posto, o indivíduo passa a ser *ipso facto* membro de uma equipe, cujos membros não são escolhidos. Essa forma de "colegiado imposto" (Hargreaves, 1992) induz, evidentemente, inúmeros efeitos perversos, já que a cooperação, nesse caso, não é resultante de uma livre escolha. Pelo menos, isso simplifica a questão da formação e da recomposição das equipes de trabalho.

Na escola, também acontece de uma administração tentar constituir autoritariamente um conjunto de professores em equipe. Em geral, porém, as equipes pedagógicas formam-se por escolha mútua. Elas se constituem em torno de um projeto ou de um contrato mais ou menos explícitos. Isso acarreta dois problemas, cuja solução cabe aos (futuros) membros da equipe:

1. Como fazer surgir uma equipe quando não existe nenhuma?
2. Como garantir a continuidade da equipe independentemente das partidas e das chegadas?

O primeiro problema pertence àqueles que querem tomar a iniciativa de formar uma equipe. Observam-se vários tipos clássicos de gênese:

- A "bola de neve": duas ou três pessoas começam a colaborar, e outras se juntam a elas; uma rede de cooperação nasce *antes* de ser reconhecida como uma equipe, quer seja por seus membros ou pelos outros professores.
- A resposta a uma solicitação externa: a autoridade escolar, uma instituição de formação, um centro de pesquisa estão à procura de uma equipe para entrar em um programa de inovação, de formação ou de pesquisa. Dois ou três professores perguntam-se "Por que não nós?" e reúnem alguns colegas que constituem uma equipe neste momento.
- A coalizão frente a uma ameaça: restrições orçamentárias, perspectivas de redução do emprego ou de diminuição das horas de trabalho, queixas dos pais contra um grupo de professores, conflito com um outro estabelecimento ou autoridade, ou situação de crise. Todos esses acontecimentos criam uma forma de solidariedade a partir da qual pode surgir uma equipe.
- A participação na elaboração de um projeto de estabelecimento pode criar núcleos mais restritos, que se constituem em atores coletivos desejosos de orientar uma dinâmica mais ampla.
- A atribuição dos recursos a coletivos pode suscitar pseudoequipes, que evoluem, às vezes, para verdadeiras equipes.

- O militantismo inovador: alguns professores esboçam um projeto e procuram mobilizar seus colegas.

Seja qual for o ponto de partida, aqueles que desejam lançar ou relançar uma dinâmica de cooperação devem aproveitar as ocasiões e envolver-se para fazer com que um projeto comum emerja, sendo ao mesmo tempo bastante *mobilizador* para que os participantes não voltem imediatamente para sua torre de marfim e *bastante aberto* para não dar a impressão de que tudo está resolvido de antemão.

O desejo difuso de trabalhar de maneira mais cooperativa daria, com mais frequência, origem a uma equipe, se as competências requeridas para sustentar essa dinâmica fossem melhor *partilhadas*. Muitas vezes, a gênese de uma equipe aborta por falta de habilidade, excesso de precipitação, ausência de escuta ou de organização, de memória ou de método. Os professores formados pelo militantismo, pela vida associativa, até mesmo pela empresa, têm, em geral, os recursos e a audácia de criar um movimento coletivo, ao passo que os professores privados de tais experiências extraescolares ficam paralisados pelo receio, se "saem da linha", de dar a impressão de querer o poder ou, pior ainda, uma promoção...

Renovar uma equipe pedagógica requer ainda outras competências. Trata-se de saber "administrar", ao mesmo tempo, as partidas e as chegadas.

As partidas são de vários tipos. Algumas delas são mal vivenciadas, porque empobrecem a equipe e desvalorizam-na aos olhos daqueles que ficam e sentem-se "abandonados" no pior momento. Podem ocorrer pressões para evitar certas partidas ou represálias quando a decisão está tomada, mas ainda não é definitiva. Como se perceber e ser tratado como um ator integral em uma equipe que se vai deixar? Para aceitar esse desafio, é preciso capacidades de análise, de verbalização, de regulação.

Outras partidas são, ao contrário, bem-vindas. Podem resultar de uma verdadeira exclusão, mais violenta ainda se ficar implícita. É provável, então, que a partida ponha fim a um período de conflitos e inicie um período de culpa coletiva um tanto deprimente...

Quanto às chegadas, elas suscitam um outro problema: como dar espaço aos novos sem renegociar tudo? Uma equipe treinada sabe:

- de um lado, usar os momentos em que se recompõe como ocasiões positivas de reabrir o debate sobre seus objetivos e seu itinerário;
- de outro, transmitir aos recém-chegados informações que os ajudarão a assimilar a cultura da equipe e a compreender *por que* se faz o que se faz, diz-se o que se diz, não se volta a certos assuntos, renuncia-se

de antemão a certos empreendimentos com um categórico "isso não funciona, já tentamos!".

ENFRENTAR E ANALISAR EM CONJUNTO SITUAÇÕES COMPLEXAS, PRÁTICAS E PROBLEMAS PROFISSIONAIS

Uma equipe perde o vigor se não consegue "trabalhar sobre o trabalho" (Hutmacher, 1990). Pode-se passar um certo tempo queixando-se do sistema, da inspeção, dos pais, dos alunos, dos programas, da avaliação, dos locais e de tudo o que impeça a realização de um bom trabalho, mas a busca de um bode expiatório acaba cansando. O verdadeiro trabalho de equipe começa quando os membros se afastam do "muro de lamentações" para agir, utilizando toda a zona de autonomia disponível e toda a capacidade de negociação de um ator coletivo que está determinado, para realizar seu projeto, a afastar as restrições institucionais e a obter os recursos e os apoios necessários.

O ativismo pode manter uma equipe durante meses, até mesmo anos, e tornar-se sua razão de ser, às vezes de modo obsessivo. Conceber projetos ambiciosos e concretizá-los satisfaz aqueles que buscam em uma equipe, antes de tudo, um meio de multiplicar sua capacidade de ação ou de viver aventuras apaixonantes. Permanecer-se-á então, constantemente, na lógica da ação eficaz, o que não exclui os debates, até mesmo verdadeiros confrontos, mas os limita àquilo que se deve realmente esclarecer para tomar decisões e assumi-las coletivamente. Desse modo, as competências requeridas são aquelas que permitem a um *grupo de tarefas* realizar seus projetos.

Quando os membros de uma equipe esperam da cooperação uma forma de reflexão sobre as práticas e os problemas profissionais, têm interesse em lutar para não cair no ativismo, em ter tempo para discutir o que fazem, acreditam, pensam, sentem, e não para discutir aquilo que ainda é preciso fazer para preparar a festa, a exposição ou a semana musical. Assim, são necessárias certas competências para navegar sem instrumentos entre dois obstáculos: proteger-se demais, correndo o risco de nada dizer, ou expor-se demais, o que pode levar alguns a ficarem em seu canto para tratar suas feridas.

É sempre útil que um membro da equipe seja, mais do que outros, sensível às derrapagens possíveis que levam à troca vazia de sentido, assim como ao psicodrama, mas a regulação repousa sobre uma competência *coletiva*, baseada em uma intuição comum da necessidade e da fragilidade do intercâmbio em torno das práticas. Habilidades mais metodológicas podem, então, entrar em jogo para organizar, por exemplo, visitas mútuas, o relato cruzado de fragmentos de histórias de vida, a análise de situações complexas, eventualmente momentos de escrita profissional (Cifali, 1996; Perrenoud, 1996j e l, 1998g e o).

ADMINISTRAR CRISES OU CONFLITOS INTERPESSOAIS

M. Schorderet e L. Schorderet insistem nisto (1997): "É preciso abandonar imperativamente a ilusão dos discursos sobre a paz e a harmonia". O conflito faz parte da vida, é a expressão de uma capacidade de recusar e de divergir que está no princípio de nossa autonomia e da individualização de nossa relação com o mundo. Uma sociedade sem conflitos seria, ou uma sociedade de ovelhas, que se curvam sem resistência diante da autoridade do chefe, ou uma sociedade na qual ninguém pensa, o que exclui a divergência, isto é, o progresso que nasce do confronto sobre a ação a empreender.

Isso não significa que se deva jogar lenha na fogueira e alimentar-se com o conflito, como fazem algumas pessoas que procuram sua identidade semeando a discórdia. Apenas deixemos de diabolizar o conflito, consideremo-lo como um componente da ação coletiva e perguntemo-nos como podemos utilizá-lo de maneira mais construtiva do que destrutiva.

Cada pessoa aborda um conflito com sua própria identidade, que depende de seu desenvolvimento pessoal, ou seja, de sua história pessoal e de sua formação. Os adultos jamais pararam de oscilar entre a submissão e a revolta contra os poderes, jamais estão certos de ter o direito de serem diferentes sem serem desviados. O conflito salienta a lateridade e evoca a autoridade, até mesmo a violência. É normal que cada pessoa só fique relativamente tranquila, diante desses fenômenos, graças a um *trabalho interno* que pode levar toda a vida. Esse trabalho avançará ainda melhor se for concebido como banal, normal, e não com uma confissão de fraqueza. Ele também supõe competências de autoanálise e de diálogo com seus próximos.

Fiquemos, todavia, com as competências profissionais mais específicas, mesmo sabendo que o funcionamento de uma equipe pedagógica permanece muito dependente da maturidade, da estabilidade, da serenidade pessoais daqueles que a compõem. Essas características podem evoluir, mas, no dia a dia, elas são o que são; é preciso "virar-se com elas". Há, dessa maneira, na maior parte das equipes, certas personalidades ou configurações de personalidades mais favoráveis do que outras a um funcionamento harmonioso. Uma parte da regulação consiste, em uma equipe, em apaziguar os conflitos que provêm do "elo fraco da cadeia", por exemplo, um membro da equipe que tem medo de tudo, que jamais faz concessões sobre os princípios, ou que revela um perfeccionismo sem limites.

Um psicólogo clínico aborda serenamente (?) as neuroses de seus pacientes, pelo fato não de viverem e agirem com eles fora do encontro terapêutico.

Em um grupo real, os conflitos surgem em parte das irritações provocadas por alguns membros do grupo, por exemplo, aqueles que jamais têm espaço suficiente, reconhecimento, certezas para se sentirem à vontade e que, consequentemente, fazem demandas muito egocêntricas. Viver com as "neuroses" dos outros exige não apenas uma certa tolerância e uma forma de afeição, mas também competências de regulação que evitam o pior. Em cada grupo há mediadores, pessoas que antecipam e atenuam os confrontos. Nos casos mais dramáticos, apela-se para interventores externos e especializados. Isso não acontece automaticamente. Uma das competências requeridas pela vida em equipe é saber reconhecer que o grupo está esgotando seus recursos internos de regulação e que só pode resolver a crise mobilizando recursos externos. Pode-se almejar que cada equipe compreenda *várias* pessoas que, sem serem especializadas, nem delegadas, impedem que se chegue a extremos, desempenhando um papel formal ou informal de *mediação*.

Contudo, estaríamos equivocados em pensar que o conflito nasce apenas das personalidades presentes. Ele se enxerta sempre em situações parcialmente provocadas por acontecimentos externos: uma restrição dos recursos disponíveis, uma demanda dos pais ou dos alunos, uma ameaça ao emprego, uma solicitação de um dos membros da equipe para assumir uma função de condução no estabelecimento ou simplesmente a ocasião de desenvolver um projeto. Nas decisões, corre-se o risco de não entrar em acordo. Conforme a questão, se os pontos de vista diferirem e se cada um estiver determinado a defender o seu, o desacordo poderá transformar-se em conflito. As competências requeridas dizem, então, respeito a uma *moderação* centrada na tarefa. É importante, por exemplo, que, em uma equipe, várias pessoas tenham bastante imaginação, informações e conhecimentos para reestruturar o debate de modo a chegar a um acordo, a uma decisão que não oponha de modo brutal ganhadores e perdedores. O apelo à harmonia é menos eficaz do que a reconstrução do problema, que passa por um trabalho intelectual bastante preciso, em geral na urgência. Pode-se igualmente, na falta de uma solução miraculosa que faça todo mundo entrar de acordo na hora, propor um calendário e um método que pacifiquem o debate, por exemplo, inspirando-se neste princípio de Korczak, que Philippe Meirieu relembra: em uma classe, todo mundo pode atacar o outro, com a condição de preveni-lo por escrito com 24 horas de antecedência...

Em um debate, há geralmente uma questão real e, também, uma construção coletiva mais efêmera, que dramatiza inutilmente as oposições, e jogos relacionais (jogos de poder, concorrência, pequenas alianças, acerto de contas) que parasitam a discussão encetada. Na gestão de conflitos, uma competência básica, preciosa, é a capacidade de *romper as amálgamas e as espirais,* reduzir um conflito mais a uma divergência delimitada do que atiçar uma guerra de religião, um combate de chefes, uma querela entre os antigos e os modernos, ou um conflito ideológico clássico. Evidentemente, essas clivagens estão presentes e constituem falhas sempre prontas a se reabrirem em caso de terremoto. O trabalho cotidiano da mediação é, essencialmente, preventivo. Consiste em impedir que cada divergência degenere em conflito. Esta é uma competência maior em um grupo. *Construir pontes relacionais,* como propõem Marianne e Louis Schorderet, não é somente apelar para a tolerância ou para a empatia, é trabalhar intelectualmente sobre o que reúne e o que separa, valorizando, portanto, uma forma de lucidez sobre os verdadeiros desafios do conflito que surge.

É claro que, se as clivagens forem muito fortes e se cada um esperar constantemente o incidente de fronteira que o autorizará a iniciar as hostilidades sem remorsos, talvez se deva apelar para uma competência bastante rara e difícil de assumir, que evoca a eutanásia ou a amputação. Existem equipes em que é melhor decidir pela *dissolução,* porque elas alimentam ódios e regressões mais do que desejos de cooperação profissional. Por vezes, ninguém vê qual o milagre que levaria a uma evolução positiva. Mais vale se separar do que provocar sofrimento mútuo.

Também existem equipes que podem continuar a funcionar, separando-se de um de seus membros ou dividindo-se. A competência consiste igualmente em *ver a realidade de frente*. É tão absurdo evocar a exclusão, a cisão ou a dissolução à menor crise quanto recusar-se a pensar nisso quando a equipe, duradouramente, aumenta o sofrimento no trabalho e a solidão de cada um. Ora, o que parece de bom senso é muito difícil de aceitar, primeiro porque é preciso reconhecer uma forma de impotência e de fracasso e, ainda, porque isso leva a dizer a outrem coisas muito duras, única maneira de resolver a situação. Os especialistas das patologias de casal sabem disto: os indivíduos podem prender-se a um inferno, a ponto de negar categoricamente que há o menor problema no momento em que alguém tenta dizer: será que isso pode continuar desse jeito? Em uma equipe, as questões são, sem dúvida, menos existenciais (?), mas os mecanismos de denegação do fracasso e do sofrimento são igualmente fortes. Saber identificá-los e neutralizá-los é uma competência preciosa.

Seria injusto, entretanto, concluir em um tom tão sombrio. A vida de equipe é feita de pequenos conflitos que a fazem avançar, se resolvidos com humor e respeito mútuo. Os conflitos maiores aparecem e são, às vezes, intransponíveis. A capacidade de evitá-los, mesmo não sendo infalível, pelo menos ajuda as divergências ordinárias.

Assim, "uma equipe prevenida vale por duas" (Gather Thurler, 1996b). O conhecimento não permite controlar todos os acontecimentos, mas ajuda a antecipá-los, nomeá-los, desdramatizá-los, compreender que são inerentes à dinâmica de um grupo restrito, o que dispensa da busca de um bode expiatório e cura do mito da "boa equipe" como paraíso relacional...

6
PARTICIPAR DA ADMINISTRAÇÃO DA ESCOLA

Hoje, solicita-se realmente aos professores que participem da administração da escola? Aliás, terão eles esse desejo? Poderia parecer "lógico" ter respostas claras a essas perguntas, antes de considerar como indispensáveis os quatro componentes escolhidos pelo referencial aqui adotado:

- Elaborar, negociar um projeto da instituição.
- Administrar os recursos da escola.
- Coordenar, dirigir uma escola com todos os seus parceiros (serviços paraescolares, bairro, associações de pais, professores de língua e de cultura de origem).
- Organizar e fazer evoluir, no âmbito da escola, a participação dos alunos.

Se ninguém, nem do lado dos professores, nem do lado da autoridade escolar, visse o sentido desses funcionamentos, seria absurdo referir-se às competências correspondentes. Entretanto, em matéria de administração do sistema educativo não nos encontramos mais nessa situação.

Por toda parte, as "costuras" dos sistemas educativos desmancham-se, por mil razões, mas principalmente porque seu modo de gestão, apesar de alguns progressos, permanece arcaico, burocrático, baseado mais na desconfiança do que na confiança, na liberdade clandestina do que na autonomia assumida, na ficção do respeito escrupuloso aos textos do que na delegação de poderes a partir de objetivos gerais, na aparência do controle do que na transparência das escolhas e na obrigação de prestar contas delas. Profissionalização, responsabilização, participação, autonomia de gestão, projetos da instituição, cooperação: esses temas, para além dos modismos, designam alternativas desejáveis ao funcionamento burocrático.

As competências aqui descritas correspondem a funcionamentos emergentes, que atores ainda minoritários, embora cada vez mais numerosos, dizem desejar, tanto do lado da autoridade escolar quanto das associações profissionais (Bouvier, 1994; Broch e Cros, 1989; Hutmacher, 1990; Demailly, 1991; Derouet, 1992; Obin, 1992, 1993; Gather Thurler, 1994a e b, 1996b, 1997b; Pelletier, 1998; Pelletier e Charron, 1998; Perrenoud, 1993a e b, 1998p e q).

Antes de pensar em formar os professores para participar da escola, deve-se *esperar* que essa evolução, apenas iniciada, ocorra plenamente nas mentes, nos textos legislativos, nos procedimentos orçamentários e nos modos de trabalho? É claro que não! A mudança ocorrerá por meio da junção de dois procedimentos complementares: de um lado, uma adesão progressiva dos atores a novos modelos; de outro, a construção, igualmente progressiva, dos saberes e das competências capazes de fazê-los funcionarem na prática. Não há pior adversário da mudança do que esta constatação que os céticos gostam de sussurrar com prazer: "Veja bem, isso não pode funcionar, eles não são capazes de assumir suas responsabilidades".

Os professores não são os únicos atores da educação chamados a construir novas competências. O pessoal administrativo também deve aprender a delegar, pedir contas, conduzir, suscitar, caucionar ou negociar projetos, fazer e interpretar balanços, incitar sem impor, dirigir sem privar. Essas competências, esses saberes de ação quase não se desenvolvem, espontaneamente, sem formação, sem procedimento reflexivo, sem transformação identitária (Gather Thurler, 1996a; Perrenoud, 1998g). Todos os ofícios da educação estão envolvidos e exigem novas competências em matéria de administração da escola. Aqui, porém, iremos limitar-nos aos professores.

Para descrever uma competência, é preciso explicitar práticas de referência. Nesse caso, como no trabalho em equipe, deve-se sair da sala de aula, interessando-se pela comunidade educativa em seu conjunto. Seria equivocado, porém, acreditar que ocorre um distanciamento das questões didáticas, pedagógicas e educativas, que se está no campo da "administração pura" e, por essa razão, autorizado a esquecer as aprendizagens e o progresso dos alunos. A totalidade do funcionamento de uma escola faz parte do *currículo real* (Perrenoud, 1996a) e contribui para formar os alunos de maneira deliberada ou involuntária. Administrar a escola é sempre, indiretamente, ordenar espaços e experiências de formação.

ELABORAR, NEGOCIAR UM PROJETO DA INSTITUIÇÃO

Em nossa cultura, não é absolutamente estranho "realizar projetos". Ao contrário, essa é uma maneira de ser que parece se impor a todos, mesmo àqueles que não têm recursos ou vocação para isso. Vivemos em uma *cultura de projeto* (Boutinet, 1993), com o risco permanente de considerar tal relação com o mundo a única digna da condição humana. A insistência dada ao projeto pessoal do aluno ilustra os desvios normativos que ameaçam uma ideia positiva.

Para formar um projeto, para "se projetar" no futuro e querer construí-lo, é preciso identidade, meios, segurança, que nem todos os indivíduos têm, porque essa confiança e essa garantia estão estreitamente ligadas à origem social e à experiência de vida. Formar um projeto é dizer "Eu", é considerar-se como um ator que tem domínio sobre o mundo, que se reconhece como um forte, que possui direitos e competências para modificar o curso das coisas. Essa convicção, que todos os dominadores partilham, falta justamente à maioria dos dominados. Portanto, é absurdo exigir de um aluno cuja herança cultural não predisponha a se conceber como um sujeito autônomo que tenha *imediatamente* um projeto. O desafio da educação escolar é, ao contrário, proporcionar a *todos* os meios para conceber e fazer projetos, sem fazer disso um pré-requisito.

A ideia de projeto da instituição corre o risco dos mesmos desvios normativos. Certamente, os professores são adultos instruídos, muitas vezes oriundos da classe média ou alta. Em sua vida pessoal, familiar, profissional, um professor é capaz, em geral, de formar e de conduzir projetos. Ele valoriza essa relação com o mundo, vivenciada como uma forma de realização pessoal. Por que as mesmas pessoas, que trabalham na mesma instituição, não poderiam, da mesma forma, envolver-se em um projeto comum? Porque individualidades, reunidas quase por acaso, não conseguem facilmente constituir-se em *ator coletivo,* particularmente no campo de uma profissão ainda muito individualista. É possível ter um projeto pessoal claro e saber conduzi-lo bem sem ser desejoso, nem capaz, de se unir a um projeto coletivo.

No ensino público, uma escola não é uma empresa independente. Na legislação suíça, por exemplo, um estabelecimento não tem nenhum direito, nem nenhuma responsabilidade. É um lugar, um prédio ou um conjunto de prédios, em suma, um *sítio* que, enquanto tal, não é uma pessoa física ou jurídica. Quando existe, o diretor da instituição não é escolhido pelo corpo docente, mas nomeado pela administração central. Em direito francês, um estabelecimento escolar é um sujeito de direito, dotado de um conselho administrativo, que toma decisões e assume a responsabilidade jurídica e social. Apesar dessa importância, a ambiguidade está longe de desaparecer inteiramente. No setor público, uma instituição escolar não é uma empresa autônoma, pois recebe o essencial de seus recursos do Estado e de uma administração central que lhe atribuem missões e controlam a administração desses recursos. As escolas privadas também são, com bastante frequência, incorporadas a redes ou dependentes de "poderes organizadores" dos quais recebem seus recursos. Essas pertenças institucionais limitam muito o sentido que se pode dar a um projeto da instituição. A maior parte deles não é realmente autônoma. Na melhor das hipóteses, os estabelecimentos são, *entre mandato e projeto,* convidados a *desenvolver um projeto para melhor cumprir seu mandato,* dentro de limites e de recursos pouco negociáveis (Perrenoud, 1998q).

Fora do mundo do trabalho, formar e conduzir projetos é uma manifestação de *liberdade*. Os indivíduos ou os grupos definem seus objetivos, negociam, é verdade, os meios e as cooperações necessárias, mas não precisam pedir permissão para realizar seus projetos, a menos que solicitem um mandato sem o qual os mesmos são irrealizáveis. Não é inabitual, em si, que um projeto se transforme em mandato: um escritório de arquitetura, por exemplo, pode propor um projeto e, baseado nisso, receber eventualmente o mandato de realizá-lo, com apenas alguns arranjos. O projeto *preexiste* ao mandato, seus autores assumem essa transformação como condição de realização do projeto, mesmo que ela imponha, às vezes, prazos drásticos e torne difícil uma eventual renúncia, considerando os riscos jurídicos e financeiros. Realizar "sob mandato" um projeto que se imaginou e propôs aliena, em parte, a liberdade de seus idealizadores e força-os a *negociações* difíceis, assim que aparece, por exemplo, um obstáculo imprevisto: terreno menos propício do que o previsto, oposições inesperadas, orçamento estourado. É necessário, então, remanejar ou redimensionar os planos. Pelo menos, os atores podem dizer: "É *nosso* projeto, nós o propusemos livremente, fizemos um contrato que o tornou possível, cabe a nós assumir os compromissos e as transações que o tornarão realizável".

Pode-se, no domínio da educação, formar projetos equivalentes, propondo, por exemplo, a organização de uma universidade de verão ou de uma sessão de formação, até mesmo a abertura de uma escola particular e, se a ideia for aceita, assinar um contrato com um órgão mandatário.

Na escola pública e nas grandes redes confessionais, a lógica é bem diferente: *o mandato precede o contrato*. Mesmo quando as escolas se constituíram de forma autônoma, sua integração à rede leva-as a renunciarem à sua independência e a funcionarem sob mandato.

A noção de projeto da instituição pode constituir uma forma de desvio da noção de projeto, ou seja, uma fonte fundamental de *mal-entendido*. Em inúmeros sistemas educativos, um estabelecimento escolar ainda pode funcionar sem projeto, como uma engrenagem do serviço público. Por muito tempo, certas organizações escolares dissuadiram os estabelecimentos de terem um projeto, temendo que escapassem à autoridade central. O "projeto da instituição" foi, na origem, uma forma de dissidência, de resistência ao poder organizador.

Por que, hoje em dia, contra essa tradição centralizadora, os sistemas escolares propõem acrescentar uma "roupagem de projeto" a um funcionamento organizacional que poderia passar sem isso? Os defensores dos projetos da instituição justificam-nos, em geral, por meio de um triplo registro:

- a gestão ótima dos serviços públicos exige uma autonomia crescente dos serviços e dos funcionários, principalmente das escolas e dos professores, para responder melhor à diversidade das situações e das dinâmicas locais, ao mesmo tempo faz economia;
- a profissionalização do ofício de professor, o aumento desejável da autonomia individual e coletiva dos professores, em nome de sua dignidade, de sua competência, de sua responsabilidade;
- a necessidade de dar mais sentido ao ofício e à mudança, de conciliar melhor valores pessoais e mandato.

Ora, a ideia de projeto da instituição, assim que se torna um modo de gestão do sistema, adquire um estatuto ambíguo. Como imaginar que as razões evocadas possam, quase de um dia para o outro, convencer todos os atores? Quando uma empresa pede às suas filiais ou serviços que "assumam suas responsabilidades", esse aumento de autonomia tem um preço: um aumento de riscos. Cabe às direções assumi-lo, não estando os assalariados necessariamente envolvidos.

Ocorre de outra maneira no campo escolar, pois, em geral, deseja-se que o projeto da instituição emane do corpo docente. Decidir coletivamente é assumir também os erros de estratégia. Nem todos os assalariados veem o que ganhariam assumindo tais riscos. Apenas se deixam tentar aqueles que aspiram abertamente a uma verdadeira autonomia profissional. Muitos professores preferem aquilo que denominei (Perrenoud, 1996m) de "liberdade de contrabando", aquela, uma vez fechada a porta da sala de aula, de agir como se bem entende, com a condição de que não se saiba...

A essas ambivalências dos professores correspondem aquelas dos executivos e das administrações. Os poderes organizadores que chamam os estabelecimentos a formarem projetos, e até mesmo os exigem, frequentemente dão provas de uma inconsequência que explica, por si só, o fracasso dessa política: não se pode encorajar os projetos e, ao mesmo tempo, fazer um controle minucioso, não delegar nenhuma responsabilidade suplementar, não dar nenhum novo poder aos institutos. Os professores compreendem imediatamente que isso é uma hipocrisia, uma maneira de fazê-los "vestir a camiseta" quando a escola é questionada.

Mesmo quando a administração age com coerência e continuidade durante vários anos, continua sendo muito difícil fazer emergir, e depois realizar, um projeto da instituição, em razão das dificuldades da cooperação profissional anteriormente evocadas e, de modo mais fundamental, de uma contradição difícil de superar rapidamente: os professores em exercício em uma instituição quase não têm mais chances de entrar em acordo sobre um projeto do que um grupo de mesmo tamanho escolhido ao acaso entre todos os professores. Imaginemos que o acaso repartisse os eleitores entre os partidos políticos, como se poderia esperar que esses grupos díspares definissem um projeto coerente? Nada predisporia os interessados a se entenderem, já que seriam tão diversos quanto o conjunto da população, da qual constituiriam, de alguma forma, uma "amostra representativa". Para definir um projeto político, são necessárias cumplicidades, afinidades, visões de mundo, senão idênticas, pelo menos compatíveis.

Um projeto da instituição não é "político" da mesma maneira que o projeto de um partido. Entretanto, ele também exige uma certa proximidade dos pontos de vista. Ninguém pensaria em pedir às pessoas que partilham o trajeto em um elevador ou em um avião que tivessem um projeto comum. É preciso que ocorra uma catástrofe para que elas se constituam em ator coletivo. O confronto entre pessoas reunidas por acaso é, aliás, uma mola clássica dos filmes de catástrofes: circunstâncias dramáticas obrigam-nas, para sobreviverem, a entrar em acordo, ainda que nada as predisponha a isso. Certos projetos da instituição surgem de uma lógica de crise como essa, mas os perigos são raramente tão grandes e perceptíveis para que se possa contar com tal modo de gênese.

Em tempos normais, favorecer o desenvolvimento e a sobrevivência de um projeto da instituição exige dos atores que tenham competências fora do comum:

- perceber a ambiguidade desse procedimento, a tensão entre projeto e mandato, a realidade e os limites da autonomia, aceitá-los, mantendo o senso crítico, jogar com essas imposições sem se deixar cair na armadilha;
- construir uma estratégia coletiva a partir de um conjunto de pessoas que não se escolheram e que só têm em comum, *a priori*, o que diz respeito ao exercício do mesmo *trabalho* na mesma organização, isto é, poucas coisas em um *ofício do ser humano*, em que é imensa a parcela dos valores, das crenças, das relações, da afetividade e, portanto, da subjetividade.

Os projetos da instituição que perduram revelam, em geral, a presença dessas duas competências. Não há dúvida de que a gênese de um projeto se deve, em parte, a conjunturas ou a contextos favoráveis, por exemplo:

- uma área de atividade que obrigue a se inserir em um projeto para *enfrentar* a realidade dos alunos, das famílias, do bairro;
- uma política institucional que garanta uma certa homogeneidade do corpo docente em termos de visão pedagógica, de concepção do ofí-

cio, de relação com o trabalho, de tempo, de cooperação, dos alunos, dos pais, da avaliação;
- um diretor que aproveite as oportunidades para criar uma dinâmica coletiva e funcione como um *líder cooperativo* (Gather Thurler, 1996a, 1997a), um mediador, uma garantidor da lei e da equidade;
- parceiros externos (associações de pais, empregadores, poderes locais) que esperem da instituição uma grande coerência e uma certa parceria.

Tirar o melhor partido da situação, das incitações, das oportunidades, dos problemas, até mesmo das crises, é uma competência crucial. Todavia, o *savoir-faire* tático não basta para construir um projeto. É preciso propor um tema que "diga algo" à maioria, demonstrando uma certa lucidez sobre o que poderia mobilizar os colegas, assim como sobre as imposições que limitam sua disponibilidade, sua vontade de se formar, de debater, de se expor ao olhar dos outros e de assumir riscos.

Um projeto da instituição, em uma escola de ensino médio que reúne 100 professores, não poderia ter o mesmo sentido que em uma pequena escola de ensino fundamental que reagrupa cinco ou seis. Não se pode afirmar que *small is beautiful*. Mesmo em pequena escala, nada acontece se pelo menos alguns dos atores não têm a vontade firme de criar uma dinâmica coletiva, desenvolvendo as competências correspondentes. Conviver durante anos, conhecer as qualidades e os defeitos de cada um não leva necessariamente a um envolvimento conjunto em um procedimento de projeto. Geralmente, o único projeto de uma família é continuar a viver; as pequenas escolas podem funcionar como famílias, harmoniosas ou não, conforme a situação.

Em maior escala, a dificuldade é inversa. Não é simples mobilizar inúmeros profissionais que convivem e que se cruzam na instituição, sobretudo quando têm horários abertos e especializações diferentes. Se há um diretor, é melhor tê-lo a favor do que contra. Seu envolvimento não consegue, entretanto, fazer milagres: ele não é um *deus ex machina* e, na liderança de um projeto, seu estatuto de autoridade pode representar mais uma desvantagem do que um trunfo. Somente os diretores muito carismáticos ou militantes conseguem fazer com que se "esqueçam" das relações hierárquicas.

É mister, portanto, que certos professores conduzam as dinâmicas de projeto com e, às vezes, contra os diretores. Fala-se hoje de *competências coletivas*. A fórmula é evocativa, mas seu sentido não é muito claro. Pelo menos, ela insiste nas sinergias e nas complementaridades: em uma instituição em projeto, não é preciso que cada um dos participantes saiba fazer tudo, mas é importante que todas as competências requeridas estejam presentes, de uma maneira ou outra, se for possível que sejam repartidas entre um número considerável de líderes informais. As competências de comunicação, de negociação, de resolução de conflitos, de planejamento flexível, de integração simbólica dizem respeito a *saberes de inovação* (Gather Thurler, 1998) que nenhum estatuto deveria monopolizar nas escolas.

ADMINISTRAR OS RECURSOS DA ESCOLA

Eis algo que pode parecer mais simples. No entanto, investir recursos compromete a responsabilidade individual e coletiva dos professores da mesma maneira que manifestar valores ou defender ideias pedagógicas. As novas tendências da gestão das finanças públicas contribuem para legitimar as tímidas tentativas feitas anteriormente em diversos sistemas escolares. No momento atual, a atribuição de um pacote orçamentário global a um subsistema e progressivamente substituída por uma prática orçamentária segundo a qual cada despesa faz parte de uma "linha" específica e deve, além disso, para ser convenientemente utilizada, ter o aval *prévio* do escalão hierárquico superior.

Atualmente, aceita-se com facilidade a ideia de *um fundo escolar* destinado a financiar certas despesas não padronizadas: documentação, fotocópias, festas, excursões, equipamentos informáticos ou de vídeo. Em uma análise mais profunda, vê-se que a autonomia ocorre mais sobre a *margem*: a dotação básica é decidida no centro, o que deixa às instituições, frequentemente com o auxílio das coletividades locais, a liberdade de fazer ampliações ou melhorias, mais um computador ou uma biblioteca mais aparelhada. Estamos muito longe de uma verdadeira autonomia orçamentária, que consistiria em dispor livremente de um pacote orçamentário com a condição de alcançar os objetivos. A inércia deve-se, às vezes, à delicada divisão dos poderes e dos encargos entre o Estado, as regiões e as municipalidades, com desafios fiscais e políticos que ultrapassam a escola.

A padronização dos equipamentos, do mobiliário, do material de escritório, dos recursos de ensino, instaurada por razões financeiras e, ao mesmo tempo, ideológicas, esvazia a autonomia financeira de uma parte de sua substância. Quando uma escola não pode escolher sua disposição interna, sua decoração, seu mobiliário, seus equipamentos tecnológicos, os meios de trabalho oferecidos aos alunos (canetas, cadernos, livros, etc.), de que lhe adianta administrar um orçamento? O trabalho e a responsabilidade extras não se acompanham de nenhuma vantagem real. Nas administrações escolares, ainda se vive frequentemente na *desconfiança,* com a ideia de que, entregues a si mesmos, os professores "comprariam qualquer coisa", desperdiçariam o dinheiro público e voltariam-se para o Estado para cobrir seus déficits. A doutrina do *New Public Management* pretende substituir um controle *a posteriori* pelo regime das autorizações prévias. Essa inovação não deixa de ter riscos de desvio, em particular durante os períodos de transição. Em uma época na qual os governos têm tanta dificuldade em controlar suas despesas, compreende-se suas reticências em descentralizar as decisões de atribuição dos recursos.

O aumento das competências administrativas dos professores não oferece uma garantia absoluta, mas tranquiliza aqueles que, embora não suspeitem de suas más intenções, pensam que eles não têm nenhuma ideia da "realidade dos custos". Alguns conhecimentos contábeis não seriam prejudiciais, mas a competência visada parece mais *política* do que econômica. Para administrar, é necessário, sem dúvida, ter os pés no chão, mas uma visão realista dos custos e das restrições não dita, enquanto tal, prioridades e estratégias.

Administrar os recursos de uma escola é *fazer escolhas,* ou seja, é tomar decisões coletivamente. Na ausência de projeto comum, uma coletividade utiliza os recursos que tem, esforçando-se, sobretudo, para preservar uma certa equidade na *repartição* dos recursos. Por essa razão, se não for posta a serviço de um projeto que proponha prioridades, a administração descentralizada dos recursos pode, sem benefício visível, criar tensões difíceis de vivenciar, com sentimentos de arbitrariedade ou de injustiça pouco propícios à cooperação.

COORDENAR, DIRIGIR UMA ESCOLA COM TODOS OS SEUS PARCEIROS

Um estabelecimento reagrupa, em geral, professores de estatutos diversos, conforme sua formação e seu nível de qualificação. Alguns trabalham em turno integral, outros, meio turno. Alguns vão de uma escola para outra, ao passo que outros trabalham muito tempo em um único estabelecimento e nele se sentem em casa. Em certos sistemas, em Genebra, por exemplo, certos professores sem especialização não são titulares de uma classe; eles intervêm como uma força de apoio, principalmente a título de auxílio pedagógico. Certas disciplinas são ensinadas por especialistas desde a escola primária. Enfim, em torno da escola gravitam outros profissionais, fonoaudiólogos, psicólogos, conselheiros educacionais, orientadores, assistentes sociais, educadores, animadores socioculturais e enfermeiras escolares. O leque depende da *divisão do trabalho,* desenvolvida de modo diferente conforme o país.

Quando existe um diretor na instituição, seu papel é, principalmente, o de facilitar a *cooperação* desses diversos profissionais, apesar das diferenças de atribuições, de formação, de estatuto. Mesmo assim, é difícil imaginar como as coisas ocorreriam harmoniosamente, e no interesse das crianças, se a preocupação da coordenação não fosse partilhada por todos. Quando profissionais de especializações diferentes convivem, é raro que cada um deles sinta-se reconhecido em suas competências específicas, sem temer que usurpem seu território ou suas prerrogativas. Coordenar o tratamento dos casos que requerem intervenções conjuntas será tanto mais fácil se as pessoas se conhecerem, se falarem, se estimarem reciprocamente e tiverem uma boa representação de suas tarefas e métodos respectivos de trabalho. Isso supõe atitudes e competências da parte de todos e é ainda mais necessário quando a organização escolar não prevê um chefe, ninguém tendo explicitamente a tarefa e a autoridade de favorecer a coexistência e a cooperação de todos.

A multiplicação dos interventores especializados poderia dar a impressão de que a coordenação está ligada primeiramente à pluralidade das profissões em jogo. Ora, hoje em dia, ela é indispensável, principalmente *entre os próprios professores*. Antes de pensar em um trabalho intensivo de equipe ou na gestão comum de um projeto da instituição, imaginemos simplesmente um *mínimo* de coordenação requerida para garantir uma certa coerência do atendimento aos alunos, uma certa flexibilidade dos dispositivos de recepção e de direcionamento, um diálogo organizado com as associações de pais, com as coletividades locais e, até mesmo, com a administração central.

Inúmeros professores ainda se sentem "soberanos", uma vez fechada a porta de sua sala de aula. Outros pedem e recebem imutavelmente as mesmas turmas, não participam de nenhuma abertura, de nenhum empreendimento comum, trabalham em circuito fechado. Entre eles, a coordenação limita-se à vigilância do recreio, à elaboração dos horários, à divisão de algumas tarefas de interesse geral como, por exemplo, a manutenção da máquina de fotocópias, os primeiros socorros, a compra do café ou a divisão da louça na sala dos professores. A coordenação estende-se eventualmente à organização de uma festa anual ou de uma jornada esportiva. Sem chegar a afirmar que todos os professores são regulados de maneira harmoniosa e econômica nas escolas onde prevalece tal individualismo, pode-se estimar que uma coordenação também fraca exige, sobretudo, bom senso e boa vontade.

Quando os professores *compartilham* os recursos didáticos ou os alunos, as coisas complicam-se e a coordenação torna-se decisiva. Muitos professores tem um grande senso de organização quando trabalham sozinhos ou com um ou dois colegas mais próximos. Em maior escala, uma verdadeira competência de organização passa a ser necessária, porque a cumplicidade implícita não basta mais, uma vez que é preciso discutir, ouvir diversas propostas e decidir. Reencontramos aqui as competências requeridas pelo trabalho em equipe, mas em um nível mais elementar, aquelas que se espera agora também do professor *mais individualista*. Mesmo sem trabalhar em equipe, no verdadeiro sentido do termo, pode-se cada vez menos decidir tudo sozinho, no seu canto. As novas tecnologias, os procedimentos de projeto, a compra coletiva de recursos de ensino ou de equipamentos, a gestão de percursos diversificados, de dispositivos de apoio ou de atividades abertas (espetáculos, manifestações esportivas, oficinas, etc.), a coerência mínima na interpretação do programa e na avaliação, o acordo com os pais e a autoridade escolar demandam formas de coordenação mais exigentes do que há 10 ou 20 anos, portanto, novas competências que, por não serem muito precisas, ultrapassam o mero bom senso.

As capacidades de expressão e de escuta, de negociação, de planejamento, de condução do debate são recursos preciosos em uma escola de ensino fundamental de hoje. Coordenar: a palavra evoca uma tarefa de organização, de ação sinérgica. Isso poderia mascarar um componente mais simbólico e relacional: trabalhar, por exemplo, para a construção de uma identidade coletiva ou para o reconhecimento recíproco do trabalho e das competências de todos; no desprezo ou na ignorância mútua, qualquer tentativa de organização coletiva é vã. Silêncios e boatos habitam os estabelecimentos escolares (Cifali, 1993). Coordenar é, primeiramente, contribuir para instituir e para que funcionem os *locais de discussão,* para que as coisas sejam ditas e debatidas abertamente, com respeito mútuo.

A coordenação espontânea da ação limita-se às redes restritas de pessoas cuja história as torna capazes de entrarem em acordo e de trabalharem juntas com uma certa cumplicidade. Se nenhuma política preocupar-se em ampliar ou unir essas redes, a coordenação continuará sendo a questão interna de alguns clãs, cercados por indivíduos isolados, contrariados ou contentes de sê-lo, conforme o caso. Essa "balcanização" (Gather Thurler, 1994b) impede uma cooperação na instituição inteira.

ORGANIZAR E FAZER EVOLUIR, NO ÂMBITO DA ESCOLA, A PARTICIPAÇÃO DOS ALUNOS

Todas as iniciativas anteriores têm incidências sobre a vida dos alunos na escola: a atmosfera, a qualidade da orientação e da formação, a coerência das expectativas e dos procedimentos didáticos. Entretanto, neste caso, trata-se especificamente de uma dimensão pedagógica. A participação dos alunos justifica-se, com efeito, por um duplo ponto de vista:

- é o exercício de um *direito do ser humano,* o direito de participar, assim que tiver condições para isso, das decisões que lhe dizem respeito, direito da criança e do adolescente, antes de ser direito do adulto;
- é uma *forma de educação para a cidadania,* pela prática.

A classe é, evidentemente, o primeiro lugar de participação democrática e de educação para a cidadania. É nela que se enfrenta a contradição entre o desejo de emancipar os alunos e a tentação de moldá-los, entre a assimetria inscrita na relação pedagógica e a simetria requerida pela democracia interna. A pedagogia Freinet e a pedagogia institucional oferecem procedimentos concretos para conciliar na prática essas imposições e, em particular, para construir *instituições internas* a exemplo do conselho de classe.

A tarefa é mais difícil em um estabelecimento, mesmo de tamanho restrito, porque as pessoas se conhecem menos e porque o número daqueles que estão envolvidos imediatamente impõe um sistema representativo. As democracias políticas manifestam o risco permanente de que se crie um fosso entre os eleitos e a base. Porém, diversas tentativas de conselho dos alunos ou de parlamento mostram que isso não é impossível, mesmo em uma escola de ensino fundamental, com a condição de que a participação dentro do estabelecimento, se apoie em uma participação ativa no âmbito de cada classe: como os alunos poderiam compreender que lhes é oferecida uma divisão de poder sobre questões que concernem ao estabelecimento, se isso lhes é recusado na organização da vida cotidiana e do trabalho em aula?

Entre as qualidades requeridas dos professores, há, sem dúvida, uma forma de otimismo inesgotável, acompanhada de um imenso respeito à capacidade das crianças e dos adolescentes para exercerem responsabilidades. É não só uma questão de valores, de crenças, mas também de *competências* de animação e de apoio. Nada mais fácil do que demonstrar que uma categoria de atores não é digna da confiança que se deposita nela: basta dar bruscamente autonomia e depois exigir que os interessados façam uso dela de modo irrepreensível! Fazer com que a democracia ocorra é prever uma *transição*, saber de antemão que o caminho é incerto, que haverá injustiças, abusos de poder, momentos de desorganização. Nesse tipo de socialização, culminam todos os dilemas descritos por Meirieu (1996) em *Frankenstein pedagogue*. Assim como para as aprendizagens disciplinares, a pedagogia exige a capacidade de *apoio,* para que as competências e os saberes se construam com uma certa *segurança*, depois *se tira esse apoio progressivamente*, para que os alunos tornem-se autônomos. Dos professores, esperar-se-á então – de modo ideal, evidentemente... – que tenham eles próprios uma relação elaborada e serena com o poder, com a democracia e com a lei, que lhes seja permitido, ao mesmo tempo, compor com outros atores quando estiverem em condições de negociar e de assumir a responsabilidade da decisão quando esta não puder, por diversas razões legítimas, ser tomada pelo grupo. Em outro trabalho (Perrenoud, 1997a), enfatizei a ideia de que uma educação para a cidadania e uma participação das decisões dificilmente podiam ser críveis, se excluíssemos delas tudo o que diz respeito à didática, ao programa, à avaliação, aos deveres, ao trabalho em aula, ao ofício do aluno (Perrenoud, 1997a, 1998k).

É por essa razão que a participação dos alunos remete a dois outros níveis sistêmicos:

- a capacidade do sistema educativo de dar aos estabelecimentos e às equipes pedagógicas uma verdadeira autonomia de gestão;
- a capacidade dos professores de não monopolizarem esse poder delegado e de partilhá-lo, por sua vez, com seus alunos.

Em relação aos pais, o assunto será debatido no próximo capítulo.

COMPETÊNCIAS PARA TRABALHAR EM CICLOS DE APRENDIZAGEM

Uma parte das competências anteriormente descritas está ligada às mudanças que requerem uma luta determinada contra o fracasso escolar, por meio de uma pedagogia mais diferenciada e de uma maior individualização dos percursos de formação. Com efeito, a existência de graus anuais e de classes estáveis limita muito a necessidade de participação da administração da escola. Em um imóvel, uma vez que cada morador se fecha dentro de seu apartamento, a administração coletiva pode limitar-se aos espaços comuns, marginais em relação ao "da sua casa" de cada um.

Uma nova organização do trabalho, pela introdução, por exemplo, de ciclos de aprendizagem, modifica o equilíbrio entre responsabilidades individuais e responsabilidades coletivas e torna necessários não somente um trabalho em equipe, mas também uma cooperação da totalidade do estabelecimento, de preferência baseada em um projeto (Perrenoud, 1997b).

Há mil razões para debater essas transformações. Uma das resistências mais fortes e menos abertamente reconhecidas gira em torno do sentimento de incompetência que suscita tais perspectivas. Tradicionalmente, a formação dos professores prepara-os para dominarem uma classe, espaço que lhes é atribuído e reconhecido pela instituição. Quando a delimitação dos espaços de formação torna-se assunto de profissionais, isso amplia a gama das competências pedagógicas e didáticas requeridas e exige, além disso, competências de negociação e de gestão em escala de uma equipe ou de uma escola inteira. Formar para essas competências é uma maneira de fazer com que evoluam resistências que se devem, antes de tudo, a *inquietações,* tanto no registro da identidade quanto no domínio das situações profissionais. Essas inquietações são muito compreensíveis, e a construção de novas competências não bastará para superá-las, mas pode contribuir para isso!

7
INFORMAR E ENVOLVER OS PAIS

Talvez os historiadores retenham, na história da escola no século xx, um único acontecimento marcante: a irrupção dos pais como parceiros da educação escolar. Pais comuns, acrescentará o sociólogo: é certo que os notáveis controlam a escola desde sua fundação e jamais se privaram, através dos parlamentos, das municipalidades, das comissões escolares e de outras formas menos confessáveis de influência, de criar, e depois conservar, uma escola de acordo com seus desejos. Enquanto coexistiram, desde a primeira infância, duas vias de escolarização fechadas, a escola de ensino fundamental para as crianças das classes populares e as "escolas de ensino médio particulares" para os filhos de burgueses,* as coisas eram mais claras. Os burgueses controlavam diretamente *sua* escola, fosse pública ou privada, e indiretamente a escola popular, através das prefeituras, do Estado ou da Igreja.

Desde que o sistema foi unificado, normalmente no final do século XIX ou no início do século XX, todas as crianças passam pela escola de ensino fundamental, em princípio, "a mesma para todos", particularmente quando se trata do ensino público. A escolaridade obrigatória constituiu uma formidável máquina de privar os pais de seu poder educativo, para "entrarem *no molde*" de *bons* fiéis, posteriormente de bons cidadãos, mais tarde de bons trabalhadores e de bons consumidores. A criança deixou de pertencer à sua família. A lei obriga os pais não somente a proverem a educação de seus filhos, mas a cederem uma parte dela à escola. As leis mais "liberais" não impõem a escolarização, mas a instrução; sabe-se que tal liberdade é uma ficção para todos os pais que não têm os recursos para darem eles próprios ou para pagarem a seus filhos um ensino particular calcado sobre os programas escolares. No decorrer dos remanejamentos das leis escolares, as coisas são ditas de modo menos brutal, os textos dão aos pais mais *direitos*: direito de entrar na escola,

---

* N. de R.T. Os burgueses correspondem, no Brasil, às classes média e alta da sociedade.

de serem informados, associados, consultados; direito de participar da administração das instituições. Os textos mais hipócritas afirmam que a escola é "a segunda família na educação de seus filhos". Evitam dizer que essa "assistência" não é negociável, que não é absolutamente uma resposta a uma necessidade de ajuda. Desse ponto de vista, a escola não é um simples serviço, que responderia a uma demanda social, como as creches. Os pais têm interesse em esperar da escola exatamente o que ela oferece, porque, na falta disso, ela lhes imporá de qualquer maneira... Eles se adaptam, pois, não sem desenvolver os diversos artifícios e estratégias dos atores que não tem escolha!

Por que a escola se tornou obrigatória? Ninguém pensaria em tornar obrigatória a respiração, já que todos precisam respirar espontaneamente. A escola tornou-se obrigatória porque as crianças não tinham espontaneamente vontade de frequentá-la, nem os pais a necessidade de confiar seus filhos a ela. Eles prefeririam mantê-los em casa, principalmente para fazê-los trabalhar desde a mais tenra idade. A escolarização obrigatória arrancou as crianças de sua família, a partir dos seis anos, por razões mais ou menos confessáveis. Tratava-se, por um lado, de garantir sua instrução, de protegê-las da exploração, dos maus-tratos, da dependência. Por outro lado, o objetivo era moralizar sua educação, por meio da educação cívica, da higiene, da disciplina, mas também normatizá-la, a começar pela aprendizagem de uma língua escolar que não era a língua falada na família no dia a dia. Em *Parler croquant*, Duneton (1978) mostra a violência linguística da escola obrigatória na França, que combate os dialetos regionais em proveito do que Balibar e Laporte (1974) denominam "francês nacional", língua da Île de France e das elites.

Em nossos dias, se a obrigação legal de frequentar a escola fosse suspensa, é provável que a imensa maioria dos pais mandaria assim mesmo seus filhos para a instituição escolar. Quase todos os pais de hoje frequentaram a escola por alguns anos e nela aprenderam pelo menos alguma coisa: sem instrução, nem diploma, não há salvação! Setenta e sete por cento dos pais de alunos da escola fundamental genebrina acham que "a escola tem uma importância capital para o futuro das crianças" (Montandon, 1991, p. 107). Develay (1998) menciona a vontade que eles têm de se informar e de se formar para ajudar melhor seus filhos. No entanto, nenhuma sociedade desenvolvida assumiu, até hoje, nem mesmo considerou seriamente o risco de devolver às famílias a inteira responsabilidade da educação de seus filhos...

A instituição escolar, em geral, não mais precisa exercer uma imposição pura; ela tem até mesmo o interesse de eufemizá-la, de se organizar para que só apareça abertamente de modo muito excepcional, de maneira a manter a ilusão de que a escolaridade apenas responde à demanda das famílias. Assim, o funcionamento atual da escola, se não for bem analisado, poderá evocar um "livre consumo". Se a imposição subsiste, parece exercer-se sobre as crianças, como se todos os adultos envolvidos estivessem *de acordo* com a necessidade absoluta de ir à escola e, portanto, de chegar na hora, de ser polido e atento, de trabalhar bem, de fazer temas, de ter suas ferramentas de trabalho, etc. Um observador apressado veria, na relação dos pais com os professores, uma figura particular de sua relação com todos aqueles que se ocupam de seus filhos: cabeleireiro, médico, dentista, nutricionista, treinador esportivo, professor de música ou de dança, etc. Ele imaginaria que os pais, não tendo competência ou o tempo requerido para cuidar ou educar seus próprios filhos, *delegariam* facilmente essa tarefa a profissionais mais disponíveis ou qualificados. O diálogo com esses profissionais, uma vez definida a tarefa, ocorreria sobre a distribuição dos horários, sobre as disciplinas a serem respeitadas e sobre a boa vontade a ser estimulada na criança.

Por um lado, as relações entre pais e professores funcionam, sem dúvida, de acordo com este modelo: uma mãe e um professor de piano podem discutir a melhor maneira de ensinar solfejo a uma criança que não tem vontade de aprender, do mesmo modo que essa mãe pode discutir com uma professora a melhor maneira de ensinar seu filho a ler. Reencontra-se aqui a coesão da equipe dos adultos (Besozzi, 1976), preocupados em fazer o bem para as crianças, nem que seja sem o seu consentimento (Miller, 1984). Porém, isso só ocorre se houver acordo global entre o programa da escola e as intenções e os valores educativos dos pais. Quando esses não dão a mesma importância que a escola às aprendizagens, ou não se associam a seus ritmos, a seus procedimentos disciplinares – punições, castigos, etc. –, a seus métodos ou à relação pedagógica instaurada, logo compreendem que o diálogo não é igualitário (Montandon e Perrenoud, 1994). Entre pais e um professor de natação ou de violão pode haver divergências sobre os conteúdos da formação, os métodos de trabalho ou a relação. Um professor de arte ou de esporte solicita, em geral, uma certa autonomia e recusa que os pais observem ou controlem seus menores gestos. Se estes insistem, ele acaba por lhes dizer: "Procurem outra pessoa, eu não trabalho nessas condições". Os pais, afastados, podem dizer: "Sua maneira de agir não nos convém". O que pode levar a uma regulação ou a uma separação.

Entre professores e pais, a relação não é tão simples. Os pais não são simples usuários, não tem o poder de renunciar à escolaridade. Os mais afortunados ou os mais hábeis podem pedir e obter uma mudança de classe ou de escola. Em certos países, a coexistência de várias redes em concorrência cria alternativas. A existência de um setor privado, confessional ou comercial permite escolher a escola, mas essa liberdade é, muitas vezes, limitada pelo custo da escolaridade e pela implantação geográfica das escolas particulares. No ensino público, aceita-se apenas excepcionalmente uma mudança de classe ou de estabelecimento, por temer-se que os "consumidores de escola" (Ballion, 1982) transformem o campo escolar em mercado aberto.

Não se consegue compreender nada das relações entre os pais e a escola, ignorando a impossibilidade de escapar ao que Berthelot (1983) chamou de "armadilha escolar". O fato de o dever de *informar e de envolver os pais* agora fazer parte das atribuições dos professores e requerer competências correspondentes não deveria fazer com que se esquecesse que o direito à informação e à consulta não apaga a obrigação escolar, o que, de certo modo, é uma maneira moderna de torná-la tolerável, aceitável para pais igualmente escolarizados que recusam que seu filho seja instruído ou educado sem serem consultados.

Não subestimemos mais a distância entre os textos que pregam o diálogo e o relativo fechamento de uma parte dos professores aos desejos e às críticas dos pais. Os textos são propostos por magistrados, pedagogos ou por altos funcionários, às vezes, adotados por parlamentares. Ora, é mais fácil declarar princípios do que vivê-los no dia a dia: os ministros defendem com facilidade o direito à diferença e apelam para a tolerância, mas não vivem amontoados em apartamentos populares, em contato com outras culturas e outros modos de vida. Da mesma maneira, o diálogo com os pais é fácil de ser assumido na teoria, enquanto, na prática, quando inexiste a confiança e aparecem preconceitos, suspeitas, críticas contínuas ou manobras desleais, a tentação de esgotar o diálogo é bem real.

São os professores que, no cotidiano, encarnam o poder da escola, o caráter restritivo de seus horários, de suas disciplinas, dos "deveres" que ela atribui, das normas de excelência, da avaliação e da seleção que decorrem disso. Os professores parecem ser os primeiros artesãos, até mesmo os responsáveis "pelo que a escola faz às famílias" (Perrenoud, 1994b). Em primeira linha, são eles que se confrontam com a agressividade, com a crítica aos programas, com declarações severas ou irônicas sobre a inutilidade das reformas, com os protestos diante das exigências da escola, com as comparações injustas entre estabelecimentos ou entre professores, com manobras dos notáveis ou de clãs para obter ganho de causa de maneira insensata.

Pode-se, então, compreender que o diálogo com os pais não seja vivenciado com satisfação por todos os professores. Alguns o temem ou não acreditam mais nele, magoados por palavras infelizes ou por atitudes dissimuladas. Ninguém é responsável pelos pais, por *todos* os pais, mesmo as associações mais representativas. Ninguém pode impedir alguns, aqueles que não entram no jogo, de perverter o conjunto das relações, alimentando a desconfiança recíproca. As relações *intergrupos* pesam sobre os indivíduos (Doise, 1976-1979). Os professores carregam, quer queiram, quer saibam ou não disso, um *poder institucional* que está além deles e que hipoteca suas iniciativas pessoais. Como reflexo, os pais carregam, individualmente, o peso de seu número e dos abusos de uma minoria. Quem poderia surpreender-se com o fato de o diálogo ser consequentemente *impossível,* aqui ou ali, e muitas vezes desigual e frágil (Montandon e Perrenoud, 1994)?

Essas poucas lembranças mostram que seria absurdo fazer das relações entre as famílias e a escola uma mera questão de competências. Todavia, de ambas as partes, competências extras poderiam ajudar a criar ou a manter o diálogo. Onde as coisas dão certo, observa-se, em geral, uma grande capacidade de cada parceiro em considerar o ponto de vista e as expectativas do outro.

A maior parte das associações e inúmeros pais dão provas de uma grande sensibilidade, compreendendo, por exemplo, que certas reações de defesa dos professores expressam a falta de confiança no que fazem, o medo das dificuldades, bem mais do que uma vontade de manter os pais afastados de tudo o que se passa em aula. Quando os parceiros compreendem que o diálogo não dura, a não ser que cada um entenda o ponto de vista do outro e não exagere em suas expectativas, descobrem que a colaboração é não somente possível, mas fecunda, o que desenvolve a confiança mútua. Infelizmente, ao lado de tais círculos virtuosos, conhecem-se demasiados círculos viciosos, nos quais a desconfiança de uns reforça os mecanismos de defesa dos outros e vice-versa. As competências dos pais e de suas associações são muito importantes, mas não se poderia exigi-las, mesmo que se pudesse esperar das associações a transmissão de habilidades a seus novos membros, para evitar uma eterna repetição dos mesmos "erros". Por que seria fatal aos "novos pais" demonstrarem um máximo de ingenuidade, de intransigência ou de falta de habilidade? Os pais mais experientes e a cultura das associações de pais podem evitar os desvios mais clássicos.

Resta que, nessa questão, os professores julgam ser os *profissionais*. Por essa razão, cabe a eles fazer o grosso do trabalho de desenvolvimento e de manutenção do diálogo. Alguns vivem essa assimetria como injusta e esperam que os pais se esforcem tanto quanto eles. Pode-se compreender tal desejo de reciprocidade, mas ele não é realista: os pais de hoje têm poucos filhos, aos quais dedicam toda sua atenção. Ser pais de alunos é, para eles, uma condição nova, para alguns uma verdadeira "profissão", que descobrem sem ter tido a oportunidade de refletir ou de se formar para isso. Cada ano, seu filho cresce, muda de turma. Eles devem adaptar-se a novos programas, a outras exigências, a novas maneiras de ensinar, a estilos diferentes de comunicação. Se seu nível de instrução, sua ética, sua prática de negociação, sua experiência do mundo do trabalho, ou sua personalidade os predispõem a se adaptarem a esse caleidoscópio de exigências e de atitudes, a dialogarem facilmente, a fazerem perguntas e a defenderem seu ponto de vista, quem poderia se queixar? A escola, porém, em particular quando obrigatória, deve tratar com *todas* as crianças e com *todos* os pais, em sua diversidade, inclusive sob o ângulo de suas capacidades de comunicação e de sua adesão ao projeto de instruir seus filhos.

Esses elementos de reflexão, lembrados brevemente, bastam para indicar que o diálogo com os pais, antes de ser um problema de competências, é uma questão de identidade, de relação com a profissão, de concepção do diálogo e de divisão de tarefas com a família. Para que serviria ter competências para um diálogo no qual não se vê sentido ou legitimidade? Ao contrário, o domínio das situações possibilita considerá-las de modo mais sereno, sem ficar imediatamente na defensiva. A capacidade de comunicar-se tranquilamente com os pais não pode bastar para convencer um professor a aderir ao princípio de tal diálogo. Porém, ela o protege pelo menos da tentação de rejeitar ou de desprezar esse diálogo pela única razão de que teme isso...

Informar e envolver os pais é, portanto, uma palavra de ordem e, ao mesmo tempo, uma competência. O referencial aqui adotado retém três componentes dessa competência global:

- Dirigir reuniões de informação e de debate.
- Fazer entrevistas.
- Envolver os pais na construção dos saberes.

Não se deve esquecer que, por detrás dessas formulações muito "sensatas", escondem-se atitudes e valores calcados sobre relações de poder e temores mútuos. Insistirei, portanto, em competências de análise da relação e das situações pelo menos tanto quanto em habilidades aparentemente "mais práticas". Ser pai e professor simultaneamente pode ser uma fonte de *descentralização* salutar (Maulini, 1997 a). Como essa não é uma passagem obrigatória, a formação dos professores deveria garantir a todos o que a experiência de vida só concede a alguns.

DIRIGIR REUNIÕES DE INFORMAÇÃO E DE DEBATE

Os pais e as mães que assistem a uma "reunião de pais" sabem – ou descobrem – que este não é momento ideal para resolver casos particulares. Todavia, quando a situação de seu filho realmente os preocupa, podem ficar tentados a falar disso por meio de um problema geral: temas de casa em número excessivo ou insuficiente, disciplina demasiado estrita ou demasiado laxista, boletins prolixos ou elípticos, avaliação excessivamente rigorosa ou excessivamente generosa, vida em aula muito agitada ou muito controlada, atividades sérias demais ou divertidas demais... Esta é uma das dificuldades do professor: decodificar, em declarações aparentemente gerais, preocupações particulares e tratá-las como tal, se não justificarem um debate global.

É por isso que a primeira competência de um professor é não organizar reuniões gerais quando os pais têm, antes de tudo, preocupações particulares. O que leva a prever reuniões:

- ou no início do ano letivo, quando se trata de determinar as expectativas e apresentar o sistema de trabalho, momento em que a maioria dos pais ainda não tem razões para se inquietar com seu filho;
- ou bem mais tarde, quando o professor tiver encontrado os pais individualmente e tiver respondido às questões e às preocupações que não dizem respeito à totalidade da classe.

Evidentemente, não há regra infalível. Formulamos o princípio no sentido de que as reuniões com os pais não devem ocorrer ao pressentir-se que poderá haver explosões de angústias ou descontentamentos particulares. Tais assuntos deverão ser tratados, primeiramente, em âmbito mais apropriado.

Mesmo quando os pais têm um encontro individual com o professor, a reunião continua sendo frequentemente um *campo minado*. É raro que, de 20 pais e mães reunidos na classe de seus filhos, todos tenham uma relação totalmente serena com a escola. No seio das famílias, a escolaridade das crianças é, muitas vezes, vivenciada de maneira muito emocional, entre inquietações e esperanças loucas. Ainda que o fracasso escolar não cause ameaça aos filhos, os pais podem temer por seu desenvolvimento, sua socialização, seus amigos, e desenvolver fantasias sobre o que ele vive em um mundo que escapa totalmente a seu controle: a sala de aula, os corredores, o pátio, o caminho para a escola. Às vezes, não é preciso grande coisa para acender o pavio.

Nas relações com os pais, uma das competências maiores de um professor é distinguir claramente o que diz respeito à sua autonomia profissional, assumindo-a plenamente, e o que tange às instâncias encarregadas de adotar uma política educacional, os programas, as regras de avaliação ou as estruturas escolares que comandam o momento e a severidade da seleção. Dissociar-se totalmente da instituição que o emprega é tão desastroso quanto "assumir" todos os artigos legais, todas as páginas do plano de estudos, todas as reformas e todas as decisões administrativas. É importante que o professor saiba *situar-se*, primeiramente a seus próprios olhos, em seguida aos dos pais. A agressividade aumenta quando ele mantém a confusão ou oscila entre atitudes contraditórias. Ele pode assumir *globalmente* as grandes orientações do sistema educativo, fazendo com que se compreenda que ele não é responsável por tudo. Pode, por conta própria, distanciar-se abertamente de aspectos definidos da política educativa, mas os pais não podem confiar facilmente em um professor que denigre tudo o que supostamente faz, como também não podem julgar um profissional que não revela nenhum pensamento pessoal. A primeira competência é, então, "sentir-se à vontade", encontrar a distância certa, o tom que convém, não andar em círculos. Sobre essas questões, convém esclarecer as coisas, dizer explicitamente, quando se justifica: "Eu não sou o interlocutor certo".

A seguir, convém evidentemente que a preparação e a condução das reuniões não acumulem falta de habilidades. Temendo ficar perdidos, certos professores "sobrecarregam" os pais de informações e explicações, não deixando espaço para o debate. Esse fechamento provoca frustração e agressividade. Ao contrário, também não é melhor abrir uma reunião dizendo: "Vocês sabem como trabalhamos nesta classe, estou à sua disposição para responder às suas perguntas, estou às ordens...". Uma reunião não é uma aula, mas não funciona sem um mínimo de estrutura, nem sem regras do jogo. Parece sensato lembrar o objetivo da reunião, os assuntos previstos, deixando a porta aberta a outros, alternar momentos de informação e possibilidades para perguntas e debates.

Uma das competências maiores que um professor experiente constrói é não se sentir "só contra todos", perceber que há, entre os pais, muitas diferenças e divergências. Deve-se, no entanto, resistir à tentação maquiavélica de jogar os pais uns contra os outros, para demonstrar que não há nada a mudar, já que, em cada ponto, as opiniões contrárias neutralizam-se. Se alguns pedem mais temas de casa, ao passo que outros julgam-nos muito pesados, é tentador concluir pela legitimidade do *status quo!* Um professor menos defensivo pode simplesmente confiar na diversidade para que regulações ocorram espontaneamente. Ele pode auxiliar cada um dos pais a avaliar contradições nas quais a escola se debate, sem usar isso como argumento para recusar-se a buscar acordos aceitáveis, naquele momento, com aqueles pais. É importante que o professor seja particularmente lúcido e delimite o que julga *negociável.* Abrir o debate com a firme intenção de nada ouvir e de nada mudar é uma forma de manipulação que raramente passa despercebida.

De que adianta reunir os pais apenas para lhes explicar que tudo o que se faz é irrepreensível? Se a comunicação tiver sentido único, se os pais compreenderem que o professor não quer ouvir nada, nem mudar nada, eles virão talvez buscar informações, sabendo que não serão associados, nem mesmo consultados. Alguns se contentam com isso, outros não. Ainda hoje, muitos pais protestam internamente, julgam que não são ouvidos, mas não se mobilizam para conseguir um tratamento melhor, às vezes por temer que seus filhos sofram as consequências disso, normalmente porque não vale a pena. O desenvolvimento das associações de pais toma essa resignação cada vez menos provável: ficará cada vez mais difícil nunca reunir os pais, ou reuni-los apenas para lhes explicar que tudo vai bem, sem abrir possibilidade de debate.

Além das habilidades na condução de reuniões – que poderiam apoiar-se em diversos instrumentos de condução e diversos dispositivos, entre os quais as reuniões com os alunos -, a competência básica do professor tange a *imaginação sociológica*: os pais ocupam uma outra posição, têm outras preocupações, outra visão da escola, outra formação, outra experiência de vida. Portanto, não podem, *a priori,* compreender e partilhar todos os valores e representações do professor. Seria ingênuo esperar da maioria dos pais o esforço de descentralização e a responsabilidade que se pode esperar de um profissional formado e experiente. Além disso, eles são muito diferentes uns dos outros. Cada um deles é produto de uma história de vida, de uma cultura, de uma condição social, que determinam sua relação com a escola e com o saber. A competência dos professores consiste em aceitar os pais *como eles são*, em sua diversidade!

FAZER ENTREVISTAS

Não nos limitemos aos aspectos técnicos. Certamente, uma entrevista é preparada, seu clima e sua conclusão desenrolam-se em parte na maneira de provocá-la, de definir seu objetivo, de iniciá-la, de deixar os interlocutores à vontade. Convocar os pais autoritariamente e tratá-los como acusados no tribunal não pode instaurar um diálogo de igual para igual. Certos professores cultivam uma tal *assimetria* na relação que podem levar os pais a se sentirem tratados como alunos. Aqui, entretanto, como nas reuniões, a falta de habilidade, de ambas as partes, revela mais temores do que más intenções ou desprezo. A competência maior é, mais uma vez, saber situar-se claramente.

    Se as entrevistas com os pais requerem competências, é porque raramente eles vêm sem objetivo. De modo ideal, pais e professores deveriam encontrar-se regularmente, de preferência com a criança, apenas para acertar os pontos, pelo simples fato de que partilham uma responsabilidade educativa. Em certas classes, as relações com os pais funcionam de acordo com esse modelo, sendo a entrevista uma rotina, que completa as reuniões, a correspondência, as classes abertas. Esse modo de agir requer uma grande disponibilidade e uma forte convicção. Por falta de tempo, na maioria das classes, os pais comparecem somente quando surge um problema.

    Certas entrevistas são solicitadas pelo professor, que tem "necessidade" de ver os pais para partilhar com eles sua inquietação, mobilizá-los, repreendê-los ou prepará-los para o pior. Os pais encontram-se, então, em uma situação frágil: imaginam – com ou sem razão – que serão responsabilizados pelas dificuldades ou pela má conduta de seu filho, que serão acusados de ter-lhes dado uma educação demasiado laxista, que lhes falta autoridade ou, o que é ainda mais doloroso, que a criança é o seu reflexo: indisciplinada, preguiçosa, mal-educada ou não muito viva... Mesmo quando as inquietações são emitidas de modo cortês, na preocupação de não magoar, na esperança de uma cooperação, como não imaginar que os pais irão sentir-se pouco à vontade? Alguns adotarão uma posição humilde, irão desculpar-se; outros reagirão de modo mais agressivo ou escaparão. Assim, o professor deve ter a competência de não fragilizar os pais, aplicando esta velha máxima: "Vamos tratá-los como iguais para que passem a sê-lo".

Sem dúvida, é difícil crer que os pais não sejam de modo algum responsáveis, direta ou indiretamente, pelas dificuldades de seus filhos e, mais ainda, pela sua conduta. É necessária uma grande sabedoria para se dar conta de que essa ficção é fecunda, que libera os pais de se justificarem ou de se desculparem e, portanto, os constitui como verdadeiros parceiros no jogo cooperativo. Em suma, a competência consiste amplamente, neste caso, em *não abusar de uma posição dominante,* em controlar a tentação de culpar e de julgar os pais. O trabalho sobre si próprio e sua relação com outrem é, nesse caso, mais útil do que a habilidade de conduzir uma entrevista.

Também acontece de a entrevista ser solicitada por pais que têm dúvidas ou queixas a fazer. O professor encontra-se, então, no papel de acusado. Se ele se apresentar como um profissional competente, em plena posse de seus recursos, os pais não lhe reservarão a indulgência que talvez tivessem com um iniciante ou com um professor que estivesse atravessando uma má fase. Todavia, críticas e interrogações serão frequentemente amenizadas. Em geral, somente os pais mais instruídos, cientes de seus direitos, de classe média ou alta, ousam incriminar diretamente as professores e dizer-lhes o que está provocando seu desacordo ou cólera. Eles atacam violentamente os professores, e não é raro ouvir esses queixando-se da agressividade ou da arrogância de certos pais que "acham que podem tudo". A experiência ensina uma certa humildade, ao invés de tentar metacomunicar-se para chegar a uma regulação apropriada da relação.

Deixar passar a tempestade é uma forma de competência. Pode-se duvidar de que ela contribua para um diálogo construtivo. Diz mais respeito a estratégias defensivas:

> Um número considerável de professores, senão a maioria deles, esforça-se mais para delimitar com cuidado seu próprio território e para protegê-lo de usurpações eventuais da parte dos pais do que em considerar as conflitos de territórios e de objetivos como inevitáveis, até mesmo desejáveis, para um ajuste melhor da ação de cada um. Tudo se passa como se o território de cada um deles não fosse e não pudesse ser objeto de nenhum litígio, como se tivesse sido definido de uma vez por todas no dia em que se instituiu a escola obrigatória... (Favre e Montandon, 1989, p. 139).

As competências requeridas de um verdadeiro profissional consistem, de preferência, em não gastar toda sua energia para se defender, para afastar o outro, mas, ao contrário, aceitar negociar, ouvir e compreender o que os pais têm a dizer, sem renunciar a defender suas próprias convicções. Mais uma vez, as competências nada são se não podem apoiar-se em uma identidade, uma ética e uma forma de *coragem*...

ENVOLVER OS PAIS NA CONSTRUÇÃO DOS SABERES

Abordaremos aqui um aspecto um pouco diferente. "Envolver os pais na construção dos saberes" não se limita a convidá-los a desempenharem seu papel no controle do trabalho escolar e a manter nas crianças uma "motivação" para levar a escola a sério e para aprender. Essa injunção, assumida pelo professor, pode-se tornar-se excessiva e provocar efeito contrário! E, sobretudo, ela mascara o papel decisivo dos pais na relação com o saber.

Também não se trata, ou não somente, de envolver os pais no trabalho escolar, fazendo "classe aberta", mobilizando-os para oficinas, excursões, espetáculos, convidando-os a apresentarem sua profissão ou uma paixão, ou solicitando-lhes uma cooperação ativa e inteligente nos deveres de casa.

Tudo isso certamente favorece o diálogo. Entretanto, surge um problema: como fazer para que os pais não criem *obstáculos* às aprendizagens escolares? A questão pode parecer estranha: a maior parte dos pais não tem um imenso desejo de que seu filho tenha êxito na escola? Por que criariam obstáculos a suas aprendizagens? A essa objeção, pode-se responder lembrando a existência de uma minoria de pais que não adere à obrigação escolar e não acompanha as expectativas da escola. Há pais que procuram convencer seu filho a ficar em casa, para descansar ou para se cuidar, com tanta convicção quanto outros que persuadem o seu a não faltar à escola sob nenhum pretexto. Certos pais minimizam ou combatem os julgamentos da escola, ao passo que outros os dramatizam ou aumentam. Alguns deles não veem interesse nos estudos, enquanto outros adoecem à simples ideia de que seu filho poderia não chegar ao ensino superior. Nem todos os pais cooperam da mesma forma para o projeto de instruir seu filho, pensam com a mesma convicção que é "para seu bem" e que isso justifica que ele passe tantos anos de sua vida em aula. No registro das atitudes e das estratégias educativas (Kellerhals e Montandon, 1991), os professores veem certos pais, com razão, como aliados incondicionais, outros como céticos, até mesmo como adversários mais ou menos declarados.

É mais difícil compreender como os pais, desejosos que seu filho tenha êxito, poderiam obstacularizar diretamente suas *aprendizagens*. No entanto, é o que acontece, em geral involuntariamente, e preocupa uma parte dos professores. Assim, inúmeros pais ainda pensam que, para adquirir conhecimentos, é preciso sofrer, trabalhar duro, aprender de cor, repetir palavras e seu manual, em suma, aliar esforço e memória, atenção e disciplina, submissão e precisão. Os professores que partilham dessa maneira de ver não têm muitos problemas com esses pais. Eles podem dar mais deveres de casa, multiplicar as provas, segurar as crianças depois da hora, punir e até mesmo bater nas crianças que não trabalham, fazer o terror reinar, dramatizar as notas baixas: terão o apoio incondicional daqueles pais que pensam que só se aprende sob imposição e dor. Os professores que praticam os métodos ativos e os procedimentos de projeto suscitam, ao contrário, a adesão dos pais partidários dessa abordagem e a desconfiança dos outros.

Não se poderia opor totalmente essas duas abordagens. Se quisermos a democratização do ensino, só nos resta defender uma pedagogia ativa e diferenciada. Não há, portanto, em minha mente, confusão entre professores inovadores confrontados com pais conservadores e professores tradicionais confrontados com pais que esperam pedagogias mais abertas e participativas. Porém, sob o ângulo da relação com os pais, percebe-se bem a *simetria* dos desafios: seja qual for sua pedagogia, um professor *precisa* que os pais de seus alunos compreendam-na e adiram a ela, pelo menos globalmente, em relação às intenções e às concepções do ensino e da aprendizagem. Essa necessidade é, sem dúvida, maior do lado das pedagogias novas, porque elas incitam mais, por razões ideológicas, mas também didáticas, a mobilizar e envolver os pais. E também porque são mais angustiantes para certos adultos, na exata medida em que apostam na autonomia e nos recursos do aprendiz.

Mesmo o professor mais convencional não pode fazer seu trabalho se seu método for mal-interpretado e denegrido por muitos pais. São necessárias competências para enfrentar esse problema? Talvez os professores tentem primeiramente evitá-lo, escolhendo ensinar, se puderem, em um bairro no qual os pais estejam globalmente de acordo com seus métodos. Conhecem-se as diferenças entre as classes populares e burguesas. Há outras, mais sutis. Desse modo, as novas classes médias – trabalhadores das profissões relativas ao ser humano – são mais favoráveis às novas pedagogias do que as classes médias tradicionais, artesãos e pequenos comerciantes (Perrenoud, 1996b; Maulini, 1997b). Nas classes favorecidas, os intelectuais não têm, com a escola, a mesma relação que os executivos. Os professores mantêm uma cumplicidade privilegiada com esta ou aquela fração de classe social, em função de suas escolhas pedagógicas, éticas, estéticas, de seu itinerário, de sua própria origem social. Todavia, nem todo professor tem o poder de encontrar e de manter um público feito "sob medida", invariavelmente em harmonia com suas escolhas didáticas e pedagógicas. No início de carreira, com frequência, o professor recebe turmas não aceitas por seus colegas. Na sequência, nem sempre ele consegue o posto desejado, pois a concorrência é grande. Mesmo quando consegue, é obrigado a se conformar: nenhuma turma é homogênea, do ponto de vista das expectativas dos pais, tampouco em relação ao nível dos alunos. De modo que o destino diário de muitos professores é descontentar uns e contentar os outros...

Desse modo, a competência de um professor consiste em conseguir o mais depressa possível a adesão dos pais que lhe parecem *a priori* refratários à *sua* pedagogia... sem abandonar os outros! Procura, em um primeiro momento, não ser alvo de críticas permanentes. Espera não tornar a tarefa dos alunos difícil demais. Não é favorável a suas aprendizagens que um aluno vivencie cada dia um conflito de lealdade. Se seus pais não compreenderem ou não aceitarem o que ele faz em aula, irão, verbalmente ou não, minar a confiança de seu filho nos professores. Eles irão, o que é ainda mais perturbador, tentar corrigir, compensar o que não os convence, "dando aulas em casa". Inúmeros alunos confrontam-se a cada dia com *duas pedagogias* e não sabem mais que lado seguir. Assim, se o professor valoriza atividades de pesquisa e jogos estratégicos que os pais consideram tempo perdido, o aluno vive em tensão entre duas concepções de aprendizagem. Alguns alunos constroem, desde sua mais tenra idade, uma relação autônoma com o saber, que os ajuda a sobreviver a todo tipo de pedagogias escolares e familiares. Outros têm menos distanciamento e recursos para pensar por si próprios, sobretudo quando se encontram indecisos entre representações contraditórias.

O professor vê-se, legitimamente, como um profissional qualificado, informado e formado, que supostamente sabe o que faz. Assim, espera dos pais uma confiança de base, que nem sempre obtém. Mesmo quando lhe é concedida, ele sabe que ela é frágil, que o menor reverso nas aprendizagens pode dar vida ao ceticismo de partida. Por isso, não basta reclamar a confiança como um direito; o professor deve *ganhá-la*, explicando o que faz e por quê. No mínimo, tentará conseguir a neutralidade benevolente dos pais. Se quiser envolvê-los em seu método, dar-lhes um papel ativo, terá necessidade de que adiram mais profundamente à sua visão pedagógica. Se o professor desejar, por exemplo, que os pais apoiem uma abordagem construtivista, que valoriza a busca experimental, a reflexão sobre os erros, a exploração, a reflexão em voz alta, o debate, a dúvida, não será suficiente que os pais "não se metam". Ele desejará que intervenham na mesma direção que ele, sem, no entanto, "fazer no lugar" de seu filho, sem lhe "soprar" as respostas, sem corrigir seus erros antes mesmo que ele os tenha cometido.

Quanto mais os professores forem partidários de didáticas precisas e de pedagogias novas, mais suas concepções do ensino-aprendizagem parecem, aos olhos de muitos pais, o oposto do senso comum. Assim, alguns pais não conseguem compreender facilmente por que não é educativo apagar todo traço de hábito do pensamento ou toda forma de hesitação em um trabalho escrito. Sua relação com o saber leva-os a valorizarem a resposta correta, extraída do raciocínio, evidente.

Percebe-se bem que nos encontramos nos limites da influência que um professor isolado pode exercer. É muito difícil exercer influência sobre os pais com cujos filhos se trabalha em um único ano, que mudam de regime a cada reinício das aulas. Um diálogo mais substancial pode ser instaurado entre uma *equipe pedagógica* e o conjunto dos pais envolvidos, pois a mesma orientação será defendida em várias turmas e durante vários anos. A *coerência* e a *continuidade* das pedagogias tranquilizam os pais. Eles podem, a rigor, assim como seus filhos, *adaptar-se* a métodos que mudam a cada ano. Não conseguem aderir a eles e envolver-se profundamente, sobretudo se cada professor defende sua própria convicção, sem referência a um projeto da instituição ou a uma coesão de equipe, sem nem mesmo saber em que medida seus colegas pensam e fazem como ele.

"ENROLAR"

Os três itens (dirigir reuniões de informação e de debate; fazer entrevistas e envolver os pais na construção dos saberes) certamente não esgotam as formas de relação entre a família e a escola. Seria possível insistir em tudo o que se dá através da criança, considerada como *go-between*, intermediária, mensageira e mensagem entre a família e a escola, dois universos entre os quais ela transita. Acerca disso, tentei mostrar que o essencial da relação entre as famílias e a escola não se dá nos encontros pessoais, mas mais nas informações, nos julgamentos, nas expectativas, nas injunções e nas queixas que circulam todo dia entre os professores e os pais *através da criança*, mensageira e *go-between*, de acordo com o que ela traz e comenta de ambas as partes (Perrenoud, 1994a).

Talvez se tenha compreendido que a competência não consiste em dominar toda a gama das formas de contatos – mesmo que isso seja útil -, mas em construir mais globalmente uma relação equilibrada com os pais, baseada na *estima recíproca* que Goumaz (1992) coloca na base da relação professores-alunos.

Para evidenciar uma das tentações dos professores, propus, há 10 anos, "Algumas receitas simples e baratas para enrolar os pais":

1. Negar os fatos ou minimizá-los.
2. Se for impossível, propor uma outra interpretação, mais plausível.
3. Sugerir que o interlocutor ignorava o contexto e julga sem saber.
4. Insistir no caráter excepcional dos fatos.
5. Admitir que há pessoas indesejáveis no grupo e que devem ser sancionadas.
6. Sugerir a seu interlocutor que não aja sozinho.

7. Chamar a atenção para suas próprias incoerências ou para a falta de consenso de seu grupo.
8. Distanciar-se dos colegas ausentes.
9. Bancar o ofendido ("Sua falta de confiança me magoa...").
10. Sugerir que o interlocutor não é representativo.
11. Insinuar que ele não está à vontade, ou que está acertando contas pessoais.
12. Fazê-lo calar-se, lembrando o bem das crianças.
13. Apelar para valores fundamentais (liberdade, direito à diferença, respeito à personalidade).
14. Invocar contradições ou falhas na autoridade.
15. Esconder-se atrás do regulamento ou da arbitrariedade da instituição.
16. Dizer que a vida é dura para todo mundo e pedir um pouco de compreensão.
17. Recorrer ao argumento da autoridade ("Nos sabemos o que temos de fazer").
18. Lembrar o respeito aos territórios ("Que cada um cuide do que é seu!") e apelar para o sacrossanto profissionalismo.
19. Lembrar a dificuldade das condições de trabalho e de funcionamento coletivo.
20. Oferecer garantias de boa vontade e prometer fazer esforços.

Saber *informar e envolver os pais*, em resumo, é ser capaz de utilizar apenas excepcionalmente tais receitas, não por ignorá-las, mas por rejeitá-las deliberadamente, ainda mais porque não se precisa delas!

De modo mais construtivo, pode-se lembrar Maulini (1997c) e dizer que um esclarecimento definitivo dos papéis de todos é impossível, que a parceira é uma *construção permanente*, que se operará melhor se os professores aceitarem tomar essa iniciativa, sem monopolizar a discussão, dando provas de serenidade coletiva, encamando-a em alguns espaços permanentes, admitindo uma dose de incerteza e de conflito e aceitando a necessidade de instâncias de regulação. Vê-se melhor do que nunca que não existem *competências* que não se apoiem em *conhecimentos*, que permitam ao mesmo tempo controlar a desordem do mundo e compreender que a alteridade e as contradições são insuperáveis nas profissões que trabalham com o ser humano e, para resumir, na vida.

8
UTILIZAR NOVAS TECNOLOGIAS

"Se não se ligar, a escola se desqualificará". Com esse título, uma revista (suplemento de informática de *L'Hebdo,* dezembro de 1997, p. 12) atribui a Patrick Mendelsohn, responsável pela unidade das tecnologias da formação na Faculdade de Psicologia e Ciências da Educação da Universidade de Genebra, duas declarações que merecem atenção:

> "As crianças nascem em uma cultura em que se clica, e o dever dos professores é inserir-se no universo de seus alunos."
> "Se a escola ministra um ensino que aparentemente não é mais útil para uso externo, corre um risco de desqualificação. Então, como vocês querem que as crianças tenham confiança nela?"

Como não concordar? A escola não pode ignorar o que se passa no mundo. Ora, as novas tecnologias da informação e da comunicação (TIC ou NTIC) transformam espetacularmente não só nossas maneiras de comunicar, mas também de trabalhar, de decidir, de pensar.

Pode-se lamentar que a defesa de novas tecnologias (Negroponte, 1995; Nora, 1997), enfaticamente retransmitida pelos meios de comunicação, incite com frequência as pessoas abertas, mas não fanáticas, a juntar-se ao campo dos céticos. Toda palavra missionária irrita, sobretudo quando emana daqueles que têm todo interesse em fazer adeptos. É difícil, às vezes, distinguir as propostas lúcidas e desinteressadas dos modismos e das estratégias mercantis. Quem quer ter uma ideia do problema entra, na verdade, em um teatro onde a palavra é amplamente monopolizada pelos:

- vendedores de máquinas, de *softwares* ou de comunicação em busca de mercados, mas principalmente de influências;
- políticos preocupados em não perder a virada informática e telemática, prontos para medidas espetaculares, por menos fundamento que tenham;

- especialistas dos usos escolares das novas tecnologias, autores de *softwares* educativos, formadores em informática e outros gurus da internet, que procuram obter a adesão de todos à informática, nos moldes da fé e da conversão.

Para quem se sente manipulado por grupos de pressão, é forte a tentação de deixar o campo livre aos "crentes", dizendo que sempre haverá tempo para voltar a falar disso, no dia em que as novas tecnologias da informação transformarem verdadeiramente suas próprias condições de trabalho.

Entre adeptos incondicionais e céticos de má-fé, talvez haja espaço para uma reflexão crítica sobre as novas tecnologias, que, de saída, não seja suspeita de se pôr a serviço, seja da modernidade triunfante, seja da nostalgia dos bons e velhos tempos em que se podia ainda viver no universo do papel e lápis. Assim como Patrick Mendelsohn, penso que essas questões podem ser abordadas em termos de análise rigorosa das ligações entre tecnologias, de uma parte, e operações mentais, aprendizagens, construção de competências, de outra.

Nada dizer a respeito das novas tecnologias em um referencial de formação contínua ou inicial seria indefensável. Colocá-las no centro da evolução do ofício de professor, particularmente na escola de ensino fundamental, seria desproporcional em relação aos outros aspectos em jogo.

O referencial aqui referido escolheu quatro entradas bastante práticas:

- Utilizar editores de textos.
- Explorar as potencialidades didáticas dos programas em relação aos objetivos do ensino.
- Comunicar-se à distância por meio da telemática.
- Utilizar as ferramentas multimídia no ensino.

Essas competências concernem ao professor, porém é difícil dissociá-las completamente da questão de saber que formação em informática ele deve dar aos alunos.

A INFORMÁTICA NA ESCOLA: UMA DISCIPLINA COMO QUALQUER OUTRA, UM *SAVOIR-FAIRE* OU UM SIMPLES MEIO DE ENSINO?

Na escola de ensino fundamental, a informática geralmente não é proposta como uma disciplina a ser ensinada por si mesma – a exemplo da geografia ou da matemática –, um conjunto de saberes e habilidades constituídos aos quais se atribuiria uma parte da carga horária. Isso porque as competências esperadas dos professores dessa etapa não são da ordem de uma "didática da informática". O problema não se coloca de modo muito diferente para os professores de ensino médio, salvo para aqueles que estão explicitamente encarregados de ensinar informática como *disciplina*.

Que espaço conceder às novas tecnologias quando não se visa a ensiná-las como tal? São elas simplesmente recursos, instrumentos de trabalho como o quadro-negro? Espera-se de seu uso uma forma de familiarização, transferível a outros contextos? Ninguém pensa que, utilizando um quadro-negro em aula, preparam-se os alunos para usá-lo na vida. Com o computador é diferente. Não é um instrumento próprio da escola, bem ao contrário. Pode-se esperar que, ao utilizá-lo nesse âmbito, os alunos aprendam a fazê-lo em outros contextos. Será uma finalidade da escola, ou só um benefício secundário, ainda que valioso? Podem-se matar dois coelhos com uma só cajadada? Se, do uso banal das tecnologias em classe, são esperados efeitos de familiarização e de formação para a informática, irá insistir-se na oportunidade, por essa única razão, de informatizar diversas atividades e de desenvolver atividades novas, possíveis somente com tecnologias e *softwares* novos, por exemplo, navegar no *World Wide Web*.

Que aqueles que querem formar os professores nas TIC para que, por sua vez, "iniciem" nisso seus alunos, não venham disfarçados! Essa intenção não é ilegítima, mas não é sadio, sob o manto da ampliação de seus meios, desviar de maneira implícita as finalidades da escola. Se a apropriação de uma cultura informática devesse ser considerada um *objetivo integral* da escolaridade básica, melhor seria fundamentar tal proposta e debatê-la abertamente, pois esse não é, hoje, o teor dos textos. A escola tem dificuldades para atingir seus objetivos atuais, mesmo os mais fundamentais, como o domínio da leitura e do raciocínio. Antes de carregar insidiosamente o navio, seria prudente indagar-se se ele já não está acima da capacidade de flutuação.

Conviria também indagar-se sobre que cultura informática se quer dar no ensino fundamental e médio. Os defensores das novas tecnologias, às vezes, têm uma visão muito curta e ingênua da transferência didática. Há menos de 10 anos, alguns propunham, com a maior seriedade, o ensino desde a escola fundamental de uma linguagem elementar de programação, como a *Basic*. Ensinar o uso de *softwares* atuais de navegação no *World Wide Web* poderia ser um equivalente igualmente absurdo. Pode-se, contudo, sustentar que um dia é necessário começar e que aprender a manejar um *software,* que logo estará ultrapassado, é uma maneira de entrar no mundo da informática. Bastará, em seguida, seguir as transformações das ferramentas.

No ritmo em que vão as coisas, a comunicação por correio eletrônico e a consulta do *Web* irão tornar-se, em alguns anos, tão banais quanto o uso do telefone. Essa comparação defende a posição de *não ensinar o uso dos instrumentos na escola*: é um pouco mais difícil navegar de uma pagina à outra no hipertexto do que usar o telefone, mas a verdadeira dificuldade não está aí. Para usar plenamente o telefone, mais vale dominar a leitura das listas telefônicas e outros documentos de referência e a comunicação oral. Do mesmo modo, todos podem aprender a servir-se de um *software*, por tentativa e erro, ou graças aos manuais e auxílios *on-line*, desde que saibam ler fluentemente. É nitidamente mais difícil dominar a lógica dos laços hipertextos, a arquitetura das redes, as estratégias de navegação inteligente em uma grande quantidade de dados, de textos e de imagens, cujo valor e pertinência são, em geral, difíceis de avaliar.

Formar para as novas tecnologias é formar o julgamento, o senso crítico, o pensamento hipotético e dedutivo, as faculdades de observação e de pesquisa, a imaginação, a capacidade de memorizar e classificar, a leitura e a análise de textos e de imagens, a representação de redes, de procedimentos e de estratégias de comunicação.

É evidente que o progresso das tecnologias oferece novos campos de desenvolvimento a essas competências fundamentais (Perrenoud, 1998a) e, sem dúvida, aumenta o alcance das *desigualdades* no domínio das relações sociais, da informação e do mundo. Extraio daí uma consequência paradoxal: preparar para as novas tecnologias e, para uma proporção crescente de alunos, atingir mais plenamente os mais ambiciosos objetivos da escola.

Por que se precisaria *primeiro* aprender pelos livros e, após, dominar o escrito específico da comunicação informática? Ler na tela torna-se uma prática social corrente, e os hipertextos são, agora, escritos sociais tão legítimos quanto os documentos impressos, como fontes da transferência didática a partir das práticas (Perrenoud, 1998j). Por que ensinar *primeiro* um planejamento com papel e lápis, para só *em seguida* descobrir o modo "plano" dos *softwares* de processamento de textos? Este último torna possível um ir-e-vir constante entre a estrutura de um texto e seu conteúdo com redação em andamento e adere, pois, com realismo à realidade da produção textual, que às vezes surge de um plano, às vezes faz emergir do próprio texto!

Se fosse preciso iniciar seriamente os alunos na informática, o caminho mais interessante seria inseri-la completamente nas diversas atividades intelectuais cujo domínio é visado, particularmente cada vez que as TIC liberam das tarefas longas e fastidiosas que desestimulam os alunos, tornando mais visíveis os procedimentos de tratamento ou as estruturas conceituais, ou permitindo que os alunos cooperem e compartilhem os recursos.

As competências analisadas a seguir permitem, em larga medida, matar dois coelhos com uma só cajadada: aumentar a eficácia do ensino e familiarizar os alunos com novas ferramentas informáticas do trabalho intelectual. A legitimidade e a prioridade concedidas a este último objetivo dependerão dos debates em andamento sobre a formação dos alunos e o desenvolvimento de competências desde a escola de ensino fundamental (Perrenoud, 1998a).

UTILIZAR EDITORES DE TEXTOS

Tradicionalmente, o ensino baseia-se em documentos. Um professor pouco criativo irá contentar-se em usar os manuais e outros "livros do professor" propostos pelo sistema educacional ou pelos editores especializados. Ainda assim, é provável que ele não escape das novas tecnologias, à medida que os documentos impressos forem cada vez mais completos, atualizados, até mesmo integralmente substituídos por documentos gravados sob forma digital, colocados à disposição em CD-ROM ou em rede. A competência mínima requerida consistirá em situá-los, em conciliá-los com seu lugar de trabalho e mostrá-los aos alunos, seja imprimindo-os, seja projetando-os em uma tela. Será ultrapassado pendurar dois ou três mapas geográficos nas salas de aula quando todas elas dispuserem de um meio de projetar em tela imagens do mesmo tamanho, ou equipar cada local de trabalho com um monitor de vídeo. Assim, professores e alunos terão acesso a todos os mapas imagináveis, políticos, físicos, econômicos, demográficos, com possibilidades ilimitadas de mudança de escala e de passagem a textos explicativos ou a animações, até mesmo a imagens diretas por satélite.

Vê-se que essa simples transferência do impresso para os suportes digitais supõe que o professor construa uma grande capacidade de saber o que está disponível, de mover-se nesse mundo e de fazer escolhas. Passa-se de um universo documental limitado (o da sala de aula e do centro de documentação próximo) a um universo sem verdadeiros limites, o do *hipertexto*. Tal conceito não está ligado à rede, mas à possibilidade oferecida pela informática de criar laços entre qualquer parte de um documento e outras partes ou outros documentos. Todo mundo faz hipertexto sem saber, consultando um dicionário ou um atlas, quando uma página o remete a uma outra. A diferença é que a informática prevê esses laços e os propõe ao usuário, o que exige uma criatividade e um esforço menores, mas, em contrapartida, coloca a seu alcance uma navegação fácil e rápida. Quem tem a coragem, quando procura uma palavra no dicionário, de folhear em todos os sentidos para explorar um campo semântico? Tomemos simplesmente o exemplo da palavra *casa*.*

> **Casa.** [Do lat. casa.] S. f. **1.** Edifício (2) de um ou poucos andares, destinado, geralmente, a habitação; morada, vivenda, moradia, residência, habitação. [Aum.: *casão, casarão, casaréu;* dim.: *casinha, casita, casucha,*

---

* N. de R. T. Para ilustrar a explicação sobre o sistema de remissivas e um hipertexto, o autor toma o exemplo do verbete *Maison* [casa] do dicionário *Robert,* que oferece quatro acepções principais desse termo. Considerando-se que não haveria, em português, equivalentes perfeitos para cada remissão encontrada no dicionário francês, o exemplo aqui utilizado é o do dicionário Aurélio, obra de referência no Brasil.

casebre, casinhola, casinholo, casinhota, casinhoto, podendo as cinco últimas formas ter caráter depreciativo.] **2.** Cada uma das divisões de uma habitação; dependência, quarto, sala: *O porão tem três casas.* **3.** Lar; família. **4.** Conjunto dos bens e/ou negócios domésticos: *o governo da casa.* **5.** O conjunto dos membros de uma família; instituição familiar: *a casa dos Andradas; A ilustre Casa de Ramires* (título de um romance de Eça de Queirós). **6.** Local destinado a reuniões ou até à moradia de certos grupos de pessoas; *casa do Minho; casa do estudante.* **7.** Estabelecimento, firma, empresa: *casa comercial; casa bancária.* **8.** Repartição pública: *a Casa da Moeda.* **9.** Conjunto de auxiliares adjuntos a um chefe de Estado: *casa civil; casa militar.* **10.** Cada uma das subdivisões duma caixa, prateleira, colmeia, etc. **11.** Espaço separado por linhas nas tabelas, tabuadas, mapas, tabuleiros, formulários, etc.: *as casas do xadrez; a casa dos nove; casa para observação.* **12.** Abertura por onde passa o botão; botoeira. **13.** Grupo de 10 anos, começado por dez ou múltiplo desse número, na idade de uma pessoa: "Camilo escreveu O Bem e o Mal... bem longe da casa dos vinte" (in Mário Casassanta, O *Bem e o Mal,* p. 33). **14.** Vaga nos registros de distribuição de feitos forenses, escrituras, etc. **15.** *Mat.* Casa decimal. **16.** *Mat.* Numa tabela, interseção de uma linha e uma coluna. **17.** *Teat. e Cin.* Assistência a um espetáculo: *Os mímicos só tiveram meia casa.* **18.** *Encad. Bras.* V. *entrenervo.* **19.** *Lus. Constr. Nav.* V. *praça (8).*

Quem teria a obstinação requerida para procurar em um dicionário clássico todas as palavras em destaque para ver se sua definição concorda com a noção de casa ou a enriquece, tornando-a precisa ou diversificada?

Quando o dicionário está acessível no computador, cada palavra em negrito torna-se um laço do hipertexto. Clicando sobre a palavra, visualiza-se imediatamente a definição correspondente, a partir da qual se pode continuar a navegar gradualmente. Com as palavras que não figuram em negrito, dá-se quase o mesmo: basta digitar suas primeiras letras. Quanto aos números, remetem a citações que contextualizam a palavra. O conjunto da definição da palavra "casa" propõe mais de 40 citações. Cada uma das citações e das definições pode ser copiada em um outro documento. A consulta seletiva de tal massa de dados já implica funções elementares de edição para guardar um traço ou um extrato das informações pertinentes. A noção de hipertexto amplia-se quando a conexão a uma rede permite ter acesso a documentos situados em qualquer lugar do planeta.

O problema complica-se quando o professor, não satisfeito em escolher e apresentar documentos ou extratos, quer adaptá-los, enriquecê-los, combiná-los. Deve, então, ter o domínio das operações de adição, no mais amplo sentido: integrar documentos de fontes diversas, modificá-los ou, muito simplesmente, desenhar um caminho que os reúna. Um processamento de textos evoluído permite hoje integrar imagens e sons, do mesmo modo que um *software* de apresentação. Alguns professores constroem diretamente paginas *Web*. Hoje não se precisa mais dominar a linguagem-padrão (linguagem entendida por todos os navegadores *Web*, chamada de *Hyper Text Markup Language* (HTML). Os editores de texto evoluídos e outras ferramentas permitem a fácil transformação de um documento em página *Web*. Pode-se tanto publicá-la na rede quanto limitar-se a usá-la em sala de aula como base de informação, na qual os alunos podem navegar facilmente com a condição de prever laços entre as páginas... A competência requerida é cada vez menos técnica, sendo sobretudo lógica, epistemológica e didática.

Isso, infelizmente, escapa aos professores que ainda pensam que um computador é simplesmente uma máquina de datilografia sofisticada. Ora, a evolução dos *softwares* permite uma associação cada vez mais fácil de textos, tabelas numéricas, desenhos, fotos, edição de qualidade e reunião de todos esses elementos em função de problemáticas precisas à difusão dessas informações na rede. Será quase tão simples acrescentar animações, sequências de video ou elementos interativos. A indústria informática, para continuar a se desenvolver, deve facilitar o acesso do instrumento ao maior número de pessoas, ou seja, para pessoas nitidamente menos instruídas do que os professores. Estes últimos terão cada vez menos desculpas para continuarem afirmando que não entendem nada disso.

É pouco provável que o sistema educacional imponha autoritariamente aos professores em exercício o domínio dos novos instrumentos, ao passo que, em outros setores, não se abrirá mão desse domínio. Talvez isso não seja necessário: os professores que não quiserem envolver-se nisso disporão de informações científicas e de fontes documentais cada vez mais pobres, em relação àquelas às quais terão acesso seus colegas mais avançados. Não se podem excluir certos paradoxos: alguns daqueles que têm os meios de um uso crítico e seletivo das novas tecnologias irão manter-se à parte, ao passo que outros se atirarão a elas de corpo e alma, sem ter a formação requerida para avaliar e compreender... Tal flutuação ameaça os alunos, até os menores, se a escola não lhes dá os meios de um uso crítico. A evolução da mídia, do comércio eletrônico e a generalização dos equipamentos familiares tornarão o acesso cada vez mais banal, sem que as competências requeridas se desenvolvam no mesmo ritmo. É por isso que a responsabilidade da escola está comprometida para além das escolhas individuais dos professores.

EXPLORAR AS POTENCIALIDADES DIDÁTICAS DOS PROGRAMAS EM RELAÇÃO AOS OBJETIVOS DO ENSINO

Esta formulação um pouco abstrata tenta abranger o uso didático de dois tipos de *softwares:* os que são feitos para ensinar ou fazer aprender e os que têm finalidades mais gerais, mas podem ser desviados para fins didáticos.

As aplicações concebidas para o ensino – ou *softwares* educativos – dizem respeito ao que se chamou de Ensino Assistido por computador (EA), depois Aprendizagem Assistida por computador (AA). Originalmente, esses *softwares* derivam do ensino programado dos anos 1960-1970. Tentam transformar em um diálogo aluno-máquina a parte mais repetitiva e previsível dos diálogos entre o professor e os alunos. Propor questões de cálculo mental ou de conjugações está ao alcance de um computador. O que evolui é a formulação das perguntas (cores, animação, sonoplastia, síntese vocal) e o processamento das respostas (possibilidade de decodificar o texto livre, depois a fala, o que liberta das questões de múltipla escolha ou das respostas corretas ou falsas por uma letra apenas). Outra evolução que se enraíza também na intuição primeira do ensino programado: a sofisticação crescente da gestão das progressões, sendo o *software* capaz de analisar um conjunto de respostas ou de escolhas e deduzir daí uma estratégia ótima de treinamento.

Aos programas que automatizam uma parte do trabalho escolar clássico acrescentam-se os que simulam situações complexas. Hoje, podem-se formar pilotos, médicos, engenheiros, mecânicos, militares, dirigentes, graças a simuladores muito realistas de situações complexas. Na escola obrigatória, as situações estão menos ligadas a práticas sociais, mais próximas do jogo de estratégia do que da vida real, mas elas partem das mesmas premissas: o computador propõe uma situação que provoca uma reação que, por sua vez, faz com que a situação evolua, e assim por diante até um "fim da partida".

Outros programas orientados para a aprendizagem oferecem suportes a tarefas mais abertas, por exemplo, construção geométrica, modelização científica, composição de textos, de palavras cruzadas ou de melodias. Outros ainda facilitam o acesso a documentações ou processamento de dados numéricos ou cartográficos.

Uma parte dos *softwares* concebidos para auxiliar o ensino ou a aprendizagem são versões de *softwares* de uso mais geral, que se simplificaram e se adaptaram para estar ao alcance dos alunos. Assim, encontram-se versões "escolares" de planilhas eletrônicas, de solucionador de equações, de *softwares* de Publicação Assistida por computador (PA), de processamento de texto, de desenho vetorial ou artístico, de processamento de imagem ou de som, de composição musical, de processamento de fichários e de base de dados, de navegação hipertexto, de correio eletrônico. Encontram-se do mesmo modo linguagens de programação especificamente concebidas para crianças, cujo emblema é LOGO (Papert, 1981).

Essa evolução é positiva, no sentido de que torna tais instrumentos acessíveis a crianças muito pequenas. Todavia, se esses *softwares* começam a assemelhar-se com meios de ensino por sua conformação, permanecem radicalmente diferentes dos *softwares* educativos, no sentido de que são instrumentos de trabalho que, como tais, não se ocupam de aprendizagens específicas (senão quanto a seu próprio modo de emprego). Ajudam a construir conhecimentos ou competências porque tornam acessíveis operações ou manipulações impossíveis ou muito desencorajadoras se reduzidas ao papel e lápis. Um editor de textos não ensina a redigir, mesmo que inclua corretores de ortografia, pontuação, sintaxe e que ofereça facilidades de formatação e de estruturação. O trabalho de escrita é formativo. A utilização de um *software* permite simplesmente corrigir ao infinito, deslocar ou inserir fragmentos, trabalhar sumários, conservar e comparar várias versões e incorporar ilustrações. O poder dos instrumentos permite uma maior concentração nas mais qualificadas tarefas, deixando ao *software* as mais repetitivas. Celestin Freinet desenvolvera o uso da impressão em aula para confrontar os alunos com atividades de produção de texto. Obtém-se hoje o equivalente com um computador, com um editor de texto ou de PA, ou com uma impressora. Certamente, não se escolhem mais os caracteres de chumbo para organizá-los em uma caixa, não se sujam mais os dedos com tinta, mas as operações, por serem abstratas, não são menos formativas, ainda mais quando podemos multiplicá-las e torná-las infinitamente reversíveis. No domínio da matemática ou das ciências, imagina-se o que se pode fazer com uma planilha eletrônica, de um programa estatístico, de um instrumento de simulação. Um professor de biologia ou de química pode, hoje, substituir uma parte das experiências de laboratório – que continuam formativas por outras razões – através das operações virtuais que tomam muito menos tempo e, portanto, *densificam* as aprendizagens, porque é possível multiplicar as tentativas e os erros, sabendo imediatamente os resultados, e modificar as estratégias de acordo com a necessidade.

Os *softwares* de assistência ao trabalho de criação, de pesquisa, de processamento de dados, de comunicação e de decisão são feitos para facilitar tarefas precisas e para melhorar o rendimento e a coerência do trabalho humano. Seu domínio obriga a planejar, decidir, encadear operações, orquestrar e reunir recursos. Tudo isso colabora para a formação de competências essenciais, para cuja construção o instrumento é secundário em relação às operações mentais e às qualidades mobilizadas: rigor, memória, antecipação, regulação, etc.

No âmbito escolar, tem-se, além disso, a liberdade de *deslocá-los* parcialmente de seu uso intensivo, para proporcionar o trabalho em dupla com um só computador, a verbalização de suas hipóteses, suas operações, para administrar o processo em conjunto.

Tudo isso nada tem de mágico e exige um trabalho considerável de concepção, organização e de acompanhamento, sem falar dos equipamentos e dos problemas materiais. A principal competência de um professor, neste domínio, é ser:

- um usuário alerta, crítico, seletivo do que propõem os especialistas dos *softwares* educativos e da AA;
- um conhecedor dos *softwares* que facilitam o trabalho intelectual, em geral, e uma disciplina, em particular, com familiaridade pessoal e fértil imaginação didática, para evitar que esses instrumentos se desviem de seu uso profissional.

Não é necessário que um professor torne-se especialista em informática ou em programação. Um certo número de *softwares* educativos são, hoje, concebidos para permitir ao usuário que escolha os numerosos parâmetros de utilização e o conteúdo dos exercícios. Outros *softwares* permitem a criação de programas educativos personalizados sem que o próprio professor seja um programador, usando de alguma forma estruturas e procedimentos já programados, reunindo-os, dando-lhes um conteúdo que depende do professor.

O fato de não precisar ser um programador ou um analista de sistemas minucioso não significa que se possa prescindir de uma cultura informática básica e de um treino para o manejo de todos esses instrumentos. A facilidade pessoal no manejo de diversos *softwares* não garante uma correta aplicação para fins didáticos, mas torna isso possível.

COMUNICAR-SE A DISTÂNCIA POR MEIO DA TELEMÁTICA

Há alguns anos, isto parecia ficção científica; hoje, classes separadas por um oceano podem trocar correspondência várias vezes por dia, pelo preço módico de uma conexão a um servidor internet através de modem (linha telefônica comum). Freinet – mais uma vez ele – desenvolvera a correspondência escolar. Sem desaparecer em sua forma epistolar, ela se estende agora ao "correio eletrônico". Escreve-se uma mensagem de algumas linhas ou algumas páginas, pouco importa, juntam-se ou não documentos mais volumosos (textos, imagens, sons, etc.) e envia-se tudo para o outro lado do mundo ou para a sala vizinha, selecionando um endereço em um repertório. O correspondente abre sua caixa de correio eletrônico quando quer e responde da mesma maneira. Progressivamente, o texto escrito dá lugar às mensagens orais e às imagens: é uma simples questão de capacidade de linhas e de tamanho dos discos. Pode-se também partir para a conversa direta, como acontece no telefone, ou a videoconferência, com as quais se equipam as empresas e outras instituições que trabalham em inúmeros lugares: todos são vistos e ouvidos, praticamente como se estivessem na mesma sala.

Não é certo que tais progressos tecnológicos sejam indispensáveis nas salas de aula. Em compensação, um simples correio eletrônico abre portas para o mundo inteiro. As línguas constituem a única barreira, e pode-se esperar que esta caia no dia em que uma tradução automática for integrada.

A essas comunicações à distância "clássicas", entre dois interlocutores identificados, a informática acrescenta outras possibilidades: o *mailing* (a postagem de material publicitário) torna-se muito simples, pois basta multiplicar os destinatários da mensagem. Os grupos de *news* (notícias) funcionam de modo um pouco diferente, já que as mensagens são endereçadas a um *fórum*, o que possibilita a sua simultaneidade publicamente.

Por fim, à distância, podem ser consultadas bases de dados e *sites* Web de todos os gêneros, dos horários de trem aos *sites* do Pentágono ou do Vaticano, passando por todos os *sites* científicos, políticos, lúdicos, artísticos ou comerciais imagináveis, inclusive pela propaganda racista, o neonazismo e a pornografia. Compreende-se a reticência dos pais e dos professores diante de uma informação tão rica quanto descontrolada, na qual se encontram o melhor e o pior. Não é o caso da televisão? Basta não instalá-la em aula para proteger as crianças dela?

Aqui se vê bem que a imaginação didática e a familiaridade pessoal com as tecnologias devem aliar-se a uma percepção lúcida dos riscos éticos. Pode-se ter maus encontros tanto na internet quanto em um bairro mal-afamado, mas seria uma razão para nunca aventurar-se a ir? Seria possível questionar, a esse propósito, se a escola atualizou seus objetivos de formação em matéria de espírito crítico, de autonomia, de respeito à vida privada, de cidadania. Em uma sociedade na qual todos se habituaram a votar, a comprar, a informar-se, a divertir-se, a procurar uma moradia, um emprego ou um sócio na internet, talvez fosse melhor armar as crianças e os adolescentes nesse domínio, para reforçar sua identidade, sua capacidade de tomar distância, de resistir às manipulações, de proteger sua esfera pessoal, de não "embarcar" em qualquer aventura duvidosa.

Há de se convir que, para utilizar as redes para fins de formação nas diversas disciplinas escolares, impõe-se um mínimo de precauções. Todavia, para que os alunos não se tornem escravos das tecnologias e façam escolhas lúcidas, o desenvolvimento do espírito crítico e de competências aguçadas parece mais eficaz do que as censuras. Em determinado colégio, um *software* impede o acesso, desde as salas de aula, a todo *site* que contenha a palavra "criança"! Para se proteger da pedofilia, interditam-se muitas outras coisas. A alternativa seria, evidentemente, desenvolver o julgamento e a autonomia...

Uma vez tomadas as precauções éticas necessárias, permanece a questão principal: como colocar os instrumentos a serviço de estratégias de formação? Fazendo-se abstração dos benefícios secundários – familiarizar os alunos com os instrumentos tecnológicos, fazê-los refletir sobre seus riscos e seu futuro –, resta responder a perguntas didáticas elementares: aprende-se melhor a ler, consultando um jornal eletrônico? A escrever melhor, graças ao correio eletrônico? A assimilar melhor noções de biologia, buscando informações na *Web*? A apropriar-se melhor da história contemporânea, participando de um fórum eletrônico sobre a Segunda Guerra Mundial? Há, em cada caso, razões para pensar que a inserção em verdadeiras redes de comunicação aumenta o *sentido* dos saberes e do trabalho escolares (Perrenoud, 1996a). Pode-se associar os instrumentos tecnológicos aos *métodos ativos,* uma vez que eles favorecem a exploração, a simulação, a pesquisa, o debate, a construção de estratégias e de micromundos. Isso é suficiente para justificar o investimento? Tudo dependerá da maneira como o professor enquadrar e dirigir as atividades. Sua habilidade técnica facilita as coisas, mas aqui se trata de habilidade didática e de relação com o saber!

Surgem outras perguntas: esses instrumentos facilitarão uma diferenciação do ensino, uma individualização dos percursos de formação, uma democratização do acesso aos saberes, à informação? A falta de cuidado poderá levar as novas tecnologias a aumentarem as diferenças (Perrenoud, 1998d). A "ciberdemocratização" é menos provável do que o argumento inverso, que veria os mais favorecidos apropriarem-se das NTIC para aumentar seus privilégios...

UTILIZAR AS FERRAMENTAS MULTIMÍDIA NO ENSINO

Cada vez mais os CD-ROMs e os *sites* multimídia farão uma séria concorrência aos professores, se estes não quiserem ou não souberem utilizá-los para enriquecer seu próprio ensino. Georges Friedmann apresentara a televisão nascente como uma *escola paralela*. Ela é isso, ainda que se ouça frequentemente lamentar que proporciona um "saber em gotas", um saber de jogos televisivos, que enriquece realmente apenas aqueles que desenvolveram estruturas de recepção, na escola ou no trabalho. Isso reforça a defesa de Develay (1982) em favor de um investimento prioritário na construção de matrizes disciplinares. Haverá, nas redes e na mídia, cada vez mais informações científicas, vulgarização básica para ensinamentos de alto nível. Poderão verdadeiramente tirar partido disso somente aqueles que tiverem uma boa formação escolar de base.

A integração do vídeo ao ensino, sobre a qual, nos anos de 1970, fundavam-se grandes esperanças, não cumpriu suas promessas, sem dúvida porque era pouco interativa e funcionava nos moldes da sensibilização a certos problemas – a fome no Sahel, a erosão, o desemprego, a explosão demográfica, etc. – ou da ilustração de noções teóricas: funcionamento do motor de explosão, divisão celular, crise econômica, forma da tragédia clássica, etc. A junção do computador e da imagem muda os dados do problema, pois, agora, é possível digitalizar as imagens para fazê-las passar por todo tipo de processamentos. Pode-se também compor uma imagem de síntese a partir de estruturas, de tramas, de modelos, como se pode fabricar uma voz sintética. Para a animação e para os filmes, é um pouco mais complexo, mas a "realidade virtual" está nas nossas portas.

Hoje, as apresentações multimídia são espetáculos "luz e som" cada vez mais sofisticados, aos quais podem ser incorporados elementos de sínteses. Amanhã, a realidade virtual permitirá a um aluno munido do capacete adequado explorar a época pré-histórica, viajar ao centro da Terra ou ir à Lua. Não como em um simples filme em que o espectador é prisioneiro do enredo, mas como se ele fosse ator e pudesse tomar decisões que modificassem efetivamente a sequência da história. Passa-se, de alguma maneira, do romance do qual você é o herói ao filme documentário no qual você é o explorador e o realizador, ou do filme de ficção no qual você é o personagem central e o roteirista. Os *softwares* e os computadores desenvolvidos atualmente permitem que sejam calculadas e simuladas cenas (imagens e sons) sintéticas cada vez mais realistas. Esses progressos interessam à pesquisa e, sem dúvida, atingirão inicialmente o mercado do entretenimento. Ainda não chegou, mas está próximo, o tempo em que um filme virtual permitirá que se viva "ao vivo" a descoberta do vírus da raiva ou que se possa subir o Amazonas à procura do Eldorado.

Em que consiste a competência dos professores? Sem dúvida, em utilizar os instrumentos multimídia já disponíveis, do banal CD-ROM a animações ou a simulações mais sofisticadas. Talvez também consista em desenvolver nesse domínio uma *abertura*, uma curiosidade e, por que não, *expectativas*. Os vendedores de sonhos e de ilusão estão à espera dos progressos tecnológicos, porque entreveem lucros fabulosos. Deve-se deixar esse terreno para eles? O mundo do ensino, ao invés de estar sempre atrasado em relação a uma revolução tecnológica, poderia tomar a frente de uma demanda social orientada para a formação. Equipar e diversificar as escolas é bom, mas isso não dispensa uma política mais ambiciosa quanto às finalidades e às didáticas.

COMPETÊNCIAS FUNDAMENTADAS EM UMA CULTURA TECNOLÓGICA

Os professores que sabem o que as novidades tecnológicas aportam, bem como seus perigos e limites, podem decidir, com conhecimento de causa, dar-lhes um amplo espaço em sua classe, ou utilizá-las de modo bastante marginal. Neste último caso, não será por ignorância, mas porque pesaram prós e contras, depois julgaram que não valia a pena, dado o nível de seus alunos, da disciplina considerada e do estado das tecnologias. Pode ser mais simples e igualmente eficaz ensinar física ou história por meios tradicionais do que passar horas pesquisando documentos ou escrevendo programas, sem que se tenha tempo para pensar nos aspectos propriamente didáticos.

Em 5 ou 10 anos, as tecnologias terão evoluído ainda mais. Os especialistas da indústria praticam a "vigília tecnológica"; em outros termos, mantêm a atenção permanentemente voltada ao que se anuncia, para não se fecharem nos instrumentos de hoje. Melhor seria que os professores exercessem antes de mais nada uma vigília cultural, sociológica, pedagógica e didática, para compreenderem do que será feita a escola de amanhã, seu público e seus programas. Se lhes resta um pouco de disponibilidade, uma abertura para o que se desenrola na cena das NTIC seria igualmente bem-vinda.

Uma cultura tecnológica de base também é necessária para pensar as relações entre a evolução dos instrumentos (informática e hipermídia), as competências intelectuais e a relação com o saber que a escola pretende formar. Pelo menos sob esse ângulo, as tecnologias novas não poderiam ser indiferentes a nenhum professor, por modificarem as maneiras de viver, de se divertir, de se informar, de trabalhar e de pensar. Tal evolução afeta, portanto, as situações que os alunos enfrentam e enfrentarão, nas quais eles pretensamente mobilizam e mobilizarão o que aprenderam na escola.

Assim sendo, não se poderia pensar hoje uma pedagogia e uma didática do texto sem estar consciente das transformações a que a informática submete as práticas de leitura e de escrita. Do mesmo modo, não se deveria pensar uma pedagogia e uma didática da pesquisa documental sem avaliar a evolução dos recursos e dos modos de acesso. Todo professor que se preocupa com a transferência, com o reinvestimento dos conhecimentos escolares na vida (Mendelsohn, 1996) teria interesse em adquirir uma cultura básica no domínio das tecnologias – quaisquer que sejam suas práticas pessoais –, do mesmo modo que ela é necessária a qualquer um que pretenda lutar contra o fracasso escolar e a exclusão social.

Em um livro recente, Tardif (1998) propõe um quadro pedagógico para as novas tecnologias. Destaca a mudança de paradigma que elas demandam e, ao mesmo tempo, oportunizam. O paradigma visado não diz respeito como tal às tecnologias. Concerne às *aprendizagens*. Trata-se de passar de uma escola centrada no *ensino* (suas finalidades, seus conteúdos, sua avaliação, seu planejamento, sua operacionalização sob forma de aulas e de exercícios) a uma escola centrada não no aluno, mas nas aprendizagens. O ofício de professor redefine-se: mais do que ensinar, trata-se de *fazer aprender*. Pode-se ironizar e dizer que essa mudança de paradigma trilha um caminho já percorrido. Ensinar não é o objetivo de todos? A questão correta é, então, aquela de Saint-Onge (1996): "Eu ensino, mas eles aprendem?". As novas tecnologias podem reforçar a contribuição dos trabalhos pedagógicos e didáticos contemporâneos, pois permitem que sejam criadas situações de aprendizagem ricas, complexas, diversificadas, por meio de uma divisão de trabalho que não faz mais com que todo o investimento repouse sobre o professor, uma vez que tanto a informação quanto a dimensão interativa são assumidas pelos produtores dos instrumentos.

A verdadeira incógnita é saber se os professores irão apossar-se das tecnologias como um auxílio ao ensino, para dar aulas cada vez mais bem ilustradas por apresentações multimídia, ou para *mudar de paradigma* e concentrar-se na criação, na gestão e na regulação de situações de aprendizagem.

9
ENFRENTAR OS DEVERES E OS DILEMAS ÉTICOS DA PROFISSÃO

Parece cada vez menos razoável negar a dimensão educativa do trabalho docente, mas seria tão absurdo quanto injusto esperar dos professores virtudes educativas infinitamente maiores do que as da sociedade que lhes confere a incumbência de ensinar. Ainda que eles fossem exemplares, não poderiam mascarar o estado do mundo. "Nosso planeta é confuso!",* todos os alunos veem isso todos os dias nas ruas e nos meios de comunicação.

Charles Péguy escrevia em 1904, em uma espécie de editorial chamado "Pour la rentrée":

> Quando uma sociedade não pode ensinar, é que esta sociedade não pode ensinar-se; é que ela tem vergonha, tem medo de ensinar-se a si mesma; para toda a humanidade, ensinar, no fundo, é ensinar-se; uma sociedade que não ensina é uma sociedade que não se ama, que não se estima; e este é precisamente o caso da sociedade moderna.

A escola não poderia libertar inteiramente nossa sociedade do medo de ensinar-se. A violência, a brutalidade, os preconceitos, as desigualdades, as discriminações existem, a televisão exibe isso todos os dias. Não se pode pedir à escola que seja aberta à vida e, ao mesmo tempo, fazer crer que todos os adultos aderem às virtudes cívicas e intelectuais que ela defende. Os adolescentes têm as condições propícias para ironizar as palavras idealistas de seus professores e de seus pais. "Este mundo, eu o fiz para ti", dizia o pai. "Eu sei, já me disseste isso", respondia o filho. "Ele está perdido, e só me resta refazê-lo um pouco mais sorridente para meus netos". Não é certo que as gerações vindouras sejam tão otimistas quanto essa velha canção de Maxime Leforestier.

---
* N. de T. Em francês, "Pas nett, La planète!".

Deve-se por isso desistir, aliando-se a confusão e ao cinismo? Seria uma maneira irrisória de esquivar a contradição entre o que "prega" um professor e o que vivem e veem as crianças reunidas em sua sala de aula. Não é absolutamente necessário viver em Sarajevo, Beirute, Saigon ou Bogotá para perceber que a verdade, a justiça, o respeito ao outro, a liberdade, a não violência, os direitos do homem e da criança, a igualdade dos sexos são, muitas vezes, apenas fórmulas vazias. O tempo do catecismo passou, nenhuma educação pode mais valer-se da evidência, mas deve enfrentar abertamente a *contradição* entre os valores que afirma e os costumes ambientes. Como incutir uma moral em um mundo no qual se massacra violentamente, sem ter o quê nem por quê? O contraste jamais foi tão grande entre a *miséria do mundo* (Bourdieu, 1993) e o que poderia ser feito com as tecnologias, os conhecimentos, os meios intelectuais e materiais de que dispomos. Vivemos em uma sociedade na qual a expansão dos telefones celulares compensa o crescimento do número de desempregados e de sem-teto, na qual o progresso consiste em instalar as mais sofisticadas engenhocas eletrônicas em favelas onde falta água encanada. Miséria e opulência, privações e desperdício convivem tão insolentemente quanto na Idade Média, tanto em escala planetária como em cada sociedade.

Como ensinar serenamente tal sociedade? E como não ensiná-la? As competências requeridas dos professores da escola pública não tem comparação com a "fé comunicativa" que ainda é suficiente para os missionários. Em uma sociedade em crise e que tem vergonha de si mesma, a educação é um exercício de *equilibrista*. Como reconhecer o estado do mundo, explicá-lo, assumi-lo, até certo ponto, sem aceitá-lo nem justificá-lo?

Torna-se a falar da educação cívica ou, como se diz hoje, da "educação para a cidadania". As boas intenções não bastam, nem uma hábil mistura de convicção e realismo. É preciso que se criem situações que facilitem verdadeiras aprendizagens, tomadas de consciência, construção de valores, de uma identidade moral e cívica. Ao se começar esse trabalho didático, percebe-se que uma educação para a cidadania não pode ser limitada a uma grade horária e que "a formação do cidadão se esconde, na escola, no coração da construção dos saberes" (Vellas, 1993). Eu acrescentaria que ela também passa pelo conjunto do currículo, explícita ou ocultamente (Perrenoud, 1996a, 1997a). Como prevenir a violência na sociedade, se ela é tolerada no recinto da escola? Como transmitir o gosto pela justiça, se ela não é praticada em aula? Como incutir o respeito, sem encarnar este valor no dia a dia? Diz-se, às vezes, que "ensina-se o que se é". No domínio que nos ocupa, isso é ainda mais verdadeiro. O "faça o que eu digo, mas não o que eu faço" não tem chance alguma de mudar as atitudes e as representações dos alunos.

Pode-se considerar as cinco competências específicas fixadas pelo referencial aqui adotado como outros tantos recursos de uma educação coerente com a cidadania:

- Prevenir a violência na escola e fora dela.
- Lutar contra os preconceitos e as discriminações sexuais, étnicas e sociais.
- Participar da criação de regras de vida comum referentes à disciplina na escola, às sanções e à apreciação da conduta.
- Analisar a relação pedagógica, a autoridade e a comunicação em aula.
- Desenvolver o senso de responsabilidade, a solidariedade e o sentimento de justiça.

Os professores que desenvolvem tais competências trabalham não só para o futuro, mas para o presente; criam condições de um trabalho escolar fecundo no conjunto das disciplinas e dos ciclos de estudos. Não se trata apenas de incutir um modelo para que os alunos "o levem pela vida afora", mas de colocá-lo em prática "aqui e agora" para torná-lo confiável e, simultaneamente, para que dele sejam extraídos benefícios imediatos.

PREVENIR A VIOLÊNCIA NA ESCOLA E FORA DELA

Ninguém pode aprender, se teme por sua segurança, sua integridade pessoal ou simplesmente por seus bens. Habitualmente, evocam-se nos meios de comunicação certas escolas em que a violência toma formas extremas, tanto de parte da instituição (castigos físicos, sadismo) quanta dos alunos (chantagens, agressões, extorsão, estupros). Essa violência "é manchete", fascina e amedronta. As escolas ainda poupadas perguntam-se por quanto tempo. Quando se projetou o filme "Sementes de violência", nos anos de 1960, pensava-se que isso só acontecia nos guetos americanos, com adolescentes abandonados à sua própria sorte. Hoje, todos os países desenvolvidos são atingidos, e o grupo mais violento é o dos pré-adolescentes de aproximadamente 11-13 anos. Nos subúrbios, e também em algumas pequenas cidades fortemente atingidas pelo desemprego, pela droga, pelo álcool e pelo tédio, as autoridades estão preocupadas com a verdadeira delinquência, e dispositivos policiais e judiciários são implantados no centro do universo escolar.

Talvez se tenha chegado a isso por não se ter percebido que a violência está em germe na relação pedagógica, quando for relação de forças, e na coexistência em um estabelecimento de ensino, quando não se reconhecem a todos os mesmos direitos ou não se as segura a eles o respeito. Quando alguns alunos temem, no cotidiano, que outros mais fortes lhes roubem o dinheiro do bolso, seus pertences ou sua jaqueta, a violência já está presente. Tal fato provoca revolta, porque os culpados frequentemente ficam impunes. Não se presta suficiente atenção à segurança dos bens pessoais como indicador de *laço social*. Existiram e ainda existem, em alguns recantos protegidos do planeta, sociedades pobres nas quais se podia ou se pode, sem medo, deixar sua casa aberta ou deixar objetos de valor em um espaço público. Nas sociedades urbanas, a miséria debilita as solidariedades. Os mendigos que passam a noite ao relento ou nos abrigos coletivos não podem dormir sem temerem ser despojados do pouco que lhes resta. Acontece o mesmo com drogados ou prisioneiros. Os mais privilegiados podem multiplicar as trancas de segurança... Tal evolução operou-se lentamente, a crise econômica faz apenas com que se revele uma derrocada do contrato social, um enfraquecimento das normas de *reciprocidade*, sem as quais cada um se torna, potencialmente, um inimigo.

Certos regimes fundamentalistas lutam contra essa derrocada através de uma repressão feroz, por exemplo, cortando a mão dos ladrões sem qualquer forma de processo. As democracias, sem renunciar à repressão, respeitam procedimentos penais que exigem provas e oferecem direitos de defesa. A solução não é, evidentemente, voltar à lei do talião ou a uma repressão digna das sociedades mais totalitárias e, por outro lado, extremamente violentas. Trata-se de reestabelecer o que, juntamente com outros, Imbert (1994, 1998), Meirieu (1991, 1996a e b) ou Develay (1996) chamam de *Lei*, com maiúscula, ou seja, o *interdito da violência*, o único que permite a vida em sociedade. Seria, então, competência dos professores instaurarem a *Lei*, não como o xerife instaura a não violência através da ameaça de uma violência legítima, mas pelo livre consentimento, o reconhecimento por cada um do fato de que a vida seria intolerável se cada um fosse o inimigo de todos. Em suma, através de uma redescoberta do contrato social caro a Rousseau.

Pode-se temer, infelizmente, que a demonstração não seja apropriada diante dos efetivos escolares difíceis. Não vivemos na sociedade de *Mad Max*, em que cada um acerta suas contas, à margem de toda lei comum, mas tampouco em uma sociedade de direito inteiramente justa e convincente. "Elites irregulares", em um título, Lascoumes (1997) resume uma das raízes do problema: alguns daqueles que exercem o poder político ou econômico colocam-se acima das leis, ou se servem delas em seu proveito, como comprova a multiplicação dos "negócios" político-financeiros. Isso não é novidade na história, mas é mais visível em uma sociedade midiática e mais intolerável em uma sociedade que se pretende democrática.

Concordo com os psicanalistas, com os éticos e com os pedagogos que o interdito da violência é uma das bases da civilização humana. Porém, na condição de sociólogo pessimista, tenho a obrigação de acrescentar que essa evidência não está inscrita no nosso patrimônio genético. Cumpre, portanto, redescobri-la, contra certas evidências: as sociedades nacionais de hoje se construíram na violência, ainda alicerçam suas instituições em uma grande dose de violência legal (policial, militar, judiciária, penitenciária, médica, escolar) e vivem com uma parcela considerável de violências ilegais, que estão longe de serem todas sancionadas. A *Lei* não é, portanto, senão um ideal, antropologicamente fundado, mas que não se impõe por si mesmo e permanece muito imperfeitamente realizado nas sociedades reais. O que prova de maneira muito simples, a despeito dos idealistas, que as sociedades, mesmo desenvolvidas, terciárias, tecnológicas ou "pós-modernas", não são civilizadas até a raiz dos cabelos...

Desse modo, os professores não podem contentar-se em lembrar que "a violência não compensa". Alguns de seus alunos assistem todos os dias à confirmação dessa tese, ao passo que outros vivem a demonstração inversa. Os efetivos escolares difíceis já viram demais para ainda acreditar em contos de fadas. Os professores das zonas de alto risco dizem habitualmente que se chocam contra um muro na comunicação: os valores humanistas que eles defendem *nada* evocam no espírito de uma parte de seus alunos. O interdito da violência provoca uma reação de incompreensão ou de divertimento, alguns jovens o ouvem como uma norma caída de um outro planeta, que se refere a um jogo social que não tem mais vez no mundo em que eles vivem. Durante muito tempo, a educação moral trabalhou sobre a dificuldade de por em prática princípios aos quais as crianças e os adolescentes *aderissem,* mesmo quando os transgrediam. Os delinquentes adultos condenados por diversos delitos aceitam, muitas vezes, a lei e o julgamento. Hoje isso é uma inverdade para as novas gerações. O respeito à vida humana? Alguns adolescentes dão a isso tanta importância quanto a uma proibição de fumar!

Para não chegar a esse ponto, não basta mais aos educadores trilharem caminhos já percorridos, apelar para a Lei. É preciso construí-la a partir do zero, onde não há mais herança, nem evidências compartilhadas. É por isso que lutar contra a violência na escola é, antes de mais nada, *falar,* elaborar coletivamente a significação dos atos de violência que nos circundam, reinventar regras e princípios de civilização. Se a violência é o verdadeiro problema, então é preciso colocá-la no âmago da pedagogia (Pain, 1992). Propagandear algumas regras de boa conduta e lembrá-las de vez em quando é uma resposta irrisória.

Importa igualmente trabalhar para limitar a parte da violência simbólica e física que os adultos exercem sobre as crianças, sobre a escola, sobre os alunos e suas famílias. A violência não são só golpes, ferimentos, furtos e depredações. É a agressão à liberdade de expressão, de movimento, de comportamento. A obrigação escolar é uma violência legal, que se traduz todos os dias por coações físicas e mentais muito fortes: a escola obriga as crianças, quatro ou cinco dias por semana, a se levantarem às sete horas da manhã para irem à aula. Ela também lhes impõe que fiquem sentadas durante horas, que se calem, que não comam, não se balancem, não saiam do lugar sem autorização, não devaneiem, sejam atentas e produtivas. Obriga-as a mostrarem seu trabalho, a se prestarem a mil avaliações, a aceitarem os julgamentos sobre sua inteligência, sua cultura, seu comportamento. A escola não é só o lugar onde explode a violência de uma parte dos jovens; ela participa de sua gênese, exercendo sobre eles uma formidável pressão.

Essa pressão está inserida no próprio princípio da escolaridade obrigatória, os professores não a inventam por conta própria. Mas eles se somam a ela, pois instaurar uma certa disciplina é para eles uma condição de sobrevivência profissional, no mínimo tanto quanto uma opção educativa. Nas sociedades tradicionais, a ordem escolar é a tal ponto coerente e esmagadora que ninguém pensaria um segundo sequer em se revoltar, salvo aqueles transviados logo marginalizados ou chamados à ordem. A violência simbólica era tão perfeita que ficava invisível o que, como Bourdieu e Passeron (1970) demonstraram, é o cúmulo da dominação. Esses dispositivos, que excluíam a própria ideia de uma contestação, fraturaram-se, exceto naquelas regiões do mundo onde, nas salas de aula, ainda se ouve "voar uma mosca". A escola não está mais protegida contra "o retorno da paixão", a resistência se faz múltipla, às vezes anômica, às vezes organizada. A escola torna-se o alvo de uma parte da violência dos jovens, aqueles que ela exclui prematuramente ou relega a habilitações sem futuro. Então, às vezes, a instituição é tentada a reestabelecer uma repressão feroz, mas logo se dá conta de que se rompeu o antigo equilíbrio e que o apelo a técnicas de poder, outrora eficazes, agora põe lenha na fogueira.

A escola sabe que agora está condenada a *negociar*, a não usar mais a violência institucional sem se preocupar com as reações. Os professores dos estabelecimentos de alto risco não ignoram isso: hoje em dia, uma punição provoca represálias mais ou menos diretas. Se, para um professor, aplicar uma punição de duas horas retendo o aluno – mesmo que plenamente justificada – tem como preço pneus furados, a escalada da violência não é mais a solução. Importa, portanto, que a escola se torne, segundo a expressão de Ballion (1993), uma "cidade a construir", na qual a ordem não está adquirida no momento em que se entra nela, mas deve ser permanentemente renegociada e conquistada. "Ninguém entra aqui se não respeitar as regras do jogo" gostam de dizer as instituições, reservando-se o direito de excluir os que transgridem esse pacto. Ora, como dizem Meirieu e Guiraud (1997), "excluir os bárbaros" não é uma solução em uma sociedade que os obriga à escolaridade e não pode indefinidamente confiná-los no equivalente escolar dos pavilhões penitenciários de segurança máxima.

Na medida em que a violência escolar está parcialmente ligada à violência urbana, quase não há mais escolas de ensino médio, mesmo nas cidades pequenas, em que seja possível gabar-se de viver sem nenhuma violência. A escola de ensino fundamental parece melhor protegida, devido à idade das crianças, à dispersão dos estabelecimentos no território, ao seu tamanho e por ter um modo de vida menos fragmentado. Aqui e ali, percebem-se fissuras nos quarteirões difíceis, nos subúrbios, nas pequenas cidades em crise. Talvez o ensino fundamental devesse não se sentir ao abrigo por toda a eternidade.

A escola fundamental deveria mostrar-se plenamente solidária com o ensino médio: são os alunos mais jovens do colegial que causam, nas zonas de alto risco, mais inquietudes. Eles saem da escola fundamental, onde a violência ficava contida, disfarçada. Ela é desencadeada logo que a estrutura escolar se torna mais anônima, quando os prédios são maiores, multiplica-se o número de professores, as salas são impessoais, sem qualquer decoração. O ensino médio não deveria, com certeza, subestimar a *ecologia da violência* induzida pelo tratamento burocrático dos espaços de trabalho, das relações e das populações escolarizadas. Em contrapartida, a escola fundamental deveria avaliar que o nicho ecológico que ela constitui não oferece, como tal, uma educação para a cidadania, que ela mesma pode favorecer a violência de crianças jogadas brutalmente em um mundo menos protegido. É preferível aprender a negociar em tempos de paz. Se há uma cidade a construir, isso deve ser feito antes da guerra civil (Meirieu e Guiraud, 1997).

LUTAR CONTRA OS PRECONCEITOS E AS DISCRIMINAÇÕES SEXUAIS, ÉTNICAS E SOCIAIS

O enunciado de tal competência dá a entender que se trata de fornecer uma educação para a tolerância e para o respeito às diferenças de todo gênero. Ainda aqui, uma abordagem didática se imporia: não basta ser individualmente *contra* os preconceitos e as discriminações sexuais, étnicas e sociais. Isso é apenas uma condição necessária para que os propósitos do professor sejam confiáveis. Resta conseguir a adesão dos alunos e, nesse caso, as palavras certas nem sempre fazem milagres, simplesmente porque os preconceitos e as discriminações atravessam os meios sociais e as famílias. Nenhum aluno é uma tábula rasa, neste domínio ainda menos do que no campo dos saberes disciplinares. Há, em cada classe, alunos educados no sexismo ou no racismo, que veiculam estereótipos ouvidos desde a mais tenra infância, e também crianças mais tolerantes pelo fato de sua condição social e de sua família favorecerem essa atitude.

Mais uma vez, a formação passa pelo conjunto do currículo e por uma prática – reflexiva – dos valores a incutir. E, ainda aqui, as intenções de formação confundem-se com as exigências da vida cotidiana. Lutar contra os preconceitos e as discriminações sexuais, étnicas e sociais na escola não é só preparar o futuro, mas é tornar o presente tolerável e, se possível, fecundo. Nenhuma vítima de preconceitos e de discriminações pode aprender com serenidade. Se, ao fazer uma pergunta ou respondê-la, atrair caçoadas, o aluno irá calar-se. Se o trabalho em grupo o expuser a segregações, ele preferirá ficar sozinho em seu canto. Se boas notas suscitarem a agressividade ou a exclusão baseadas em categorias sexuais, confessionais ou étnicas, ele evitará sair-se muito bem. E assim por diante. É, antes de mais nada, para pôr os alunos em condições de aprender que é preciso lutar contra as discriminações e os preconceitos.

Tal atitude demanda uma forma de perspicácia e de vigilância. Os alunos intolerantes, sexistas, racistas sabem bem que sua atitude não é admitida pela maior parte dos professores. Eles agem, então, sub-repticiamente, quando o professor vira as costas, ou fora da sala de aula, a menos que se sintam fortes e tentem impor seu ponto de vista como a norma. Assim, o professor encontra-se diante de condutas individuais dissimuladas, difíceis de combater abertamente, ou diante de um sexismo ou um racismo que se afirmam coletivamente e o desafiam. É compreensível, então, que ele fique tentado a fechar os olhos. Perseguir os preconceitos demanda uma energia inesgotável, muitas vezes com fracos resultados a curto prazo. Os professores dilacerados pelo sexismo ou pelo racismo de seus alunos suspendem o trabalho em andamento para discutir imediatamente incidentes críticos, ou para adiar o tratamento explicitamente para o próximo conselho de classe. Outros professores julgam que "eles têm mais o que fazer", desaprovam frouxamente e avançam no programa...

Os valores e o comprometimento pessoais do professor são decisivos. Eles deveriam ser trabalhados no período da formação, no âmbito de uma ética profissional (Valentin, 1997). Não subestimemos, com semelhante atitude, o peso das *competências,* para enfrentar as situações que revelam uma falta de socialização, de cidadania, de solidariedade em todos ou em parte dos alunos. Quando um professor não encontra as palavras, pressente que não será entendido, teme a ironia dos alunos ou acha que ficou por baixo em um confronto, ele franze as sobrancelhas, *pro forma,* e segue sua aula. Não há receita infalível, mas uma boa preparação permite perceber cada ocasião de auxiliar os alunos a explicitarem e manterem distantes os preconceitos e os mecanismos de segregação que eles fazem funcionar. O professor competente não estará atento só às mais grosseiras infrações, mas ao menosprezo e à indiferença comuns. Quando um rapaz recusa uma tarefa sob o pretexto de ser tarefa "para as moças", o professor não terá necessidade de ouvir mais para intervir. Quando uma criança, no contexto de uma leitura, diz "evidentemente é um árabe", impõe-se uma parada, tendo o professor o sentimento de que não se pode aceitar tais estereótipos e também os meios de improvisar uma explicação e de abrir o debate.

Essa atitude depende de uma concepção da classe e da educação. Os obcecados pelo avanço em um programa nocional jamais tem tempo para ir ao fundo das coisas, pois tem a impressão de estarem atrasados. Algumas vezes por ano, eles têm a "consciência limpa", mas sabem que, no fundo, só um trabalho rigoroso, que não deixa passar nada, pode ter efeitos educativos. Ora, esse trabalho não pode ser feito em alguns minutos roubados ao programa. Ele faz parte do programa!

Isso significa que o professor deve estar intimamente convencido de que não se afasta do essencial quando ataca os preconceitos e as discriminações observados ou referidos em aula. Não só porque crê na missão educativa da escola, mas porque sabe que uma cultura geral que não se permite manter distantes esses fenômenos não tem absolutamente nenhum valor. Se um jovem sai de uma escola obrigatória persuadido de que as moças, os negros ou os muçulmanos são categorias inferiores, pouco importa que saiba gramática, álgebra ou uma língua estrangeira. A escola terá falhado drasticamente, porque nenhum dos professores que pôde intervir em diversos estágios do curso terá considerado que isso era prioritário...

A razão e o debate (Perrenoud, 1998k), o respeito à expressão e ao pensamento do outro são questões bem mais importantes do que este ou aquele capítulo de qualquer disciplina. Ainda é preciso dar-se conta disso. No ensino, como em outros ofícios, a *lucidez* é uma competência básica, quando se trata – não se podendo fazer tudo – de determinar as questões principais.

PARTICIPAR DA CRIAÇÃO DE REGRAS DA VIDA COMUM REFERENTES À DISCIPLINA NA ESCOLA, ÀS SANÇÕES E À APRECIAÇÃO DA CONDUTA

As competências de *gestão de classe* são entendidas ordinariamente em termos de organização do tempo, do espaço e das atividades. Também se estendem à instauração de valores, de atitudes e de relações sociais que possibilitam o trabalho intelectual. A necessidade de instauração da Lei e a reafirmação do interdito da violência ultrapassa os detalhes da vida coletiva. Da *Lei* não derivam todas as regras: resta fazer um importante trabalho normativo para organizar a coexistência em sala de aula e as atividades de ensino e de aprendizagem.

Na escola, as *regras,* por muito tempo, foram impostas de cima, com sanções ao final. A *disciplina* – fundamento histórico *das* disciplinas – está no princípio da escola como das ordens monásticas e outras instituições regidas por uma autoridade não compartilhada. Durante muito tempo, somente alguns pedagogos visionários, precursores ou fundadores da escola nova, ousaram imaginar que era possível *negociar as regras com os alunos.* Essa utopia espalhou-se para as diversas correntes da escola ativa. A pedagogia institucional, retomando as ideias de Freinet, defendeu acaloradamente as *instituições internas,* instaladas de maneira pactuada, na classe e na instituição de ensino, no âmbito de uma autonomia concedida pelo sistema ou conquistada através de árdua luta (Oury e Vasquez, 1971; Vasquez e Oury, 1973).O *conselho de classe* é a mais célebre delas.

Contrariamente ao que se imagina, às vezes, a negociação não conduz de modo algum ao laxismo. Quando as regras são adotadas pelo grupo, elas se impõem a todos, e cada um se torna o avalista de sua execução. No momento em que os alunos se aliam para evitar as regras que lhes são impostas de maneira unilateral, tornam-se solidários para fazer respeitar as que eles contribuíram para definir. Os que se desviam são tratados sem mansidão.

A adesão à pedagogia institucional ou até à pedagogia Freinet continua a ser um engajamento ideológico forte que, frequentemente, acompanha uma formação *militante,* no âmbito de um movimento pedagógico. Não se pode esperar semelhante comprometimento da maior parte dos professores. Aqueles que aderem de maneira menos politizada ao princípio da negociação das regras apóiam-se, com certeza, em valores democráticos, mas sem reflexão aprofundada sobre o poder nem revolta radical contra as relações de dominação na sociedade e na escola. Os militantes radicais geralmente zombam das versões suavizadas de suas convicções, mas, caso se queira que a escola evolua, é bom que se adote tudo o que vai ao encontro da negociação das regras, mesmo que subsista uma dose de ingenuidade, de "consciência limpa", até mesmo de cegueira na parcela de manipulação que subsiste em toda pedagogia.

O professor aberto a negociações não abandona nem seu *status,* nem suas responsabilidades de adulto e de mestre. Não instaura a autogestão, mas antes, para dizê-lo com uma pitada de provocação, o equivalente de uma "monarquia constitucional" constantemente reversível:

- o professor faz tudo o que pode para que o grupo assuma, *de maneira responsável,* uma parte da definição das regras e das decisões coletivas;
- se o grupo não "entra no jogo", ele retoma cedo ou tarde o poder que a instituição delegou-lhe e serve-se dele de maneira tradicional, às vezes com a morte na alma.

Pode-se avaliar a ambiguidade fundamental da situação. Na escola pública, isso dificilmente é inevitável, na medida em que uma classe não é uma ilha, nem o professor um artesão que trabalha por conta própria, único senhor a bordo. A competência fundamental de um professor partidário do acordo é, indubitavelmente, a de viver essa ambiguidade com relativa *serenidade,* dominando sua angústia, sob pena de voltar, ao menor sinal de alarme, a uma autoridade unilateral, sem se responsabilizar por todas as contradições do sistema, nem esperar que elas sejam magicamente desatadas.

O professor negociará ainda melhor quando souber como agir e considerar que isso faz parte de seu ofício, que nada é evidente em seu espírito, que ele julga *normal* reconstruir constantemente as condições do trabalho escolar e da aprendizagem, a começar pela adesão ativa dos alunos ao projeto de instruí-los e às regras da vida comum.

A gestão dos tempos e dos espaços de formação, a busca de um equilíbrio frágil entre procedimentos de projeto e atividades estruturadas, entre tempos de funcionamento e tempos de regulação, entre trabalho autônomo e atividades cooperativas, constituem a arte da *gestão de classe,* que une o sentido da organização com a capacidade de determinar, sustentar, colocar em sinergia dinâmicas individuais e coletivas. Atualmente, essas competências não são bem identificadas, paradoxalmente, senão no âmbito das pedagogias tradicionais. No momento em que alguém se distancia delas, abre-se um vasto campo, no qual se encontram mais perguntas do que respostas, mais experiências interessantes do que instrumentos infalíveis...

ANALISAR A RELAÇÃO PEDAGÓGICA, A AUTORIDADE E A COMUNICAÇÃO EM AULA

Saber analisar as relações intersubjetivas é uma dimensão importante da prática reflexiva. Toda abordagem psicanalítica, didática ou psicossociológica da classe sugere que os agentes, inclusive os adultos, não sabem exatamente o que fazem. O *vínculo educativo* (Cifali, 1994) é muito complexo, pois mobiliza demasiadas camadas de sua personalidade para que o professor domine racionalmente o todo da relação que constrói com seus alunos. Sedução, chantagem afetiva, sadismo, amor e ódio, gosto pelo poder, vontade de agradar, narcisismo, medos e angústias jamais estão ausentes na relação pedagógica. A primeira competência de um professor é aceitar essa complexidade, reconhecer os *implícitos* do ofício (Perrenoud, 1996c, Capítulo 3), as zonas de sombra, a dificuldade de saber exatamente em que motivos e em que história pessoal se ancora seu desejo de ensinar. Em *Frankenstein pédagogue,* Meirieu (1996) mostra que a tentação demiúrgica aflora na relação pedagógica mais racional. Pode-se tentar proteger-se dela, estabelecendo com todos os alunos relações muito formais, frias e distantes:

"Não estou aqui para gostar de vocês e não lhes peço que gostem de mim. Temos um contrato de trabalho a respeitar, nada mais".

Infelizmente, no plano pedagógico, paga-se caro por essa atitude descompromissada. A maior parte dos alunos tem necessidade de ser reconhecida e valorizada como pessoa única. Os alunos não querem ser um número em uma sala de aula que tem um número. É por isso que o ensino eficaz é um trabalho de alto risco, que exige que as pessoas se envolvam sem abusar de seu poder. Os abusos que vêm logo à mente chamam-se brutalidade ou pedofilia. Sem desconsiderar tais fenômenos, menos raros do que se poderia crer, é importante não esquecer os "pequenos abusos de poder", os "pequenos deslizes". Palavras ofensivas, ingerência indevida no trabalho pessoal, perguntas indiscretas, julgamento global sobre uma pessoa ou sua família, prognóstico de reprovação, punições coletivas são violências menores. Não é assim tão grave, talvez se diga, em comparação com os sádicos e os doentes que dependem da máquina judiciária. No entanto, as violências cotidianas no exercício banal do ofício deveriam preocupar-nos. Elas revelam, às vezes, desequilíbrios da personalidade, mas com frequência uma falta de conscientização do que se exige, diz, faz ou permite que seja ouvido em aula. O desconhecimento e a "consciência limpa" fazem mais desgastes do que o sadismo reconhecido. Nenhum professor pode renunciar inteiramente à sedução, à atração, a uma certa forma de manipulação. Ele necessita desses recursos para fazer seu trabalho. Sua competência é saber o que faz, o que supõe idealmente um trabalho regular de desenvolvimento pessoal e de análise das práticas.

DESENVOLVER O SENSO DE RESPONSABILIDADE, A SOLIDARIEDADE E O SENTIMENTO DE JUSTIÇA

É justo deslocar-se livremente durante determinada atividade e ter que pedir permissão em outra? É justo que um aluno seja ajudado, e um outro abandonado a si mesmo? É justo propor uma atividade que interesse a uns e desagrade aos outros? É justo confiar em uns e fiscalizar os outros de perto?

Um professor faz justiça. Justiça distributiva e comutativa quando decide recompensas e privilégios; justiça procedimental quando "instrui" questões litigiosas; justiça reparadora quando reestabelece cada um em seu direito. Ora, a justiça não é uma questão objetiva, uma vez que procede de uma construção da realidade que é objeto de controvérsias e de sentimentos (Kellerhals, Perrenoud e Modak, 1997).

Fazer justiça requer não só probidade, mas também competências precisas, aquelas que se esperava de Salomão, aquelas que permitem comparar grandezas incomensuráveis (Boltanski e Thevenot, 1987). Derouet (1992) estudou esses problemas no nível do sistema e dos estabelecimentos. Eles surgem também em todas as classes, e o professor trabalha com os meios de que dispõe entre diversos *princípios de justiça* e a preocupação com as consequências de qualquer decisão: uma opção justa nem sempre é eficaz...

A solidariedade e o senso de responsabilidade são estreitamente dependentes do sentimento de justiça. Não se pode ser solidário com aqueles que se julga infinitamente privilegiados e mobilizar-se em seu favor quando sua sorte muda. Ainda aqui, os princípios de formação disputam com as lógicas de ação. Até um professor indiferente ao desenvolvimento do sentimento de justiça fora da escola não pode ignorá-lo *hic et nunc,* porque seu trabalho cotidiano depende disso. Quando se pergunta aos alunos do mundo inteiro o que eles esperam dos professores, eles dizem *grosso modo:* um certo calor e o senso de justiça. O *preferido* do professor (Jubin, 1991) é uma figura abominada pelo universo escolar.

Além de uma orientação ideológica estável, o professor deve dominar "técnicas de justiça" globalmente aceitas, sabendo que haverá aqui ou ali uma nota em falso, mas que, no conjunto, seus alunos reconhecerão que *ele faz o melhor que pode.* A pedagogia institucional propõe fazer do grupo-aula uma instância de justiça, mais do que confiar somente na sabedoria do professor. O que supõe uma explicitação pactuada dos direitos e deveres dos alunos (Perrenoud, 1994d), bem como dos professores, e um esclarecimento dos procedimentos de justiça da classe e do estabelecimento.

DILEMAS E COMPETÊNCIAS

É preciso destacar que violência, preconceitos, abusos de poder, injustiças, tudo isso faz sentido. As competências distinguidas para a clareza da análise fazem parte de um conjunto coerente.

Ora, é justamente a coerência que falta nos sistemas educacionais! Nossa sociedade convida os professores a sentarem na tampa de uma panela em plena ebulição. O que joga os mais lúcidos em um duplo dilema: isso é legítimo? É realista?

Ainda que tenham sido por muito tempo portadores dos mais representativos valores de sua sociedade, os professores duvidam hoje de seu direito. Valorizar o trabalho em uma sociedade que se habitua a conviver com 10% de desempregados é uma boa ação? Em uma caricatura recente, jovens perguntavam-se se a escola, mais do que prepará-los para os exames, não deveria formá-los para o "inquérito", a fórmula que se usa no direito francês para designar a abertura de uma instrução judicial... É verdade que inúmeros jovens terão de enfrentar condições bastante precárias, feitas de pequenos trabalhos e de truques. Um analista lúcido do futuro provável de certos efetivos escolares poderia concluir que incutir o respeito escrupuloso à lei é menos útil do que desenvolver a arte de não ser pego quando se vive de expedientes. Há, atualmente, uma dúvida – pelo menos em certos setores da escolaridade – sobre a correspondência entre os valores que supostamente o ensino transmite e aquilo de que os jovens realmente necessitarão. Pode-se apostar sempre no advento imediato de uma sociedade ideal, mas o futuro radioso falhou, a ingenuidade torna-se insustentável. Ou, mais exatamente, é desigualmente repartida: enquanto uma parte não negligenciável dos professores do ensino fundamental e médio dos cursos de longa duração podem estabelecer-se em um certo angelismo, os professores que enfrentam públicos difíceis e habilitações desvalorizadas têm dificuldade de defender em sã consciência valores que correspondem ao mundo com que sonham, mas não àquele no qual seus alunos vivem, isso a despeito da militância daqueles que escolheram trabalhar "onde a sociedade se desfaz", segundo a expressão de Pierre Lascoumes a propósito do trabalho social.

Por outro lado, isso é realista? Em uma sociedade voltada para o individualismo, como não se sentir um pouco ridículo e, sobretudo, um pouco só, no momento de defender grandes princípios?

Somente professores isolados em uma zona muito protegida, tendo decidido não refletir sobre todas essas questões, ou animados por uma fé ingênua, podem julgar que o caminho está todo traçado. Para os outros, há mais dilemas e incertezas do que respostas. Se nossas sociedades falam tanto de educação para a cidadania é porque mais nada é evidente. A competência dos professores é tomar consciência lúcida dessa situação e assumir suas responsabilidades sem ultrapassar seu mandato. Pode-se desejar-lhes retidão, coragem, otimismo e mil outras qualidades. Sem esquecer que *competências* de análise, de descentralização, de comunicação, de negociação são também indispensáveis para navegar, dia após dia, nas contradições de nossos sistemas sociais.

10
ADMINISTRAR SUA PRÓPRIA FORMAÇÃO CONTÍNUA

Saber administrar sua própria formação contínua poderia ser útil, todos concordarão com isso. Por que fazer disso uma das 10 competências profissionais a desenvolver com prioridade? Porque ela condiciona a atualização e o desenvolvimento de todas as outras.

Uma vez construída, nenhuma competência permanece adquirida por simples inércia. Deve, no mínimo, ser *conservada* por seu exercício regular. O lema do jornal *Canard Enchaîné* proclama há décadas que "a liberdade só se gasta se não for usada". As competências são da mesma família. Não são pedras preciosas que se guardam em um cofre onde permaneceriam intactas, à espera do dia em que se precisasse delas. Organizar e dirigir situações de aprendizagem, administrar a progressão das aprendizagens, conceber e fazer evoluir dispositivos de diferenciação, envolver os alunos em sua aprendizagem e em seu trabalho, trabalhar em equipe, participar da administração da escola, informar e envolver os pais, utilizar tecnologias novas, enfrentar os deveres e os dilemas éticos da profissão: todas essas competências conservam-se graças a um exercício constante. Certamente, após um período sem prática, como no caso da natação ou da bicicleta, elas "voltam". No entanto, uma competência que supõe uma nova aprendizagem não está disponível para dar conta das situações presentes, não passa de uma promessa de competência. O tempo levado para (re)construí-la será, com frequência, demasiado longo. A formação contínua conserva certas competências relegadas ao abandono por causa das circunstâncias.

O exercício e o treino poderiam bastar para manter competências essenciais se a escola fosse um mundo estável. Ora, exerce-se o ofício em contextos inéditos, diante de públicos que mudam, em referência a programas repensados, supostamente baseados em novos conhecimentos, até mesmo em novas abordagens e novos paradigmas. Daí a necessidade de uma formação contínua, que em italiano se chama *aggiornamento*, o que ressalta o fato de que os recursos cognitivos mobilizados pelas competências devem ser *atualizados*, adaptados a condições de trabalho em evolução.

Sob certos aspectos, a escola pode parecer imóvel: um professor, alunos, carteiras, um quadro-negro. Às blusas cinzentas sucederam os *jeans*, aos tamancos, os tênis; há um computador no canto da sala de aula, mas isso pode parecer secundário em relação à permanência de um grupo-classe, de uma relação pedagógica, de uma grade horária, de programas, de lições, de exercícios escolares, de provas, de boletins.

Ora, sob as aparências da continuidade, as práticas pedagógicas mudam lenta, mas profundamente. Ao longo das décadas, elas:

- são baseadas em objetivos de nível taxonômico cada vez mais elevado, por exemplo, aprender a aprender, a raciocinar, a comunicar;
- visam cada vez mais frequentemente a construir competências, para além dos conhecimentos que mobilizam;
- recorrem mais aos métodos ativos e aos princípios da escola nova, às pedagogias alicerçadas no projeto, no contrato, na cooperação;
- exigem uma disciplina menos estrita, deixam mais liberdade aos alunos;
- manifestam maior respeito pelo aluno, por sua lógica, seus ritmos, suas necessidades, seus direitos;
- vinculam-se mais ao desenvolvimento da pessoa, um pouco menos à sua adaptação à sociedade;
- centram-se mais naquele que aprende, suas representações iniciais e sua maneira de aprender;
- concebem progressivamente o ensino como a organização de situações de aprendizagem, ao invés de uma sucessão de lições;
- concedem mais espaço às tarefas abertas, ao trabalho por situações--problema, aos procedimentos de projeto;
- valorizam a cooperação entre alunos e propõem-lhes atividades que exigem uma forma de partilha, uma divisão de trabalho, uma negociação;
- direcionam-se a um planejamento didático mais flexível, negociado com os alunos, suscetível de integrar ocasiões e aportes imprevisíveis;
- englobam uma avaliação mais normativa, mais criteriosa e formativa;
- são mais sensíveis à pluralidade das culturas, menos etnocêntricas, mais tolerantes com as diferenças, mais preocupadas em organizar sua convivência em aula do que conduzi-las a uma norma;
- consideram cada vez menos a reprovação escolar como uma fatalidade e evoluem no sentido do apoio pedagógico e da diferenciação do ensino como discriminação positiva contínua e preventiva;

- tomam a seu cargo, nas classes comuns, em nome da integração, os alunos outrora colocados em classes especiais devido a patologias ou deficiências julgadas incompatíveis com uma escolaridade normal;
- tendem a romper o grupo-classe estável como única estrutura de trabalho, a compor grupos por necessidades, por projetos, por níveis e a organizar-se na escala de ciclos de aprendizagem plurianuais;
- interagem cada vez mais com outros profissionais, inseridos em uma cooperação profissional regular, até mesmo com uma verdadeira equipe pedagógica;
- estão cada vez mais enquadradas ou dirigidas ao nível da instituição, que se torna um ator coletivo e conduz um projeto ou uma política;
- articulam-se mais facilmente com as práticas educativas dos pais, por meio de um diálogo mais equilibrado entre as famílias e a escola;
- tomam-se mais dependentes das tecnologias audiovisuais e informáticas e utilizam-nas mais;
- dão mais espaço à ação, à observação, à experimentação;
- tendem a tornar-se reflexivas, sujeitas a uma avaliação e a um questionamento periódico;
- atribuem maior importância à pesquisa, a saberes estabelecidos fora de uma experiência prática, através de outros métodos;
- são socialmente menos valorizadas, portanto, menos protegidas da crítica porque são acessíveis às pessoas instruídas, mais numerosas;
- estão em vias de profissionalização, fundamentam-se em uma autonomia mais forte, associada a responsabilidades mais amplas e mais claras;
- são remetidas para o ofício cada vez com maior frequência e mais explicitamente, ao sabor das reformas de estruturas, de programas, de modos de gestão do currículo.

A constatação pode parecer um pouco otimista. É verdade que as práticas pedagógicas não são unificadas de acordo com nenhuma dessas dimensões e que coexistem, no mesmo sistema, às vezes no mesmo estabelecimento, práticas extremamente diversas, umas à frente de seu tempo, outras dignas de museu. A mudança apenas desloca o leque, sem reduzí-lo, mas não é a "prática média" que permite caracterizar a situação de um ofício? Com certeza, hoje o professor médio não mantém mais com seus alunos e seus pais um diálogo de sonho, não organiza situações de aprendizagem originadas em pesquisas de ponta em didática, não esclarece seus objetivos tanto quanto se poderia desejar, não realiza uma avaliação formativa e uma pedagogia diferenciada tão consequentes e convincentes como aquelas que os especialistas preconizam, não manipula dispositivos multietários tão agilmente quanto se poderia desejar, não presta contas de sua prática ou não coopera sem ambivalências com seus colegas. Em face dos desafios atuais, poderiam ser esperadas evoluções mais rápidas. O que não autoriza a negação de um movimento progressivo em todas essas linhas.

Ele demanda uma renovação, um desenvolvimento de competências adquiridas em formação inicial e, às vezes, a construção, senão de competências inteiramente novas, pelo menos de competências que se tornam necessárias na maior parte das instituições, ao passo que eram requeridas excepcionalmente no passado. Integrar durante o ano um aluno que vem de outro continente, não fala nenhuma língua conhecida do professor e, às vezes, vai à escola pela primeira vez na vida, isso não é mais uma experiência excepcional, assim como receber em aula uma dessas crianças ditas "diferentes".

A formação contínua acompanha também transformações identitárias. Sua própria institucionalização, ainda recente e frágil, é o primeiro sinal disso. Certamente, o aperfeiçoamento não é uma invenção que date de hoje. Ele se limitou, por muito tempo, ao domínio das técnicas artesanais ou à familiarização com novos programas, novos métodos e novos meios de ensino. Atualmente, todas as dimensões da formação inicial são retomadas e desenvolvidas em formação contínua. Alguns paradigmas novos aí se desenvolvem antes de serem integrados à formação inicial.

Portanto, saber administrar sua formação contínua, hoje, é administrar bem mais do que saber escolher com discernimento entre diversos cursos em um catálogo... O referencial genebrino aqui adotado distingue cinco componentes principais dessa competência:

- Saber explicitar as próprias práticas.
- Estabelecer seu próprio balanço de competências e seu programa pessoal de formação contínua.
- Negociar um projeto de formação comum com os colegas (equipe, escola, rede).
- Envolver-se em tarefas em escala de uma ordem de ensino ou do sistema educativo.
- Acolher a formação dos colegas e participar dela.

Retomemos esses componentes separadamente.

SABER EXPLICITAR AS PRÓPRIAS PRÁTICAS

Há 10 anos, a relação entre formação contínua e explicitação das práticas não era evidente. Aliás, não se falava ainda de explicitação no sentido preciso desenvolvido por Vermersch (1994). Até mesmo a análise de práticas, expressão mais antiga em formação de adultos, não era muito conhecida no campo da formação dos professores (Perrenoud, 1996j, 1998g, o).

Desde seu surgimento, a formação contínua dos professores *refere-se* às práticas profissionais, mas faz pouco tempo que ela *parte* regularmente das práticas em vigor, para fazê-las mudarem, graças a um desvio reflexivo. Essa evolução não está acabada, e alguns formadores permanecem em uma relação normativo-prescritiva com as práticas: ignoram o que fazem realmente, em classe, os professores que eles formam. Alguns até se organizam para não sabê-lo, o que facilita significativamente seu trabalho, dispensando-os de se ocuparem da distância entre o que eles propõem e as práticas reais dos professores.

Contra essa tradição, assistiu-se a um duplo movimento:

- a oferta progressiva, em formação inicial ou contínua, de sessões intensivas ou de seminários de análise e explicitação das práticas, no âmbito dos grupos de trocas entre professores em exercício, ou em dispositivos mais sofisticados, que apelam, por exemplo, para a escrita profissional (Cifali, 1994, 1995, 1996) ou para a videoformação (Faingold, 1996; Mottet, 1997; Paquay e Wagner, 1996);
- a evolução das formações tecnológicas, didáticas ou transversais para uma consideração das expectativas, das representações prévias e das práticas dos formados.

Pode-se, então, julgar que os professores capazes de explicitar e de analisar suas práticas tirarão melhor partido dessas novas modalidades de formação contínua. Isso deve, todavia, continuar sendo um benefício secundário. Seria, no mínimo, paradoxal pedir aos professores que soubessem explicitar suas práticas justamente para estarem melhor adaptados aos novos procedimentos de formação contínua. Ou, mais exatamente, isso significaria que a formação contínua escolarizou-se muito e espera dos professores que a frequentam o domínio do "ofício de formado", como se espera das crianças e dos adolescentes, para que a classe funcione, o domínio do ofício de aluno...

Se os professores têm interesse em saber analisar e explicitar suas práticas, não é, de início, para desempenhar seu papel nos dispositivos de formação contínua. Essa competência é, na realidade, a base de uma *autoformação*:

- formar-se não é – como uma visão burocrática poderia, às vezes, fazer crer – fazer cursos (mesmo ativamente); é aprender, é mudar, a partir de diversos procedimentos pessoais e coletivos de autoformação;
- entre esses procedimentos, podem-se mencionar a leitura, a experimentação, a inovação, o trabalho em equipe, a participação em um projeto de instituição, a reflexão pessoal regular, a redação de um jornal ou a simples discussão com os colegas;

- sabe-se cada vez mais claramente que o mecanismo fundamental depende do que se chama agora com Schön (1994, 1996) de *prática reflexiva* (Perrenoud, 1998g).

Reflexivo: o adjetivo presta-se à confusão. Toda prática é reflexiva, no duplo sentido em que seu autor reflete para agir e estabelece *a posteriori* uma relação reflexiva com a ação realizada. Uma parte de nossa vida mental consiste em pensar no que vamos fazer, no que fazemos, no que fizemos. Todo ser humano é um prático reflexivo. Insiste-se nisso para convidar a uma reflexão mais *metódica* que não seja movida apenas por suas motivações habituais – angústia, preocupação de antecipar, resistência do real, regulação ou justificativa da ação –, mas por uma vontade de aprender *metodicamente* com a experiência e de transformar sua prática a cada ano.

Em todos os casos, a prática reflexiva é uma fonte de aprendizagem e de regulação. A diferença é que nossa maior inclinação é pôr esses mecanismos a serviço de uma adaptação às circunstâncias, de um aumento de conforto e de segurança, ao passo que o exercício metódico de uma prática reflexiva poderia tornar-se uma alavanca essencial de autoformação e de inovação e, por conseguinte, de construção de novas competências e de novas práticas.

Saber analisar e explicitar sua prática permite o exercício de uma *lucidez profissional* que jamais é total e definitiva, pela simples razão de que também temos necessidade, para permanecermos vivos, de nos contar histórias. Uma prática reflexiva não se fundamenta só em um saber-analisar (Altet, 1994, 1996), mas em uma forma de "sabedoria" que permite encontrar seu caminho entre a autossatisfação conservadora e a autodifamação destruidora...

Resta aprender a analisar, a explicitar, a tomar consciência do que se faz. Participar de um grupo de análise das práticas constitui uma forma de *treinamento*, a qual permite interiorizar posturas, procedimentos, questionamentos, que se poderão transferir no dia em que nos encontrarmos sós em nossa classe, ou melhor, ativos em uma equipe ou um grupo de trocas. Há outras abordagens, por exemplo, a iniciação às discussões de explicitação (Vermersch, 1996; Vermersch e Maurel, 1997) ou outras técnicas, desenvolvidas em ergonomia, em psicologia do trabalho ou em outros domínios. Clot, por exemplo, retomou e desenvolveu a chamada técnica de *instrução ao sósia* criada por Oddone (1981) na Fiat. Eis o que ele diz a um funcionário: "Imagine que eu seja seu sósia e que amanhã precise substituí-lo no trabalho. Que instruções gostaria de me transmitir para que ninguém percebesse a substituição?" (Clot, 1995, p. 180). Vê-se de imediato que isso favorece uma *elaboração* e uma *formalização* da experiência profissional (Werthe, 1997). Os trabalhos de St-Arnaud (1992, 1995) abrem outras pistas de formação.

O exercício da lucidez profissional não é necessariamente um "prazer solitário". Nenhuma cooperação digna desse nome pode desenvolver-se se os professores não sabem ou não ousam descrever, explicar e justificar o que fazem. Eles se limitam, então, a trocar ideias. As equipes pedagógicas que progridem criaram o clima de confiança necessário para que cada um conte fragmentos de sua prática, sem temer ser imediatamente julgado e condenado.

Pode ser também que a capacidade de explicitar sua prática esteja na base de uma evolução para outras maneiras de *relatar*. Defendi uma *obrigação de competências,* distinta da obrigação de resultados ou de processo (Perrenoud, 1996d, e, f, g, 1997e). A profissionalização do ofício de ensinar passa por aí: saber demonstrar a um interlocutor que as situações problemáticas foram analisadas e que não se fizeram milagres, mas o que outros profissionais competentes teriam feito, ou pelo menos considerado, diante dos mesmos alunos e nas mesmas circunstâncias. O pedagogos ou terapeutas são obrigados a ter êxito, mas devem poder prestar contas de tentativas variadas e metódicas de delimitar os problemas, estabelecer diagnóstico, construir estratégias e superar obstáculos. Nessa abordagem, a capacidade de prestar contas não é a do contador, que alinha cifras, mas do especialista que descreve e comenta sua prática com um outro profissional, capaz de julgar as competências profissionais em jogo e de reportar a um *feedback* formativo.

ESTABELECER SEU PRÓPRIO BALANÇO DE COMPETÊNCIAS E SEU PROGRAMA PESSOAL DE FORMAÇÃO CONTÍNUA

A fórmula faz pensar em "gerenciamento moderno". Imagina-se um professor sentando-se para fazer seu balanço de competências do mesmo modo que se preenche a declaração de impostos e que se elabora um programa de formação como um plano de poupança-habitação.

As coisas poderiam acontecer de maneira mais fluida, contínua, "natural". O exercício da lucidez profissional leva a diversos tipos de conclusões:

- Às vezes, os objetivos não são alcançados porque se procedeu mal, porque certos parâmetros foram esquecidos, suprimiu-se a verificação de certas hipóteses, subestimaram-se certos obstáculos, avaliou-se mal o tempo requerido ou o nível dos alunos. Esses fracassos relativos certamente apontam para competências a melhorar, mas a prática reflexiva permite, *por si só,* consolidar estratégias ou desenvolver métodos que, na próxima vez, evitarão o mesmo desapontamento. Indubitavelmente há aprendizagem, mas ela depende, de alguma maneira, da própria reflexão e das regulações que produz.
- Às vezes, a análise leva à constatação de que há coisas que não se sabe fazer e que não se pode aprender a fazer simplesmente refletindo

sobre elas e treinando-se. Com o tempo, certamente pode acontecer de alguém obstinado e lúcido suficiente aprender qualquer coisa, por tentativa e erro, somente graças à sua experiência. Isso é ainda mais fácil porque a vida proporciona repetidas ocasiões de fazer progressos. Porém, alguns incidentes críticos acontecem muito raramente para que o desenvolvimento de competências se faça pelo simples registro do erro. Assim, receber um aluno imigrado ou enfrentar a violência em aula não é necessariamente o pão de cada dia de todo professor. Isso acontece de vez em quando, mas, nesse momento, ele não tem direito ao erro. É um dos paradoxos das competências: as mais elevadas permitem enfrentar situações de crise que, por definição, salvo em alguns ofícios – urgências, tratamentos intensivos, por exemplo – não acontecem todos os dias. Ser competente é estar pronto para enfrentar essas crises, no momento em que elas sobrevêm, em geral de improviso, pois exigem uma reação tão imediata quanto adequada. Os diretores devem, assim como os professores, saber agir em uma situação de crise que rompe subitamente com um trabalho de rotina. Não é fácil manter competências de ponta que não podem ser exercidas senão de maneira episódica. (Perrenoud, 1998h)

As práticas mais regulares permitem ajustes mais frequentes, mas uma prática reflexiva banal nem sempre basta para descobrir a imposição de uma mudança de paradigma. Pode-se refletir toda a vida sobre as provas escolares, sua formulação, sua correção, seus gabaritos, sem por isso descobrir o princípio básico de uma avaliação formativa. Podem-se fazer indagações sobre as atividades didáticas propostas, sem que se reconstrua sozinho as noções de contrato didático, de retorno, de objetivo-obstáculo ou de relação ao saber.

St-Arnaud (1992) demonstra que a existência de um anel de regulação metódica a partir da reflexão sobre a ação aumenta rapidamente a eficiência profissional dos professores iniciantes, mas demonstra também que tal efeito diminui à medida que este se torna mais experiente. Para "ultrapassar o limite", é preciso alguma espécie de salto qualitativo que passe pela construção de novos modelos de ação pedagógica e didática, por conseguinte, por um trabalho de autoformação que apele para *aportes externos*.

Desse modo, a lucidez profissional consiste em saber igualmente quando se pode progredir pelos meios que a situação oferece (individualmente ou em grupo) e quando é mais econômico e rápido apelar para novos recursos de autoformação: leitura, consulta, acompanhamento de projeto, supervisão, pesquisa-ação ou aportes estruturados de formadores, suscetíveis de propor novos saberes e novos dispositivos de ensino-aprendizagem. Isso não significa que os professores adotarão, sem outra forma de processo, os modelos que lhe são propostos. Irão, antes, *adaptá-los*, até mesmo construir outra coisa, porém a formação lhes terá permitido parar de fazer "mais a mesma coisa", operar uma ruptura, recuar, imaginar maneiras totalmente diferentes de apreender para os problemas. Pode-se lastimar que os formadores se empenhem muito frequentemente no convencimento de uma ortodoxia, quando seu aporte principal é alimentar um processo de autoformação, enriquecer e instrumentar uma prática reflexiva através do modelo: "Mais vale ensinar a pescar do que dar um peixe".

Quando ela não é obrigatória, muitos professores escapam completamente da formação contínua. Alguns deles formam-se como autodidatas, prescindem da formação contínua institucional, sem que suas competências cessem de se desenvolver. Outros, que infelizmente representam mais do que uma margem, vivem com os conhecimentos de sua formação inicial e de sua experiência pessoal. A urgência seria fazê-los *entrar* no circuito da formação contínua, se possível por vias que não reforcem imediatamente a ideia de que eles nada tem a esperar dela...

Para outros, que escolhem mais regularmente formar-se, a capacidade de se orientar frente às ofertas de formação torna-se mais decisiva. Os serviços de formação contínua propõem catálogos cada vez mais ricos em cursos, seminários e outros dispositivos. Ora, quando não é fortemente constrangido pela introdução de um novo programa ou por uma reforma de estruturas, não se sabe muito bem o que preside a escolha do professor. Sem dúvida, é preciso determinar a parte que compete aos modismos: gestão mental, projeto pessoal do aluno, metacognição, avaliação formativa, trabalho por objetivos, pedagogia diferenciada, procedimentos de projeto, conselho de classe, educação para a cidadania, ou uso da internet em aula; outros tantos temas que conhecem seu momento de glória, mas viverão em seguida uma fase de declínio. Acontece o mesmo com temas próprios de cada disciplina escolar.

Pode-se adiantar a hipótese de que uma parte dessas escolhas expressa uma vontade de manter-se a par dos progressos "em moda", mais do que uma estratégia de autoformação fundada sobre uma análise acurada dos limites encontrados em classe. Pode-se ser importante, instruído e inteligente sem saber exatamente do que se necessita. Os especialistas da medicina e da dietética detém conhecimentos e tem instrumentos de diagnóstico que vão além das intuições do senso comum, e nós nos remetemos a eles para saber o que falta ao nosso equilíbrio fisiológico. No campo do trabalho, os balanços de competências são feitos por *centrais de balanços,* que auxiliam, por exemplo, os desempregados ou as pessoas à procura de uma reconversão profissional a construírem um projeto de formação.

Sem excluir tal abordagem, desejemos que ela permaneça uma via de recurso e que cada um saiba cada vez melhor apontar suas próprias falhas e traduzir a distância entre o que faz e o que gostaria de fazer em um *projeto de formação.* Por que colocar-se na dependência de especialistas em diagnóstico se cada indivíduo pode tornar-se ele mesmo um especialista? A multiplicação das reconversões profissionais e dos processos de validação de conhecimentos experienciais amplia gradualmente o círculo dos profissionais capazes de auto-avaliarem suas competências.

A propósito disso, fala-se habitualmente de autoavaliação. Parece-me que a ideia de balanço de competências tem conotações menos negativas. Deveria ser, antes de mais nada, uma prática voluntária no âmbito da autonomia de um profissional. Todavia, pode-se pensar que a instituição escolar, em busca de novas maneiras de pedir e de prestar contas, "convide" progressivamente os professores a proporem um balanço de competências e um projeto de formação. Melhor seria que essa exigência fosse ao encontro de uma prática espontânea, sem o que ela será vivida como um trote burocrático.

NEGOCIAR UM PROJETO DE FORMAÇÃO COMUM COM OS COLEGAS (EQUIPE, ESCOLA, REDE)

Observa-se por toda parte a tendência de deslocar a formação para estabelecimentos, eventualmente equipes ou redes. Analisei em outro texto as incidências dessa evolução sobre as práticas de formação contínua e as competências de formação (Perrenoud, 1996k). Aqui se trata da demanda. A ideia é simples, mas sua operacionalização, nem tanto. Quando há um coletivo forte em nível de instituição, com um andamento de projeto, é relativamente fácil definir necessidades de formação conectadas ao projeto comum. O mesmo acontece em uma equipe inovadora. Infelizmente, tais condições estão longe de serem preenchidas em toda parte.

Em inúmeros estabelecimentos em que a cooperação profissional é incipiente, é justamente em torno da formação contínua que ela pode *começar*. A gênese de um projeto de formação não pode, então, apoiar-se em hábitos de trabalho conjuntamente já construídos. É preciso que *alguém* tome a iniciativa e consiga convencer seus colegas de que seria interessante formular um projeto de formação comum no âmbito da instituição.

Ele se choca inicialmente com aqueles que não querem ouvir falar de formação contínua, sob qualquer forma que seja. Isso pode ser um obstáculo definitivo se forem majoritários no corpo docente. Nas escolas em que um número suficiente de professores tem formação, resta convencê-los de que:

- uma formação comum não é uma renúncia a satisfazer necessidades pessoais prioritárias;
- ela não provocará questionamentos, revelações ou fenômenos de "dinâmica de grupo" que assustam alguns;

- ela não levará uns e outros, sub-repticiamente, para um projeto de estabelecimento ou um outro procedimento coletivo.

Essas resistências não são nada absurdas: um projeto de formação em comum, sobretudo quando se convive na mesma escola, pode dar partida a um processo de explicação e de confrontação das práticas do qual ninguém sairá ileso. É precisamente por isso que é um modelo interessante de formação: enquanto a formação contínua fora do estabelecimento procede de uma escolha individual e afasta o professor de seu ambiente de trabalho, uma formação comum, no estabelecimento, faz evoluir o conjunto do grupo, em condições mais próximas do que uns e outros vivem cotidianamente. Isso representa uma chance de avançar mais rápido se as condições se prestam a isso, mas também um risco de conflitos e de sofrimento se as relações entre os professores são difíceis e se a paz só é mantida porque cada um evita expressar uma opinião sobre as práticas dos outros...

A competência visada aqui é, por conseguinte, dupla: saber não perder a ocasião de propor e desenvolver projetos coletivos, quando a situação o permite, e saber renunciar a isso, quando a escola ainda não atingiu um estágio de cooperação mínima. Um projeto de formação contínua pode reforçar uma cultura de cooperação, não a cria completamente e pode entravá-la se violentar certos professores.

ENVOLVER-SE EM TAREFAS EM ESCALA DE UMA ORDEM DE ENSINO OU DO SISTEMA EDUCATIVO

O Capítulo 6 descreveu a competência de "participar da administração da escola", dividindo-a em quatros componentes:

- Elaborar, negociar um projeto da instituição.
- Administrar os recursos da escola.
- Coordenar, dirigir uma escola com todos os seus parceiros.
- Organizar e fazer evoluir, no âmbito da escola, a participação dos alunos.

Situamo-nos aqui em uma vasta escala, a de uma ordem de ensino (fundamental ou médio), até mesmo do conjunto do sistema educacional local, regional e nacional. As competências profissionais requeridas são em parte as mesmas, mas as dimensões político-administrativas e orçamentárias adquirem nessa escala muita importância, ao passo que as preocupações pedagógicas e didáticas, embora não desapareçam, tornam-se cada vez mais abstratas e são tratadas em termos de programas, de meios de ensino, de diretrizes quanto aos deveres de casa, procedimentos de avaliação formal, estatutos e responsabilidades dos professores.

É preciso que todos as professores sejam capazes de agir nesta escala, na esfera da ação sindical, de "estruturas de participação", ou ainda de missões ou de patrulhas de maior ou menor duração? Importa, é claro, que numerosos professores assumam responsabilidades nesta escala, mas isso não poderia ser uma exigência para todos.

Por que, nessas condições, valorizar tal competência? Porque "envolver-se em tarefas em escala de uma ordem de ensino ou do sistema educativo" é uma via de formação contínua muito fecunda, mesmo que a formação seja um *benefício secundário*, mais do que o objetivo principal. Esse tipo de experiência impõe uma *descentralização*, uma visão mais sistêmica, a tomada de consciência da diversidade das práticas e dos discursos, uma percepção mais lúcida dos recursos e das obrigações da organização, bem como dos desafios que enfrenta ou enfrentará.

Quase todos as professores que se afastam de sua classe para desempenhar outras funções no sistema saem dali transformados. Para alguns, é o começo de uma mutação identitária, e eles não voltam para a classe, uma vez que acederam a uma função de formação, de pesquisa, de enquadramento ou de inspeção. Mesmo assim, o acesso não é imediato, pois o período de transição pode durar vários anos, durante os quais a prática em classe é fecundada pelo que se observa, se vive e se aprende em outros lugares. Certos professores que não se preparam para uma reconversão ou para uma promoção querem ampliar seu horizonte para não ficarem confinados em sua classe. Outros ainda assumem responsabilidades para fazer avançar causas que lhes são caras.

O que se aprende escolhendo tais atalhos? Na falta de uma investigação junto àqueles que os usam, podem-se apenas enunciar hipóteses. Uma delas poderia ter por objeto a aprendizagem da *negociação*. Quanto maior o afastamento de sua classe, maior o confronto com outros adultos que defendem outros valores e outros interesses, com os quais se deve aprender a administrar sistemas, construir programas, elaborar novos meios de ensino, conceber ou orientar reformas, escolher investimentos ou cortes orçamentários. Essa aprendizagem da negociação, da mediação, da decisão coletiva pode, evidentemente, ser transposta para a escala da instituição, mesmo que as estratégias sejam diferentes. Os que estão de fora do estabelecimento são, com frequência, pessoas-recursos: moderadores no interior, porta-vozes no exterior, informantes sobre o que se faz em outro lugar, especialistas nos procedimentos de projetos e na tomada de decisões. Essas competências podem ser transpostas também para as negociações com alunos e pais.

Aqueles que "se distanciam" aprendem também que o sistema não é uma máquina monolítica, que se pode acelerar sua evolução elaborando dossiês, fazendo alianças, formulando propostas. Isso faz parte do que os anglo-saxões chamam de *empowerment* (Hargreaves e Hopkins, 1991), a sensação de *ter influência* sobre as decisões que condicionam os orçamentos, as estruturas, até mesmo as finalidades. Tal fato passa pela consciência de estar *no direito* de participar das decisões coletivas e de ter os *meios* para tanto. Isso introduz uma ruptura com a atitude burocrática que trata o "sistema" como uma simples coação e limita-se a cavar nele um "nicho ecológico" o mais tolerável possível.

Mais globalmente, a participação em outros níveis de funcionamento do sistema educacional amplia a cultura política, econômica, administrativa, jurídica, sociológica dos professores em exercício, com as repercussões imaginadas para sua prática cotidiana, em um duplo sentido: enriquecimento dos conteúdos do ensino e abordagem mais analítica e menos defensiva dos fenômenos de poder e de conflito em geral, dos funcionamentos institucionais.

ACOLHER A FORMAÇÃO DOS COLEGAS E PARTICIPAR DELA

Quando se pergunta aos professores que aceitam receber estudantes estagiários o que isso lhes traz, habitualmente dizem que buscam contatos e uma ocasião de se renovarem através do encontro. Os partidários das novas pedagogias e do ensino recíproco descobriram há muito tempo que formar alguém é uma das mais seguras maneiras de *se* formar.

Claro, é preciso atingir um certo nível de especialização para pretender formar outrem. Sem dúvida, é por isso que é mais fácil receber um estudante em formação inicial do que um colega: a distância é mais evidente. A partir dessa especialização, a preocupação de compartilhar saberes ou de criar experiências formadoras impele a explicitar, organizar e aprofundar o que se sabe. Diz-se, com frequência, que a transferência didática é acompanhada de um *empobrecimento* dos saberes eruditos, necessariamente simplificados para as crianças ou adolescentes. Não se ressalta suficientemente, porém, que a transferência *enriquece* o formador que a toma a seu cargo, porque o obriga a refletir sobre aquilo que ele acredita dominar, a avaliar a parcela de implícito, de incerteza e de confusão, a identificar saberes ultrapassados, frágeis ou abandonados (Cifali, 1994). Ela também leva a reconhecer a opacidade de suas próprias práticas, a quantidade de coisas que se faz sem saber exatamente desde quando nem por quê, por hábito. O trabalho sobre o *habitus*, sobre o inconsciente profissional, é fortemente estimulado pela presença de alguém que, sem ameaçar você, observa-o no trabalho e tem o direito de se surpreender, de questionar, de apreciar sua própria maneira de agir, ou práticas diferentes observadas ou evocadas em outros lugares. Ninguém pode agir eficazmente, na urgência e na incerteza (Perrenoud, 1996c), estando constantemente consciente da gênese e da arbitrariedade relativa de sua prática. No imediato, essa cegueira é funcional, mas, com o tempo, ela encerra cada um em suas próprias evidências.

O encontro em uma sala de aula permite uma *ruptura* com as evidências do senso comum e da consciência limpa. É também a função da análise de práticas, mas um professor não pode contar senão o que sabe. Um questionamento bem conduzido pode fazê-lo dizer um pouco mais do que ele manifesta espontaneamente, mas não a ponto de atualizar faces inteiramente inconscientes de sua prática e de suas atitudes em aula. Um observador *vê* coisas elementares que o discurso mascara porque o professor, literalmente, "não sabe o que faz", ou porque não se empenha em pôr em palavras certas práticas nas quais ele se sente vulnerável.

A observação é formadora em outro sentido: vendo um estagiário reagir, mesmo que não seja "seu responsável", o professor mais experiente, por contraste, toma consciência do que faz. Tenta explicar a diferença, dá-se conta de que ela não está ligada só a seu nível de especialização, que ela depende das personalidades, das escolhas, das obsessões e das angústias de cada um. Isso é um elemento formador para o professor experiente e, se ele aceitar verbalizar suas reflexões e discuti-las, também para o estagiário (Perrenoud, 1994c, 1998c, 1998e).

O efeito não é menor quando alguém se engaja em uma verdadeira ação de *coaching*, à maneira de um treinador, ou até de modelização, à maneira de um instrutor que prescreve um procedimento eficaz e controla-o em duplos comandos.

Esses procedimentos podem ser estendidos à formação contínua? Isso é mais recente, e os professores ainda hesitam em se observarem mutuamente. Assiste-se, contudo, ao desenvolvimento da *intervisão*, baseada em um contrato claro que especifica regras do jogo e garante especialmente um *feedback*. Pode-se imaginar que a formação mútua, sob diversas formas, progredirá no decorrer dos próximos anos, uma vez vencidos os medos que surgem à ideia de trabalhar sob o olhar de um colega experiente.

SER AGENTE DO SISTEMA DE FORMAÇÃO CONTÍNUA

Administrar sua própria formação contínua é uma coisa, administrar o sistema de formação contínua é outra. Este último esteve durante muito tempo na dependência das administrações escolares ou de centros de formação independentes, principalmente as universidades. A profissionalização do ofício de professor recruta parceiros entre os poderes organizadores da escola, dos centros independentes de formação e das associações profissionais de professores.

Para que tal parceria se desenvolva, importa que o debate tenha início nos locais de formação contínua, por meio de um diálogo entre profissionais, formadores e responsáveis por formação, antes de constituir o objeto de negociações "na cúpula". Nesse último nível, podem ser negociados não só recursos, períodos de formação, estatutos, mas também as orientações, as prioridades, os conteúdos e os procedimentos deveriam depender de uma elaboração cooperativa, de uma discussão compartilhada *sobre* a formação. Hoje, ela ainda não está muito desenvolvida. Seria importante que cada vez mais professores se sentissem responsáveis pela *política de formação contínua* e interviessem individual ou coletivamente nos processos de decisão.

Conclusão
A CAMINHO DE UMA NOVA PROFISSÃO?

Eis-nos no fim da viagem. Exploramos sucessivamente 10 famílias de competências, cujo título relembro:

1. Organizar e dirigir situações de aprendizagem.
2. Administrar a progressão das aprendizagens.
3. Conceber e fazer evoluir os dispositivos de diferenciação.
4. Envolver os alunos em suas aprendizagens e em seu trabalho.
5. Trabalhar em equipe.
6. Participar da administração da escola.
7. Informar e envolver os pais.
8. Utilizar novas tecnologias.
9. Enfrentar os deveres e os dilemas éticos da profissão.
10. Administrar sua própria formação contínua.

Como seguindo um guia de viagem, o leitor foi levado a "visitar", de maneira metódica, mas necessariamente rápida e um pouco superficial, continentes e países que teriam merecido uma estada mais prolongada. Todos terão notado os limites e pré-conceitos do autor do guia. Alguns dos continentes e dos países explorados me são familiares, eu os percorri muitas vezes. De alguns outros, tenho uma ideia menos precisa, conhecimentos de segunda mão. Alguns me apaixonam, outros menos...

Ninguém pode observar e conceituar todas as facetas do ofício de professor, conceber com a mesma precisão e a mesma pertinência todas as competências correspondentes. Pensei em mobilizar, sobre cada tema, um especialista diferente. Recuei diante dos problemas de coordenação que tal empreendimento coletivo suscitaria, mas também diante de suas dificuldades teóricas: nenhum professor, nenhum pesquisador *recorta* a realidade complexa da função exatamente como os outros. As facetas do trabalho pedagógico, as famílias de competências não existem "objetivamente", elas são *construídas*, certamente a partir do real, mas também de tramas conceituais e de preconceitos teóricos e ideológicos. Seria difícil fazer aderir ao mesmo referencial 10 autores que reflitam com agudeza sobre certas competências dos professores. Ademais, lembremos, a viagem era "organizada" pelo referencial genebrino da formação contínua dos professores de ensino fundamental, publicado em 1996.

UM EXERCÍCIO ESTRANHO

Sem dúvida, o leitor sentiu aqui ou ali a arbitrariedade da formulação das competências escolhidas, assim como de seu agrupamento em 10 famílias. Mesmo que eu tenha participado ativamente da redação desse referencial, aconteceu-me de senti-lo como uma imposição. Isso não tem nada de estranho: todo texto elaborado em um quadro institucional, sobretudo se negociado entre numerosos agentes, revela um *compromisso* entre lógicas diferentes, e, às vezes, interesses opostos. Ele perde em coerência o que ganha em representatividade. Posso, pois, como qualquer um, reconhecer-me nele plenamente em certos pontos, um pouco menos em outros.

O próprio exercício da explicitação dos itens fez-me descobrir zonas de imprecisão e de arbitrariedade das quais eu não suspeitava. Quando um grupo redige um referencial, não leva a explicitação até o fim, por falta de tempo, e talvez também por medo de ficar paralisado por exagerada precisão. Como em todo empreendimento coletivo, o consenso repousa, em parte, em mal-entendidos. Propõem-se títulos e subtítulos, estes são comentados rapidamente, o suficiente para se ter a impressão de estar de acordo, o que permite progredir na tarefa. Cada um dos participantes mede a fragilidade do recorte e pergunta-se, às vezes, se os interlocutores tem a mesma coisa na cabeça. A prudência convida-o a calar suas dúvidas, a "fazer como se". Essa ficção é fecunda: que inúmeras pessoas se ponham de acordo sobre um sumário já é um milagre; como se pode esperar que elas escrevam em seguida o mesmo livro? Enunciados tão sintéticos deixam uma grande margem de interpretação. "Administrar a progressão das aprendizagens" ou "envolver os alunos na aprendizagem e em seu trabalho": essas competências remetem a múltiplas e, às vezes, contraditórias representações da ação de seus componentes, consideradas em função das visões e das teorias da aprendizagem e do ensino de uns e de outros.

Em alguns momentos, senti a tentação de tomar liberdades para reconstruir o referencial à minha maneira. Desisti disso, pois meu objetivo não era propor um referencial a mais. Queria tentar um outro exercício: propor uma leitura possível, pessoal, mas *coerente*, de um referencial existente, ao qual eu pudesse aderir globalmente. Era também sensível ao caráter fecundo da imposição. Partir de um referencial "institucional" dispensou-me de reabrir incessantemente a questão dos fundamentos do recorte e obrigou-me a entrar na descrição das competências, o que é, certamente, mais fecundo do que hesitações sem fim sobre um sumário. Optei, portanto, por um respeito quase integral aos títulos do referencial genebrino, mostrando aqui ou ali uma perplexidade e, sobretudo, encontrando minha liberdade no momento de explicar os enunciados, que propunham somente títulos e subtítulos.

Se o leitor, com frequência, fica perplexo diante dos referenciais que vicejam atualmente, talvez seja porque haja um investimento desmesurado na confecção de um "produto" – uma lista de competências estruturadas em níveis -, mais do que um uso dos diversos referenciais para pensar a prática em sua complexidade (Paquay, 1996; Paquay et al.,1996). O essencial está no choque das representações do ofício. O debate sobre um referencial obriga cada um a formalizar suas ideias, a perceber suas próprias incertezas, bem como a avaliar a diversidade dos pontos de vista e os limites do consenso.

Até mesmo a escrita de um referencial é uma tarefa técnica que exige uma certa unidade de pensamento e de estilo. Poder-se-ia desejar, em contrapartida, que um referencial fosse submetido a uma ampla consulta antes de sua adoção, que sua formulação fosse provisória e que se prosseguisse o debate. Um referencial oferece uma linguagem comum para delimitar as divergências de fundo sobre a realidade do ofício e seu futuro, para distinguir os desacordos dos mal-entendidos semânticos. Obriga, além disso, a verbalizar o que cada um tem na cabeça e, por conseguinte, a avaliar acordos e desacordos.

Idealmente, uma comunidade profissional deveria dar-se os meios de partir de um projeto de referencial e de construir coletivamente a explicitação dos diversos itens. A "profissionalização interativa" (Gather Thurler, 1996) teria, então, sua avaliação precisa. Como raramente alguém se encontra em condições tão privilegiadas, pareceu-me útil propor uma explicitação entre outras. Eu a quis discursiva e argumentativa, para ressaltar que as coisas podem ser vistas de outro modo. Meu propósito não era encerrar o leitor em minha maneira de conceber a prática docente e as competências que ela requer, mas contribuir de uma outra maneira para o debate sobre os contornos de um "ofício novo" (Meirieu, 1990), que se aproxima de uma profissão e fala a linguagem das competências, tanto para os alunos quanto para os professores.

Este ensaio inicialmente me pareceu útil para a comunidade genebrina que adotou esse referencial. O futuro dirá se essa aposta tinha fundamento. Pareceu-me que tal "exercício de estilo" podia ter outras virtudes:

- Ele ilustra um procedimento que poderia ser interessante no momento de revisar ou construir um plano de formação inicial ou contínua dos professores, não para adotar integralmente o referencial aqui comentado, mas para extrair certos elementos, organizando-os, ou rejeitar outros com conhecimento de causa.

- Ele sugere trabalhar os referenciais, no âmbito de grupos de formação ou de projeto, para esclarecer os objetivos, avaliar o encaminhamento, mas, sobretudo, suscitar explicações e uma comparação das representações de uns e de outros.
- Tal referencial pode ser utilizado em um procedimento de inovação. Assim, o dispositivo de acompanhamento da renovação genebrina organizou sua reflexão, apoiando-se nas primeiras famílias de competências evocadas, para aprofundar as habilidades requeridas por uma pedagogia diferenciada, um trabalho por situações-problema ou uma gestão das progressões no âmbito de ciclos de aprendizagem (Grupo de pesquisa e de inovação, 1997). Estando os próprios agentes engajados nesses diversos suportes, as conexões seriam mais fáceis de serem estabelecidas. Creio, contudo, que este poderia ser um procedimento – entre outros – a utilizar em toda pesquisa-ação, pesquisa-desenvolvimento ou inovação relativa às práticas: tentar explicitar as competências que faltam, a partir da análise das práticas, mas também utilizar um referencial existente, orientado para competências emergentes, para "reler" o que já se faz ou o que se procura fazer.

DUAS PROFISSÕES EM UMA?

Tenho a impressão de que esse referencial não passa ao lado de nada essencial. É uma pergunta que todos os leitores podem fazer-se: assumindo, por um instante, o risco do recorte, encontrou ele, ao longo das páginas, senão todas as facetas do ofício, pelo menos aquelas que "estão em moda" neste momento, graças às transformações da escola e do processo de profissionalização do ofício? Lembre-se, acerca disso, de que não se tratava de fazer um inventário exaustivo das competências dos professores. O referencial genebrino tenta apreender o *movimento da profissão,* insistindo nas competências *emergentes* ou competências existentes, cuja importância se reforça em razão de novas ambições do sistema educacional, que exige níveis de especialização cada vez mais elevados.

Interessando-me pelas competências emergentes, indaguei-me se, para ser exaustivo, eu devia propor uma lista complementar, a das competências "clássicas" de um professor. Com a reflexão, essa lista não me pareceu pertinente, pois as competências básicas do ofício estão *contidas* nas competências examinadas. Não se encontrarão, com certeza, formulações clássicas, tais como seguir o programa, preparar e dar aulas e exercícios, utilizar os recursos oficiais de ensino e dos métodos recomendados, exigir silêncio, ordem, disciplina, dar notas, conviver pacificamente com os colegas, falando da chuva e do bom tempo, em uma escola em que, ano após ano, todos retomam as mesmas séries e os mesmo métodos. Tudo isso não está totalmente fora de moda; continua a ser necessário dar aulas e exercícios, obter uma forma de disciplina, avaliar adequadamente. Todavia, quanto mais se caminha rumo a uma prática reflexiva (Schön, 1994, 1996), mais o ofício se torna uma profissão integral, simultaneamente autônoma e responsável (Altet, 1994; Perrenoud, 1994e, 1996c e m), mais essas práticas tradicionais mudam de sentido e de lugar. Elas não são mais o alfa e o ômega do ensino, mas componentes entre outros, correspondendo a um nível de partida, a ultrapassar desde que se tenham os meios para isso.

Essa integração das competências "tradicionais" as competências "emergentes" não terá a unanimidade, não mais, aliás, do que outras escolhas, que parecerão arbitrárias, mas sem as quais nenhuma organização das representações é possível. O debate importa mais do que o consenso. Convém, em contrapartida, que se distingam duas razões bem diferentes para não se aderir às competências analisadas aqui, ou à maneira de recortá-las:

- uns se distanciam disso porque, invocando a mesma concepção do ofício e de sua evolução, adotam um outro *recorte* de seus principais componentes; pode-se, então, tentar aproximar os pontos de vista, confrontar diversas maneiras de por ordem na complexidade;
- os outros se afastam disso porque não tem o mesmo ofício em mente, porque alguns recusam a evolução, combatem-na, ao passo que outros a precedem e a suscitam; assim, o desacordo é difícil de superar, ele não tem a ver com o recorte, mas com uma orientação global para um outro tipo de profissionalismo (Altet, 1994).

Quando coexistem, no mesmo sistema educacional, concepções contraditórias sobre o ofício de ensinar, sua oposição remete, indiretamente, a referenciais de competências profissionais incompatíveis. Em um ofício em evolução, que permite além disso uma grande diversidade das representações e das práticas pessoais, é impossível fabricar um referencial aceito por todos. Que ele sirva pelo menos para esclarecer os procedimentos e enunciar problemas de fundo.

A própria ideia de construir um referencial não é unânime: a minoria progressista da profissão necessita inventariar as competências constitutivas de uma nova identidade e de uma nova relação com a instituição e com o programa, ao passo que a ala conservadora nega até a necessidade de explicitar os gestos profissionais e as competências requeridas. Ela opõe uma resistência passiva a qualquer empenho de "verbalização", sob o pretexto da evidência. Por que "tanta minúcia" quando todo mundo sabe o que significa ensinar? Não há motivo para complicar o que é evidente. Tal diferença na necessidade de dizer as coisas mascara as divergências de fundo, o que permite, sem dúvida, que professores que não fazem e não querem fazer o mesmo ofício convivam no dia a dia, no mesmo estabelecimento no mesmo grupo disciplinar ou no mesmo sindicato.

Para mostrar mais concretamente que há duas imagens do presente ofício, retomarei aqui uma análise que eu tinha esboçado a propósito da avaliação (Perrenoud, 1988), sobre um tema que desenvolvi mais recentemente, situando as práticas de avaliação "entre duas lógicas", a fabricação da excelência e a regulação das aprendizagens (Perrenoud, 1998b e i). Comparemos resumidamente duas concepções da especialização em avaliação, uma tradicional, a outra nova.

Especialização tradicional	Especialização nova
• Avaliar *rapidamente*, no estágio do planejamento das provas, sua composição, sua correção, a determinação de gabaritos, a atribuição de notas. Conduzir claramente as inevitáveis negociações com certos alunos ou seus pais.	• Analisar precisamente os objetivos de um ano ou de um módulo de ensino.
	• Ter consciência das noções trabalhadas, das aprendizagens priorizadas e do que foi deixado de lado – por falta de tempo ou de interesse – e não pode, portanto, ser convenientemente avaliado.
• Avaliar mantendo a *aparência* da imparcialidade, da seriedade do rigor compreensivo (ser severo, mas justo, às vezes indulgente!).	• Servir-se da avaliação para diagnosticar as dificuldades individuais e remediá-las rapidamente através de uma pedagogia diferenciada ou do apelo a professores de apoio ou de outros intervenientes externos.
• Servir-se do sistema de avaliação para obter a cooperação dos alunos e seu *respeito ao contrato didático*.	
• Avaliar de modo a *tranquilizar ou mobilizar os pais*, mantendo-os distantes da gestão da classe.	• Fazer o balanço preciso dos conhecimentos essenciais, para atestar o nível dos alunos em fim de curso, quando estes pretendem um título ou o acesso à classe superior ou, ainda, a uma outra escola.
• *Conservar uma rotina* de avaliação para além das mudanças de currículo e dos discursos reformistas do sistema.	
• Utilizar a avaliação para *modular a progressão no programa* de maneira a sair-se bem no fim do ano.	• Permitir aos pais compreenderem e acompanharem o progresso de seu filho, sem levá-los a um excesso de especialização.
• Manter o nível dos alunos e as taxas de repetência, de evasão ou de reprovação nos limites "razoáveis".	• Dar aos alunos a oportunidade de se autoavaliarem ou de participarem em sua avaliação.
• *Limitar as dúvidas ou a culpa* que frequentemente acompanham a avaliação.	

Esse exemplo permite-nos compreender por que a discordância sobre as competências pode *esconder uma outra*, sobre o ofício e sua evolução provável ou desejável. Os que preferem que nada se movimente têm somente que fazer referenciais que se distanciem das práticas mais fáceis de justificar na imprecisão da tradição e do "Todo mundo faz isso". O bom senso e o acordo tácito sobre a essência do ofício lançam um véu protetor sobre a realidade das práticas. O debate sobre os referenciais concerne, em contrapartida, àqueles que atuam na mudança para a profissionalização e devem, para justificá-la, apoiar-se no estado atual das práticas.

Tal distanciamento sugere, às vezes, que o lugar está vago, que basta que se introduzam novas práticas. Os inovadores que propõem outras maneiras mais formativas de avaliar apontam para competências emergentes, que faltam a uma parte dos professores de hoje, primeiro, no nível dos conhecimentos e dos conceitos – avaliação criteriada, regulação interativa, autoavaliação, metacognição, por exemplo -, em seguida, no nível de sua colocação em prática. O que poderia sugerir que os professores que se colocam sob essa bandeira não sabem avaliar ou tem apenas competências menores em avaliação. Sustento, ao contrário, que a maior parte dos professores experientes mostra certas competências em avaliação que não estão ao alcance dos iniciantes. Sem dúvida, a especialização tradicional tem relação com a fabricação de desigualdades. Isso explica um certo pudor em sua manifestação: quem destacaria cruamente que a especialização tradicional em avaliação não está nem um pouco preocupada em delimitar e em otimizar as aprendizagens? Que ela tem mais aspectos administrativos do que pedagógicos? Ademais, a especialização tradicional em avaliação é adquirida amplamente graças à experiência, "no próprio trabalho" ou na inspiração em colegas mais experientes, o que não facilita sua descrição. Isso não autoriza a negação da sua existência: toda ação competente não é, *ipso facto,* uma ação pedagógica ou eticamente recomendável.

PROFISSIONALIZAR-SE SOZINHO?

Qual é a reação de um profissional que lê um referencial de competências que descreve "o que supostamente ele sabe fazer"? É, sem dúvida, realizar intuitivamente, a título pessoal, um pequeno "balanço de competências". O primeiro impulso é de sentir-se ameaçado de incompetência, de "criar complexos" ou de rejeitar essa mixórdia de enunciados abstratos. Isso pode gerar a tentação de unir-se ao campo dos conservadores, por falta de força para enfrentar a divisão entre o que se é e o que se gostaria de ser.

Pode-se também conceber usos menos defensivos, dizendo o leitor para si mesmo: eu não domino todos esses aspectos, mas vou nessa direção, partilho globalmente essa imagem do ofício e vou orientar minha reflexão, minha formação e minha prática nesse sentido, para me aproximar gradualmente de tudo aquilo a que adiro. Pode-se também examinar um trabalho coletivo, na escala da profissão, de uma associação, de um estabelecimento, de uma equipe.

A profissionalização é uma transformação estrutural que ninguém pode dominar sozinho. Por isso, ela não se decreta, mesmo que as leis, os estatutos, as políticas da educação possam facilitar ou frear o processo. O que significa que a profissionalização de um ofício é uma aventura coletiva, mas que se desenrola também, largamente, através das opções pessoais dos professores, de seus projetos, de suas estratégias de formação. Tal é a complexidade das mudanças sociais: elas não são a simples soma de iniciativas individuais, nem a simples consequência de uma política centralizada.

A profissionalização não avançará se não for deliberadamente estimulada por políticas concertadas que digam respeito à formação dos professores, a seu contrato, à maneira como eles prestam conta de seu trabalho ao estatuto dos estabelecimentos e das equipes pedagógicas. Não avançará muito mais se essas políticas não encontrarem atitudes, projetos, investimento de pessoas ou grupos.

Todos podem contribuir, a seu modo, para fazer o ofício evoluir no sentido da profissionalização. Como? Por exemplo, esforçando-se para:

- centrar-se nas competências a serem desenvolvidas nos alunos e nas mais fecundas situações de aprendizagem;
- diferenciar seu ensino, praticar uma avaliação formativa, para lutar ativamente contra a reprovação;
- desenvolver uma pedagogia ativa e cooperativa fundamentada em projetos;
- entregar-se a uma ética explícita da relação pedagógica e ater-se a ela;
- continuar sua formação, a ler, a participar das manifestações e reflexões pedagógicas;
- questionar-se, refletindo sobre sua prática, individualmente ou em grupo;
- participar na formação inicial dos futuros professores;
- trabalhar em equipe, relatar o que se faz, cooperar com os colegas;
- inserir-se em um projeto de instituição ou uma rede;
- engajar-se nos procedimentos de inovação individuais ou coletivos.

Tais orientações supõem a ampliação das competências adquiridas, até mesmo a construção de competências novas. É preferível ser *lúcido,* não se lançar a práticas alternativas sem avaliar que se chocará com *obstáculos,* que só poderão ser superados ao preço de uma reflexão, de um trabalho sobre si, da construção de novos saberes e de novas competências. Isso pode remeter a uma formação contínua, seguida no âmbito de um centro ou proposta no estabelecimento. O essencial não se encontra aí; é o processo de autoformação que importa, com o tempo e a energia que ele demanda; os desequilíbrios e as mudanças identitárias que pode provocar; seu custo e seus riscos, bem como o que ele torna possível.

Trabalhar, individual ou coletivamente, com referenciais de competências é dar-se os meios de um balanço pessoal e de um projeto de formação realista. É também se preparar para prestar contas de sua ação profissional em termos de obrigação de competências, mais do que de resultados ou de procedimentos (Perrenoud, 1997e). No melhor dos mundos, os professores escolhem livremente fazer um balanço e construir competências, sem que seja necessário incitá-los a isso de maneira autoritária ou com sanções e recompensas ao final. A autoformação resulta, idealmente, de uma prática reflexiva que se deve muito mais a um projeto (pessoal ou coletivo) do que a uma expectativa explícita da instituição. No mundo em que vivemos, não é ilegítimo que os referenciais de competências sejam também instrumentos de controle. A escola vem de uma tradição segundo a qual a formação contínua é gerida pelo Estado ou pelo poder organizador, no momento em que se prestam contas a um corpo de inspetores ou diretores de estabelecimentos. Pode-se libertar dessa herança sem justificar o cada um por si?

A responsabilidade de sua formação contínua pelos interessados é um dos mais seguros sinais de profissionalização de um ofício. Do mesmo modo que a instalação de dispositivos que permitem a cada um prestar contas de seu trabalho a seus pares, assim como a uma hierarquia.

Não pode haver nenhum avanço sem uma representação partilhada das competências profissionais que estão no centro da qualificação, aquelas que convém manter e desenvolver e das quais os profissionais devem prestar contas. Ajudar a formular e a estabilizar uma visão clara do ofício e das competências é uma das principais funções – subestimada – dos referenciais de competências. Eles não são, portanto, instrumentos reservados aos especialistas, mas meios para os profissionais construírem uma identidade coletiva.

REFERÊNCIAS

ALLAL L. (1983), "Évaluation formative: entre l' intuition et l' instrumentation", *Mesure et évaluation en éducation,* vol. 6, nº 5, p. 37-57.

ALLAL L. (1984), "Vers une implication de l'élève dans le processus d'évaluation formative", *Éducateur,* nº 3, p. 22-26.

ALLAL L. (1988), "Vers un élargissement de la pédagogie de maîtrise: processus de régulation interactive, rétroactive et proactive", *in* Huberman, M. (org.), *Assurer la, réussite des apprentissages scolaires. Les propositions de la pédagogie de maîtrise,* Paris, Delachaux et Niestlé, p.86-126.

ALLAL L. (1991), *Vers une pratique de l'évaluation formative,* Bruxelas, De Boeck.

ALLAL L. (1993a), "Régulations métacognitives: quelle place pour l'élève dans l'évaluation formative", *in* ALLAL L., BAIN D. e PERRENOUD Ph. (org.), *Évaluation formative et didactique dufram;ais,* Neuchâtel et Paris, Delachaux et Niestlé, p. 81-98.

ALLAL L. (1993b), "L' évaluation formative des processus d' apprentissage: le rôle des régulations métacognitives", *in* HIVON R. (org.), *L' évaluation des apprentissages,* Sherbrooke (Quebec), Éditions du CRP, p. 57-74.

ALLAL L. e MICHEL, Y. (1993), "Autoévaluation et évaluation mutuelle en situation de production écrite", *in* ALLAL L., BAIN D. e PERRENOUD Ph. (org.), *Évaluation formative et didactique du français,* Neuchâtel et Paris, Delachaux et Niestlé, p. 239-264.

ALLAL L. e SAADA-ROBERT M. (1992), "La métacognition: cadre conceptuel pour l'étude des régulations en situation scolaire", *Archives de psychologie,* 60, p. 265-296.

ALLAL L. e SCHUBAUER-LEONI M.-L (1992), "Progression scolaire des élèves: le redoublement dans le contexte genevois", *Recherche en éducation: Théories et Pratiques,* nº 11-12, p. 41-52.

ALLAL L., BAIN. D. e PERRENOUD Ph. (org.) (1993), *Évaluation formative et didactique du français,* Neuchâtel et Paris.

ALLAL, L., CARDINET J. e PERRENOUD, Ph. (org.) (1989), *L' évaluation formative dans un enseignement différencié,* Berna, Lang, 5. ed. (1. ed. 1979).

ALTET, M. (1994), *La formation professionnelle des enseignants,* Paris, PUF.

ALTET, M. (1996), "Les compétences de l'enseignant professionnel. Entre savoirs, schèmes d'action et adaptation: le savoir-analyser", *in* PAQUAY L., ALTET M., CHARLIER E. e PERRENOUD Ph. (org.), *Former des enseignants professionnels. Quelles stratégies? Quelles compétences?,* Bruxelas, De Boeck, p. 27-40.

AMIGUES R. e ZERBATO-POUDOU M.-Th. (1996), *Les pratiques scolaires d'apprentissage et d' évaluation,* Paris, Dunod.

ANDREWS B., BUONOMO N. e BORZYKOWSKI R. (1986), *Au fil de l'appui. Jalons pour une micro-histoire,* Genebra, Service de la recherche pédagogique, Cahier nº 32.

ARGYRIS C. (1995), *Savoir pour agir,* Paris, Interéditions.

ASTOLFI J.-P. (1992), *L' école pour apprendre,* Paris, ESF éditeur.

ASTOLFI J.-P. (1996), "Mettre l'élève au centre, oui, mais au centre de quoi?', in *Sens du travail scolaire et construction des savoirs: quelle place pour les enseignants? quelle place pour les élèves? Actes du Forum* 1995 *de l'enseignement primaire,* Genebra, Département de l'instruction publique, p. 11-32.

ASTOLFI J.-P. (1997), *L'erreur, un outil pour enseigner,* Paris, ESF éditeur.

ASTOLFI J.-P. (1998), "L'important, c'est l'obstacle", *in* ASTOLFI. J.-P. e PANTANELLA R. (org.), Appendre, *Cahiers pédagogiques,* nº hors série, p. 33-36.

ASTOLFI J.-P. e DEVELA Y M. (1996), *La didactique des sciences,* Paris, PUF, Col. "Que sais-je?".

ASTOLFI J.-P., DAROT É, GINSBURGER-VOGEL Y. e TOUSSAINT J. (1997), *Motsclés de la didactique des sciences. Repères, définitions, bibliographies,* Bruxelas, De Boeck.

ASTOLFI J.-P. e PANTANELLA R. (org.) (1998), "Apprendre", *Cahiers pédagogiques,* nº hors série.

ASTOLFI I.-P. e PETERFALVI B. (1997), "Stratégies de travail des obstacles: dispositifs et ressorts", *Aster,* nº 25, p.193-216.

BACHELARD G. (1996), *La formation de l 'esprit scientifique,* Paris, Vrin (1. ed. 1938).

BAIN D. (1988a), "Pour une formation à l' évaluation formative intégrée a la didactique", *in* GATHER THURLER M. e PERRENOUD Ph. (org.), *Savoir évaluer pour mieux enseigner. Quelle formation des maîtres?,* Genebra, Service de la recherche sociologique, Cahier nº 26, p.21-37.

BAIN D. (1988b), "L'évaluation formative fait fausse route", *in* INRAP, *Évaluer l'évaluation,* Dijon, INRAP, p. 167-172.

BALIBAR R. e LAPORTE D. (1974), *Le français national. Politique et pratique de la langue nationale sous la Révolution,* Paris, Hachette.

BALLION R. (1982), *Les consommateurs d'école,* Paris, Stock.

BALLION R. (1993), *Le lycée, une cité à construire,* Paris, Hachette.

BARBIER J.-M. (1996), *Savoirs théoriques et savoirs d'action,* Paris, PUF.

BARON G.-L. e BAUDÉ J. (org.) (1992), *L'intégration de l'informatique dans l'enseignement et la formation des enseignants,* Paris, INRP.

BARON G.-L. e BRUILLARD E. (org.) (1994), *Informatique, formation des enseignants: quelles interactions?,* Paris, INRP.

BARTH B.-M. (1987), *L'apprentissage de l 'abstraction. Méthodes pour une meilleure réussite de l'école,* Paris, Retz.

BARTH B.-M. (1993), *Le savoir en construction,* Paris, Retz.

BARUK S. (1985), *L'âge du capitaine. De l'erreur en mathématiques,* Paris, Seuil.

BEHRENS M. (1995), *La télématique à l'école ou de l'obligation de repenser l'enseignement,* Lausanne, LEP.

BENTOLILA A. (1996), *De l'illettrisme en général et de l'école en particulier,* Paris, Plon.

BERNARDIN J. (1997), *Comment les enfants entrent dans la culture écrite,* Paris, Retz.

BERTHELOT J.-M. (1983), *Le piège scolaire,* Paris, PUF.

BESOZZI C. (1976), "L'interprétation sociale de la déviance juvénile dans la vie quotidienne", *Revue suisse de sociologie,* nº 1, p. 63-91.

BETTELHEIM B. e ZELAN K. (1983), *La lecture et l'enfant,* Paris, Laffont.

BLOOM B.S. (1975), *Taxonomie des objectifs pédagogiques,* Quebec, Les Presses de l'Université.

BLOOM B.S. (1979), *Caractéristiques individuelles et apprentissages scolaires,* Bruxelas, Labor, Paris, Nathan.

BOLTANSKI L. e THÉVENOT L. (1987), *Les économies de la grandeur,* Paris, PUF.

BONAMI M. e GARANT M. (org.) (1996), *Systèmes scolaires et pilotage de l'innovation. Émergence et implantation du changement,* Bruxelas, De Boeck.

BOURDIEU P. (1966), "L'école conservatrice. L'inégalité sociale devant l'école et devant la culture", *Revue française de sociologie,* nº 3, p. 325-347.

BOURDIEU P. (org.) (1993), *La misère du monde,* Paris, Seuil.

BOURDIEU P. e PASSERON J.-C. (1970), *La reproduction. Éléments pour une théorie du système d'enseignement,* Paris, Éd. de Minuit.

BOUTINET J.-P. (1993), *Anthropologic du projet,* Paris, PUF, 2. ed.

BOUVIER A. (1994), *Management et projet,* Paris, Hachette.

BROCH M. e CROS F. (1989), *Ils ont voulu un projet d'établissement. Stratégies et méthodes,* Paris, INRP.

BROUSSEAU G. (1996), "Fondements et méthodes de la didactique des mathématiques", *in*

BRUN J. (org.), *Didactique des mathématiques,* Lausanne, Delachaux et Niestlé, p. 45-143.

BRUN J. (org.) (1996), *Didactique des mathématiques,* Lausanne, Delachaux et Niestlé.

CANETTI E. (1980), *Histoire d'une jeunesse, la langue sauvée,* Paris, Albin Michel.

CARBONNEAU M. e HÉTU J.-C. (1996), "Formation pratique des enseignants et naissance d'une intelligence professionnelle", in PAQUAY L., ALTET M., CHARLIER É. e PERRENOUD Ph. (org.), *Former des enseignants professionnels. Quelles stratégies? Quelles competences?,* Bruxelas, De Boeck, p. 77-96.

CARDINET J. (1986a), *Pour apprécier le travail des élèves,* Bruxelas, De Boeck.

CARDINET J. (1986b), *Évaluation scolaire et pratique,* Bruxelas, De Boeck.

CARDINET J. (1988), "La maîtrise, communication réussie", in HUBERMAN M. (org.), *Assurer la réussite des apprentissages scolaires. Les propositions de la pédagogie de maîtrise,* Paris, Delachaux et Niestlé, p. 155-195.

CARROLL J. (1963), "A model of school learning", *Teachers College Record,* nº 64.

CARROLL J. (1965), "School learning over the long haul", *in* KRUMBOLTZ J. (org.), *Learning and the Educational Process,* Chicago, Rand McNally.

CHARLOT B. (1997), *Du rapport au savoir. Éléments pour une théorie,* Paris, Anthropos.

CHARLOT B., BAUTIER É. e ROCHEX J.- Y. (1992), *École et savoir dans les banlieues... et ailleurs,* Paris, Armand Colin.

CHARMILLOT G., DUCRET J.-J., JAEGGI J.-M. e JAGASIA N. (1992), *Une informatique à but éducatif,* Genebra, Service de la recherche pédagogique, Cahier nº 43.

CHAPPAZ G. (org.) (1996), *La motivation,* Paris, CRAP, nº hors série des *Cahiers pédagogiques.*

CHEVALLARD Y. (1991), *La transposition didactique. Du savoir savant au savoir enseigné,* Grenoble, La Pensée Sauvage (2. ed. rev. e aum., em colaboragao com Marie-Alberte Joshua).

CIFALI M. (1993), *Silences et rumeurs dans les établissements scolaires: problèmes de communication? Apports psychanalytiques,* Genebra, Faculté de psychologie et des sciences de l'éducation.

CIFALI M. (1994), *Le lien éducatif: contre-jour psychanalytique,* Paris, PUF.

CIFALI M. (1995), "J'écris le quotidien", *Cahiers pédagogiques,* nº 331, p. 56-58.

CIFALI M. (1995), *Écriture et transmission dc l'expérience, in* Actes de l'Université d'été *"L'analyse des pratiques en vue du transfert des réussites",* Paris, Ministère de l'Éducation nationale, de l'enseignement supérieur et de la recherche, p. 61-81.

CIFALI M. (1996), "Démarche clinique, formation et écriture", *in* PAQUAY L., ALTET M., CHARLIER E. e PERRENOUD Ph. (org.), *Former des enseignants professionnels. Quelles stratégies? Quelles compétences?,* Bruxelas, De Boeck, p. 119-135.

CLAPAREDE E. (1973), *L'éducation fonctionnelle,* Neuchâtel, Delachaux et Niestlé.

CLOT Y. (1995), *Le travail sans l'homme. Pour une psychologie des milieux de travail et de vie,* Paris, La Découverte.

CRAHA, M. (1996), *Peut-on lutter contre l'échec scolaire?,* Bruxelas, De Boeck.

CRAHAY M. (1997), *Une école de qualité pour tous!,* Bruxelas, Labor (Col. Quartier libre).

CRESAS (1981), *L'échec scolaire n'est pas une fatalité,* Paris, ESF éditeur.

CRESAS (1987), *On n'apprend pas tout seul! Interactions sociales et construction des cannaissances,* Paris, ESF éditeur.

CRESAS (1991), *Naissance d'une pédagogie interactive,* Paris, ESF éditeur.

DANTEL M.-F. e SCHLEIFER M. (org.) (1996), *La coopération dans la classe,* Montreal, Éditions Logiques.

DAVISSE A. e ROCHEX J.-Y. (org.) (1995), *"Pourvu qu'ils m'écoutent...". Disciplines et autorité dans la classe,* Le-Perreux-sur-Marne, CRDP de l'Académie de Créteil.

DAVISSE A. e ROCHEX J.- Y. (org.) (1998), *"Pourvu qu'ils appennent...". Face à la diversité des élèves,* Le-Perreux-sur-Marne, CRDP de l'Academie de Créteil.

DE KETELE J.-M. (1993), "L'évaluation conjuguée en paradigmes. Notes de synthèse", *Revue française de pédagogie,* nº 103, p. 59-80.

DE PERETTI A., BONIFACE J. e LEGRAND J.-A. (1998), *Encyclopédie de l'évaluation en formation et en éducation,* Paris, ESP éditeur.

DE VECCHI G. (1992), *Aider les élèves à apprendre,* Paris, Hachette.

DE VECCHI G. (1993), "Des représentations, oui, mais pour en faire quoi?", *Cahiers pédagogiques,* nº 312, p. 55-57.

DE VECCHI G. e CARMONA-MAGNALDI N. (1996), *Faire construire des savoirs,* Paris, Hachette, Capítulo I *"Produire du sens avec du sens",* p. 9-43.

DEBARBIEUX E. (1990), *La violence dans la classe,* Paris, ESF éditeur.

DEFRANCE B. (1992), *La violence à l'école,* Paris, Syros-Alternatives.

DEFRANCE B. (1993), *Sancrions et disciplines à l'école,* Paris, Syros.

DEJOURS Ch. (1993), *Travail: usure mentale. De la psychopathologie à la psychodynamique du travail,* Paris, Bayard Éditions.

DELANNOY C. (1997), *La motivation. Désir de savoir, décision d'apprendre,* Paris, Hachette.

DEMAILLY L: (1991), *Le Collège: crise, mythes, métiers,* Lille, Presses universitaires de Lille.

DEROUET J,-L. (1992), *École et justice. De l'égalité des chances aux compromis locaux,* Paris, Métailië.

DEVELAY M. (1992), *De l'apprentissage à l'enseignement,* Paris, ESP éditeur.
DEVELAY M. (1996), *Donner du sens à l'école,* Paris, ESP éditeur.
DEVELAY M. (1998), *Parents, comment aider votre enfant?,* Paris, ESP éditeur.
DEVELAY M. (org.) (1995), *Savoirs scolaires et didactiques des disciplines,* Paris, ESF éditeur.
DOISE W. (1976), *L'articulation psychosociologique et les relations entre groupes,* Bruxelas, De Boeck.
DOISE W. (1979), *Expériences entre groupes,* Paris, Mouton.
DUBET F. (org.) (1997), *École, familles, le malentendu,* Paris, Les éditions Textuel.
DUBET F. e MARTUCELLI D. (1996), *À l'école. Sociologie de l'experience scolaire,* Paris, Seuil.
DUBOIS L. (1997), "Des élèves surfent sur le Web", *Éducateur,* junho, nº 8, p. 16-18.
DUNETON C. (1978), *Parler croquant,* Paris, Stock.
DURAND M. (1996), *L'enseignement en milieu scola ire,* Paris, PUF.
ERAUT M. (1994), *Developing professionnal knowledge and competence,* Londres, Falmer Press.
ÉTIENNE R. et al. (1992), *Le projet personnel de l'élève,* Paris, Hachette.
ÉTIENNE R. e AMIEL M. (1995), *La communication dans la classe,* Paris, Hachette.
ÉTIENNE R. e LEROUGE A. (1997), *Enseigner en collège et en lycée. Repères pour un nouveau métier,* Paris, A. Colin.
FAINGOLD N. (1993), *Décentration et prise de conscience. Étude de dispositifs d'analyse des situations pédagogiques dans laformation des instituteurs,* Nanterre, Université Paris X, tese.
FAINGOLD N. (1996), "Du stagiaire à l'expert: construire les compétences professionnelles", in PAQUAY L., ALTET M., CHARLIER E. e PERRENOUD Ph. (org.), *Former des enseignants professionnels. Quelles stratégies? Quelles compétences?,* Bruxelas, De Boeck, p. 137-152.
FAVRE B. e MONTANDON Cl. (1989), *Les parents dans l'ecole...,* Genebra, Service de la recherche sociologique, Cahier nº 30.
FELDER D. (1987), *La scolarisation de l'informatique à Genève,* Genebra, Service de la recherche sociologique, Cahier nº 22.
FELDER D. (1989), *L'informythique ou l'invention des idées reçues sur l'ordinateur à l'école,* Genebra, Service de la recherche sociologique, Cahier nº 29.
FILLON P. (1997), "Des élèves dans un labyrinthe d'obstacles", *Aster,* nº 25, p. 113-141.
FILLOUX J. (1974), *Du contrat pédagogique. Le discours inconscient de l'école,* Paris, Dunod.
GATHER THURLER M. (1994), "L'efficacité des établissements ne se mesure pas: elle se construit, se négocie, se pratique et se vit", in Crahay M. (org.), *Évaluation et analyse des établissements de formation,* Bruxelas, De Boeck, p. 203-224.
GATHER THURLER M. (1994), "Relations professionnelles et culture des établissements scolaires: au-delà du culte de l'individualisme?", *Revue française de pédagogie,* outubro-novembro, nº 109, p. 19-39.
GATHER THURLER M. (1996a), "Innovation et coopération entre enseignants: liens et limites", in BONAMI M. e GARANT M. (org.), *Systèmes scolaires et pilotage de l'innovation. Émergence et implantation du changement,* Bruxelas, De Boeck, p. 145-168.
GATHER THURLER M. (1996b), "Professionnaliser le métier de chef d'établissement: pourquoi et comment?", *La Revue des Échanges,* vol. 13, nº 1, março, p. 1-16.

GATHER THURLER M. (1996c), "Le projet d'établissement: quelques éléments pour construire un cadre conceptual", in Le projet d'établissement en partenariat., Neuchâtel, Institut romand de recherches et de documentation pédagogiques, p. 11-19.

GATHER THURLER M. (1996d), "Entre dissidence et discordance: lorsqu'une équipe avertie en vaut deux", Lettre d'Équipes et Projets, nº 10, janeiro, p. 14-21.

GATHER THURLER M. (1997a), "Coopérer efficacement: difficile mais possible", Éducateur, nº 12, 17 de outubro, p. 17-22.

GATHER THURLER M. (1997b), "Manager ou développer la qualité de l'école", in Vanetta, F. (org.), A proposito di qualità nella scuola, Bellinzona, Ufficio Studi e Ricerche, p. 69-90.

GATHER THURLER M. (1998), "Savoirs d'action, savoirs d'innovation", in PELLETIER G. (org.), Former les dirigeants de l'éducation. L'apprentissage par l'action, Bruxelas, De Boeck, p. 101-138.

GATHER THURLER M. e PERRENOUD Ph. (org.) (1988), Savoir évaluer pour mieux enseignero Quelle formation des maîtres?, Genebra, Service de la recherche sociologique, Cahier nº 26.

GERVAIS F. (1993), Médiation entre théorie et pratique en formation professionnelle à l'enseignement: représentations d'intervenantles, Quebec, Université Laval, Faculté des sciences de l'éducation (tese).

GIOLITTO P. (1983), Histoire de l'enseignement primaire au XIXe siècle. I. L'organisation pédagogique, Paris, Nathan.

GIOLITTO P. (1983), Histoire de l'enseignement primaire au XIXe siècle. II. Les méthodes d'enseignement, Paris, Nathan.

GIORDAN A. e DE VECCHI G. (1987), Les origines du savoir. Des conceptions des apprenants aux concepts scientifiques, Neuchâtel Paris, Delachaux et Niestlé.

GOUMAZ G. (1992), Enseignants-enseignés, une estimé réciproque, PerlyGenève, Éd. des Sables.

GRANGEAT M. (1997), Différenciation, évaluation et métacognition dans l'activité pédagogique à l'école et au collège, Lyon, Université Lumière Lyon 2 (tese).

GRANGEAT M. e MEIRIEU Ph. (1997), La métacognition, une aide au travail des élèves, Paris, ESF éditeur.

Groupe de recherche et d'innovation (1997), Mieux gérer la progression des élèves sur plusieurs années, Genebra, Enseignement primaire.

Groupe EVA (1991), Évaluer les écrits a l'école primaire, Paris, Hachette.

Groupe français d'éducation nouvelle (1996), Construire ses savoirs, Construire sa citoyenneté. De l'école à la cité, Lyon, Chronique sociale.

GUILLEVIC Ch. (1991), Psychologie du travail, Paris, Nathan.

HADJI Ch. (1989) L'évaluation, règles du jeu, Paris, ESF éditeur.

HAMELINE D. (1979), Les objectifs pédagogiques en formation initiale et continue, Paris, ESF éditeur.

HARGREAVES A. (1992), "Cultures of Teaching: a Focus for Change", in HARGREAVES A. e FULLAN M.G. (org.), Understanding Teacher Development, Nova York, Cassell and Teachers College Press, p. 216-240.

HARGREAVES D. H e HOPKINS D. (1991), The Empowered School: The Management and Practice of School Development, Londres, Cassell.

HOHL, J. (1985), *Les enfants n'aiment pas la pédagogie,* Montreal, Éditions Saint-Martin, 2. ed.

HOUSSAYE J. (org.) (1994), *La pédagogie: une encyclopédie pour aujourd'hui.* Paris, ESF éditeur, 2. ed.

HUBERMAN M. (org.) (1988), *Maîtriser les processus d'apprentissage. Fondements et perspectives de la pédagogie de maîtrise,* Paris, Delachaux et Niestlé.

HUBERMAN (1989a), "Survol d'une étude de la carrière des enseignants. Vais-je mourir debout au tableau noir une craie à la main?", *Journal de l'enseignement secondaire,* nº 6, abril, p. 5-8.

HUBERMAN M. (1989b), *La vie des enseignants. Évolution et bilan d'une profession,* Neuchâtel et Paris, Delachaux et Niestlé.

HUTMACHER W. (1990), *L'école dans tous ses états. Des politiques de systèmes aux stratégies d'etablissement,* Genebra, Service de la recherche sociologique.

HUTMACHER W. (1993), *Quand la réalite résiste à la lutte contre l'échec scolaire. Analyse du redoublement dans l'enseignement primaire genevois,* Genebra, Service de la recherche sociologique, 1993, Cahier nº 36.

IMBERT F. (1994), *Médiations, institutions et loi dans la classe,* Paris, ESF éditeur.

IMBERT F. (1996), *L'inconscient dans la classe,* Paris, ESF éditeur.

IMBERT F. *(1998), Vivre ensemble, un enjeu pour l'école,* Paris, ESF éditeur.

IMBERT F. (org.) (1976), *Le groupe classe et ses pouvoirs,* Paris, A. Colin.

JONNAERT Ph. (1988), *Conflits de savoirs et didactique,* Bruxelas, De Boeck.

JONNAERT Ph. (1996), "Dévolution versus contre-dévolution! Un tandem incontoumable pour le contrat didactique", *in* RAISKY C. e CAILLOT M. (org.), *Au-delà des didactiques, le didactique. Débats autour de concepts fédérateurs,* Bruxelas, De Boeck, p. 115-158.

JONNAERT Ph. e LENOIR Y. (org.) (1996), *Sens des didactiques et didactiques du sens,* Sherbrooke (Quebec), Éditions du CRP.

JOSHUA S. e DUPIN J.-J. (1993), *Introduction à la didactique des sciences et des mathématiques,* Paris, PUF.

JOSHUA S. (1996), "Le concept de contrat didactique et l'approche vygotskienne", *in* RAISKY C. e CAILLOT M. (org.), *Au-delà des didactiques, le didactique. Débats autour de concepts fédérateurs,* Bruxelas, De Boeck, p. 145-158.

JUBIN Ph. (1991), *Le chouchou ou l'élève préféré,* Paris, ESF éditeur.

KELLERHALS J. e MONTANDON C. (1991), *Les stratégies éducatives des familles. Milieu social, dynamique familiale et éducation des préadolescents,* Genebra, Delachaux et Niestlé.

KELLERHALS J., MODAK M. e PERRENOUD Ph. (1997), *Le sentiment de justice dans les relations sociales,* Paris, PUF.

LASCHKAR S. e BASSIS H. (org.) (1985), *Reconstruire ses savoirs. Chercher, agir, inventer,* Messidor et Éditions sociales.

LASCOUMES P. (1997), *Élites irrégulières. Essai sur la délinquance d'affaire,* Paris, Gallimard.

LE BOTERF G. (1994), *De la compétence. Essai sur un attracteur étrange,* Paris, Les Éditions d'organisation.

LE BOTERF G. (1997), *De la compétence à la navigation professionnelle,* Paris, Les Éditions d'organisation.

LEHRHAUS K. (1998), "Travailler en équipe dans la classe. Origines, enjeux et types d'organisations", *Éducateur*, nº 10, 25 de setembro, p. 8-10.

LEGRAND L. (1996), *Les différenciations de la pédagogie*, Paris, PUF.

LÉVY P. (1997), *Cyberculture*, Paris, Odile Jacob.

LOBROT M. (1970), *La pédagogie institutionnelle. L'école vers l'autogestion*, Paris, Gauthier-Villars.

Maison des Trois Espaces (1993), *Apprendre ensemble, apprendre en cycles*, Paris, ESF éditeur.

MARTINAND J.-L. (1986), *Connaître et transformer la matière*, Berna, Lang.

MAULINI O. (1997a), "Les enfants du cordonnier, bien ou mal chaussés? Le métier d'élève et le métier de parents dans les familles enseignantes", *Éducateur*, nº 1, 24 de janeiro, p. 10-14.

MAULINI O. (1997b), "Le paradoxe de l'innovation. "Changer l'école": pour éloigner ou rapprocher les familles?", *Éducateur*, nº 5, 11 de abril, p. 12-15.

MAULINI O. (1997c), *Insaisissable clarification. Enjeux et dilemmes dans les relations familles-écoles*, Genebra, Faculté de psychologie et des sciences de l'éducation.

MEIRIEU Ph. (1989a), *Itinéraires des pédagogies de groupe. Apprendre en groupe? Tome I*, Lyon, Chronique sociale, 3. ed.

MEIRIEU Ph. (1989b), *Outils pour apprendre en groupe. Apprendre en groupe? Tome II*, Lyon, Chronique sociale, 3. ed.

MEIRIEU Ph. (1989), *Apprendre... oui mais comment?*, Paris, ESF éditeur, 4. ed.

MEIRIEU Ph. (1990), *Enseigner, scénario pour un métier nouveau*, Paris, ESF éditeur. MEIRIEU Ph. (1990), *L'école, mode d'emploi. Des "méthodes actives" à la pédagogie différenciée*, Paris, ESF éditeur, 5. ed.

MEIRIEU Ph. (1991), *Le choix d'éduquer. Éthique et pédagogie*, Paris, ESF éditeur.

MEIRIEU Ph. (1995), "Différencier, c'est possible et ça peut rapporter gros", in *Vers le changement... espoirs et craintes. Actes du premier Forum sur la rénovation de l'enseignement primaire*, Genebra, Département de l'instruction publique, p. 11-41.

MEIRIEU Ph. (1995), *La pédagogie entre le dire et le faire*, Paris, ESF éditeur.

MEIRIEU Ph. (1996a), *Frankenstein pédagogue*, Paris, ESF éditeur.

MEIRIEU Ph. (1996b), "Vers une école de la citoyenneté", *Construire ses savoirs, Construire sa citoyenneté. De l'école à la cité*, Lyon, Chronique sociale, p. 60-76.

MEIRIEU Ph. (1996c), "La pédagogie différenciée: enfermement ou ouverture", *in* BENTOLILA A. (org.), *L'ecole: diversités et cohérence*, Paris, Nathan, p. 109-149.

MEIRIEU Ph. e GUIRAUD M. (1997), *L'école ou la guerre civile*, Paris, Plon.

MEIRIEU Ph., DEVELAY M., DURAND C. e MARIANI Y. (org.), *Le concept de transfert de connaissances en formation initiale et en formation continue*, Lyon, CRDP.

MENDELSOHN P. (1996), "Le concept de transfert", in MEIRIEU Ph., DEVELAY M., DURAND C. e MARIANI Y. (org.), *Le concept de transfert de connaissance en formation initiale et continue*, Lyon, CRDP, p. 11-20.

MENDELSOHN P. e DILLENBOURG P. (1993), "Le développement de l'enseignement intelligemment assisté par ordinateur", *in* LE NY J.-F. (org.), *Intelligence naturelle et intelligence artificielle*, Paris, PUF, p. 233-258.

MILLER A. (1984), *C'est pour ton bien. Racines de la violence dans l'education de l'enfant*, Paris, Aubier Montaigne.

MONTANDON C. (1991), *L'école dans la vie des familles*, Genebra, Service de la recherche sociologique, Cahier nº 32.

MONTANDON C. (1997), *L'éducation du point de vue des enfants*, Paris, L'Harmattan.

MONTANDON Cl. e PERRENOUD Ph. (org.) (1994), *Entre parents et enseignants: un dialogue impossible?*, Berna, Lang, 2. ed. aum.

MOTTET G. (org.) (1997), *La vidéo-formation*, Paris, L'Harmattan.

NEGROPONTE N. (1995), *L'homme numérique*, Paris, Laffont.

NICOLET M. (1996), *L'informatique intégrée à l'enseignement du français*, Lausanne, CVRP.

NORA D. (1997), *Les conquérants du cybermonde*, Paris, Gallimard.

NUNZIATI G. (1990), "Pour construire un dispositif d'évaluation formatrice", *Cahiers pédagogiques*, nº 280, p. 47-64.

OBIN J.-P. (1992), *Le projet d'établissement: un paradigme organisationnel pour l'education nationale?*, Tese de Doutorado, Université Lumière Lyon II.

OBIN J.-P. (1993), *La crise de l'école*, Paris, Hachette.

ODDONE I. et al. (1981), *Redécouvrir l'expérience ouvrière, vers une autre psychologie*, Paris, Éditions sociales.

OURY F. e VASQUEZ A. (1971), *De la classe coopérative à la pédagogie institutionnelle*, Paris, Maspéro.

PAIN J. (1992), *Écoles: Violence ou pédagogie?*, Vigneux, Matrice.

PAPERT S. (1981), *Jaillissement de l'esprit. Ordinateurs et apprentissage*, Paris, Flammarion.

PAQUAY L. (1994), "Vers un référentiel des compétences professionnelles de l'enseignant?", *Recherche et Formation*, nº 16, p. 7-38.

PAQUAY L. e WAGNER M.-C. (1998), "Les compétences professionnelles privilégiées dans les stages et en vidéo-formation", in PAQUAY L., ALTET M., CHARLIER E. e PERRENOUD Ph. (org.), *Former des enseignants professionnels. Quelles stratégies? Quelles compétences?*, Bruxelas, De Boeck, p. 153-179, 2. ed.

PAQUAY L., ALTET M., CHARLIER É. e PERRENOUD Ph. (org.) (1998), *Former des enseignants professionnels. Quelles stratégies? Quelles compétences?*, Bruxelas, De Boeck, 2. ed. (1. ed. 1996).

PAUL J.-J. (1996), *Le redoublement: pour ou contre?*, Paris, ESF éditeur.

PENNAC D. (1991), Comme un roman, Paris, Gallimard.

PERRENOUD Ph. (1986), *Ya-t-il un animateur dans la salle?*, Genebra, Faculté de psychologie et des sciences de l'éducation.

PERRENOUD Ph. (1988), "Formation à l'évaluation: entre réalisme conservateur et idéalisme béat", in GATHER THURLER M. e PERRENOUD Ph. (org.), *Savoir évaluer pour mieux enseigner. Quelle formation des maîtres?*, Genebra, Service de la recherche sociologique, Cahier nº 26, p.115-131 (retomado in PERRENOUD Ph., *La formation des enseignants entre théorie et pratique*, Paris, L'Harmattan, 1994, Capítulo IV, p. 91-107).

PERRENOUD Ph. (1991a), *Du soutien. pédagogique à une vraie différenciation de l'enseignement: évolution ou rupture?*, Genebra, Service de la recherche sociologique et Faculté de psychologie et des sciences de l'education (publicado em italiano sob o título "Dal sostegno pedagogico a una vera differenziazione dell'insegnamento: evoluzione o rottura?", *Scuola Ticinese*, setembro de 1992, nº 180, p. 3-9).

PERRENOUD Ph. (1991b), "Pour une approche pragmatique de l'évaluation formative", *Mesure et évaluation en éducation,* vol. 13, nº 4, p. 49-81 (retomado *in* PERRENOUD Ph., *L'evaluation des élèves. De la fabrication de l'excellence à la régulation des apprentissages,* Bruxelas, De Boeck, 1997, Capítulo VII, p. 119-145).

PERRENOUD Ph. (1992), "La souris et la tortue. Deux usages sociaux de l'informatique et leur transposition didactique à l'école primaire", *in* A. VIEKE (org.), *Intégration de l'informatique en classe,* Genebra, Service informatique de l'enseignement primaire, p. 51-65.

PERRENOUD Ph. (1993a), "Ce qui se joue à l'échelle des établissements dans une rénovation didactique", *Revue française de pédagogie,* nº 104, p. 5-16.

PERRENOUD Ph. (1993b), "L'organisation, l'efficacité et le changement, réalités construites par les acteurs", *Education & Recherche,* nº 2, p. 197-217.

PERRENOUD Ph. (1993c), "Vers des démarches didactiques favorisant une régulation individualisée des apprentissages", *in* ALLAL L., BAIN D. e PERRENOUD Ph. (org.), *Évaluation formative et didactique du français,* Paris et Neuchâtel, Delachaux.

PERRENOUD Ph. (1994a), "Le 'go-between': entre sa famille et l'école, l'enfant messager et message", *in* MONTANDON C. e PERRENOUD Ph. (org.) *Entre parents et enseignants: un dialogue impossible?,* Berna, Lang, 2. ed. aum., p. 49-87, 2. ed. (retomado *in* PERRENOUD Ph., *Métier d'élève et sens du travail scolaire,* Paris, ESF éditeur, 1996, Capítulo IV, p. 75-98).

PERRENOUD Ph. (1994b), "Ce que l'école fait aux familles: inventaire", *in* MONTANDON C. e PERRENOUD Ph. (org.), *Entre parents et enseignants: un dialogue impossible?,* Berna, Lang, 2. ed.

PERRENOUD Ph. (1994c), "Du maître de stage au formateur de terrain: formule creuse ou expression d'une nouvelle articulation entre théorie et pratique?", *in* CLERC F. e DUPUIS P.-A. (org.), *Rôle, et place de la pratique dans la formation initiale et continue des enseignants,* Nancy, Éditions CRDP de Lorraine, p. 19-44.

PERRENOUD Ph. (1994d), "Les droits imprescriptibles de l'apprenant ou comment rendre le métier d'élève plus vivable", *Éducations,* nº 1, dez. 94 – jan. 95, p. 56-62 (retomado *in Les Sciences de l'Éducation face aux interrogations du public,* Genebra, Cahiers de la Section des sciences de l'éducation, Número especial, Genebra, 1995, p. 123-135).

PERRENOUD Ph. (1994e), *La formation des enseignants entre théorie et pratique,* Paris, L'Harmattan.

PERRENOUD Ph. (1994f), 'Travailler en équipe pédagogique, c'est partager sa part de folie", *Cahiers pédagogiques,* nº 325, junho, p. 68-71.

PERRENOUD Ph. (1996a), *Métier d'élève et sens du travail scolaire,* Paris, ESF éditeur, 3. ed.

PERRENOUD Ph. (1996b), *La pédagogie à l'école des différences. Fragments d'une sociologie de l'échec,* Paris, ESF éditeur, 2. ed.

PERRENOUD Ph. (1996c), *Enseigner: agir dans l'urgence, décider dans l'inceratude. Savoirs et compétences dans un métier complexe,* Paris, ESF éditeur.

PERRENOUD Ph. (1996d), "Formation continue et développement de compétences professionnelles", *Éducateur,* nº 9, p. 28-33.

PERRENOUD Ph. (1996e), "L'évaluation des enseignants: entre une impossible obligation de résultats et une stérile obligation de procédure", *Éducateur,* nº 10, p. 24-30.

PERRENOUD Ph. (1996f), "L'obligation de compétences: une évaluation en quête d'acteurs", *Éducateur,* nº 11 p. 23-29.

PERRENOUD Ph. (1996g), "Rendre compte, oui, mais comment et à qui?", *Éducateur,* nº 12, p. 22-29.

PERRENOUD Ph. (1996h), "Lorsque le sage montre la lune... l'imbécile regarde le doigt. De la critique du redoublement à la lutte contre l'échec scolaire", *Éduquer et Former, Thiories et Pratiques,* (Bruxelas), junho, nº 5, p. 3-30.

PERRENOUD Ph. (1996i), "Pouvoir et travail en équipe", *in Travailler ensemble, soigner ensemble. Actes du symposium,* Lausanne, Centre hospitalier universitaire vaudois, Direction des soins infirmiers, p. 19-39.

PERRENOUD Ph. (1996j), "L'analyse collective des pratiques pédagogiques peut-elle transformer les praticiens?", *in* Actes de l'Université d'eté *"L'analyse des pratiques en vue du transfert des réussites",* Paris, Ministère de l'Éducation rationale, de l'enseignement supérieur et de la recherche, p. 17-34.

PERRENOUD Ph. (1996k), *Enjeux, atouts et limites des interventions de formation continue dans le cadre des établissements scolaires,* Genebra, Faculté de psychologie et des sciences de l'education.

PERRENOUD Ph. (1996l), "Le travail sur l'habitus dans la formation des enseignants. Analyse des pratiques et prise de conscience", in PAQUAY L., ALTET M., CHÁRLIER E. e PERRENOUD Ph. (org.), *Former des enseignants professionnels. Quelles stratégies? Quelles compétences?,* Bruxelas, De Boeck, p. 181-208.

PERRENOUD Ph. (1996m), "Le métier d'enseignant entre prolétarisation et professionnalisation: deux modèles du changement", *Perspectives,* vol. XXVI, nº 3, setembro, p. 543-562.

PERRENOUD Ph. (1996 n), "Rendre l'élève actif... c'est vite dit!", *Migrants Formation,* nº 104, março, p. 166-181.

PERRENOUD Ph. (I 997a), "Apprentissage de la citoyenneté... des bonnes intentions au curriculum caché", *in* GRACIA J.-C. (org.), *Éducation, citoyenneté, territoire,* Actes du séminaire national de l'enseignement agricole, Toulouse, ENFA, p. 32-54.

PERRENOUD Ph. (1997b), *Pédagogie différenciée: des intentions à l'action,* Paris, ESF éditeur.

PERRENOUD Ph. (1997c), *Structurer les cycles d'apprentissage sans réinventer les degrés annuels,* Université de Genève, Faculté de psychologie et des sciences de l'education.

PERRENOUD Ph. (1997d), "Réfléchir ou agir ensemble?", *Éducateur,* nº 12, 17 de outubro, p. 8-11.

PERRENOUD Ph. (1997e), *Formation continue et obligation de compétences dans le métier d'enseignant,* Université de Genève, Faculté de psychologie et des sciences de l'éducation.

PERRENOUD Ph. (1998a), *Construire des compétences dès l'école,* Paris, ESF éditeur (2. ed. 1998).

PERRENOUD Ph. (1998b), *L'évaluation des élèves. De la fabrication de l'excellence à la régulation des apprentissages,* Bruxelas, De Bocek.

PERRENOUD Ph. (l998c), "Le rôle des formateurs de terrain", in BOUVIER A. e OBIN J.-P. (org.), *La formation des enseignants sur le terrain,* Paris, Hachette, p. 219-241.

PERRENOUD Ph. (1998d), "Cyberdémocratisation. Les inégalités réelles devant le monde virtuel d'Internet", *La Revile des Échanges* (AFIDES), vol. 15, nº 2, junho, p. 6-10.

PERRENOUD Ph. (l998e), "De l'alternance à l'articulation entre théories et pratiques dans la formation des enseignants", *in* TARDIF M., LESSARD C. e GAUTHIER C. (org.), *Formation des maîtres et contextes sociaux. Perspectives internationales,* Paris, PUF, p. 153-199.

PERRENOUD Ph. (1998f), "De l'analyse de l'experience au travail par situations-problèmes en formation des enseignants", *in* FOERSTER C. e DARLEY B. (org.), *Recherche(s) et formation des enseignants,* Grenoble, IUFM, no prelo.

PERRENOUD Ph. (1998g), *De la réflexion dans le feu de l'action à une pratique réflexive*, Université de Genève, Faculté de psychologie et des sciences de l'éducation.

PERRENOUD Ph. (1998h), "Diriger en période de transformation ou de crise, n'est-ce pas, tout simplement, diriger?", *in* PELLETIER G. e CHARRON R. (org.), *Diriger en période de transformation*, Montreal, Éditions de l'AFIDES, p. 7-30.

PERRENOUD Ph. (1998i), "From Formative Evaluation to a Controlled Regulation of Learning Processes. Towards a wider conceptual field", *Assessment in Education*, vol. 5, nº 1, p. 85-102 (versão inglesa de *De l'evaluation formative à la régulation maîtrisée des processus d'apprelltissage. Vers un élargissemenr du champ conceptual?*, Université de Genève, Faculté de Psychologie et des sciences de l'éducation).

PERRENOUD Ph. (1998j), "La transposition didactique à partir de pratiques: des savoirs aux compétences", *Revue des sciences de l'education* (Montreal), no prelo.

PERRENOUD Ph. (1998k), "Le débat et la raison", *in* "L'éducation à la citoyenneté", Suplemento nº 4 de *Cahiers pedagogiques*, outubro-novembro, p. 4-7.

PERRENOUD Ph. (1998l), "Le mieux est l'ennemi du bien! Que conseiller aux parents pour faire face aux éventuelles difficultés scolaires de leurs enfants?", *Éducation Enfamine*, nº 3, novembro, p. 71-76.

PERRENOUD Ph. (l998m), *Métier d'élève et métier d'enseignant dans une pédagogie differenciée*, Université de Genève, Faculté de psychologie et des sciences de l'éducation.

PERRENOUD Ph. (1998n), *Réussir ou comprendre? Les dilemmes classiques d'une démarche de projet*, Université de Genève, Faculté de psychologie et des sciences de l' education.

PERRENOUD Ph. (1998o), *Savoir réfléchir sur sa pratique, objectif central de la formation des enseignants?*, Université de Genève, Faculté de psychologie et des sciences de l'education.

PERRENOUD Ph. (1998p), "Évaluer les réformes scolaires, est-ce bien raisonnable?", *in* PELLETIER G. (org.), *L'évaillation institutionnelle de l'éducation*, Montreal, Éditions de l'AFIDES, p. 11-47.

PERRENOUD Ph. (1998q), *L'établissement scolaire entre mandat et projet: vers une autonomie relative*, Université de Genève, Faculté de psychologie et des sciences de l'éducation.

PERRENOUD Ph. (1998r), *Cycles d'apprentissage et gestion des établissements scolaires: la regulation des interdépendances entre enseignants*, Université de Genève, Faculté de psychologie et des sciences de l'education.

PERRET-CLERMOND A.-N. (1979), *La construction de l'intelligence dans l'interaction sociale*, Berna, Lang.

PERRET-CLERMOND A.-N. e NICOLET M. (org.) (1988), *Interagir et connaître. Enjeux et regulations sociaies dans le développement cognitif*, Cousset, DelVal.

PETERFALVI B. (org.), (1998) "Enseignants et élèves face aux obstacles", *ASTER*, nº 25 (Revista editada por l'INRP, Paris).

PHILBERT C. e WIEL G. (1997), *Faire de la classe un lieu de vie. Socialisation – Apprentissage – Accompagnement*, Lyon, Chronique Sociale.

PIAGET J. (1974), *Réussir et comprendre*, Paris, PUF.

POCHET C., OURY F. e OURY J. (1966), *"L'année dernière, j'étais mort" signé Miloud*, Vigneux, Éditions Matrice.

POCHON L.-O. (1995), *Mathématique et informatique, aspect didactique*, Neuchâtel, IRDP.

RAYNAL F. e RIEUNIER A. (1997), *Pédagogie: dictionnaire des concepts clés*, Paris, ESF editeur.

REY B. (1996), *Les compétences transversales en question,* Paris, ESF éditeur.

REY B. (1998), *Faire la classe à l'école élémentaire,* Paris, ESF éditeur.

RETSCHITZKI J. e GURTNER J.-L. (1996), *L'enfant et l'ordinateur: aspects psychologiques et pédagogiques des nouvelles technologies de l'informanion,* Bruxelas, Mardaga.

RIEBEN L. e PERFETTI Ch. (org.) (1989), *L'apprenti lecteur. Recherches empiriques et implications pédagogiques,* Neuchâtel, Delachaux et Niestlé.

ROCHEX J.-Y. (1995), *Le Sens de l'expérience scolaire,* Paris, PUF.

ROUILLER Y. (1998), "La pédagogie coopérative en 6ᵉ prunaire", *Éducateur,* nº 10, 25 de setembro, p. 13-16.

ROUILLER Y. (1998), "Efficacité de la révision de textes en collaboration". *Éducateur,* nº 10, 25 de setembro, p. 20-22.

RUEFF-ESCOUBES C. (1997), *La démocratie dans l'école. Une pratique d'expression des élèves,* Paris, Syros.

SAINT-ONGE M. (1996), *Moi j'enseigne, mais eux, apprennent-ils?,* Lyon, Chronique sociale et Laval (Quebec), Beauchemin, 3. ed.

SCHÖN D. (1994), *Le praticien réflexif,* Montreal, Éditions Logiques.

SCHÖN D. (1996), "À la recherche d'une nouvelle épistémologie de la pratique et de ce qu'elle implique pour l'éducation des adultes", in BARBIER J.-M. (org.), *Savoirs théoriques et savoirs d'action,* Paris, PUF, p. 201-222.

SCHÖN D. (org.) (1996), *Le tournant réflexif. Pratiques éducatives et études de cas,* Montreal, Éditions Logiques.

SCHORDERET M. e SCHORDERET L. (1997), "Comment gérer les conflits?", *Éducateur,* nº 12, 17 de outubro, p. 15-16.

SCHUBAUER-LEONI M.-L. (1986), "Le contrat didactique: un cadre interprétatif pour comprendre les savoirs manifestés par les élèves en mathématiques", *Journal européen de psychologie et de sciences de l'education,* 1, nº 2, p. 139-153.

ST-ARNAUD Y. (1992), *Connaître par l'action,* Montreal, Les Presses de l'Université de Montreal.

ST-ARNAUD Y. (1995), *L'interaction professionnelle. Efficacité et coopération,* Montreal, Les Presses de l'Université de Montreal.

TARDIF J. (1992), *Pour un enseignement stratégique,* Montreal, Éditions Logiques.

TARDIF J. (1998), *Intégrer les nouvelles technologies de l'information. Quel cadre pédagogique?,* Paris, ESF éditeur.

VALENTIN Ch. (1997), *Enseignants: reconnaître ses valeurs pour agir,* Paris, ESF éditeur.

VASQUEZ A. e OURY F. (1973), *Vers une pédagogie institutionnelle,* Paris, François Maspéro.

VELLAS E.(1993), "La formation du citoyen se cache, à l'école, au coeur de la construction des savoirs", *Éducateur,* nº 8, novembro-dezembro.

VELLAS E. (1996), "Donner du sens aux savoirs à l'école: pas si simple!, in Groupe français d'éducation nouvelle", *Construire ses savoirs, Construire sa citoyenneté. De l'école à la cité,* Lyon, Chronique sociale, p. 12-26.

VERGNAUD G. (1980), *L'enfant, la mathématique et la réalité,* Berna, Lang.

VERMERSCH P. (1994), *L'entretien d'explicitation,* Paris, ESF éditeur.

VERMERSCH P. e MAUREL M. (org.) (1997), *Pratiques de l'entretien d'explicitation,* Paris, ESF éditeur.

VIAU R. (1994), *La motivation en contexte scolaire,* Saint-Laurent (Quebec), Éditions du Renouveau pédagogique.

VITALE B. (1990-1996), *L'intégration de l'informatique à la pratique pédagogique,* Genebra, Cycle d'Orientation, CRPP.

VITÉ L. (mg.) (1997), "L'informatique à l'école, dossier", *Éducateur,* junho, nº 8, p. 11-23.

VYGOTSKI L.S. (1985), "Le problème de l'enseignement et du développement mental", *in* SCHNEUWLY B. c BRONCKART J.-P. (org.), *Vygotski aujourd'hui.* Neuchâtel, Delacnaux et Niestlé.

WEISS J. (1986), "La subjectivité blanchie?", *in.* DE KETELE J.-M. (org.), *L'évaluation: approche descriptive ou prescriptive?,* Bruxelas, De Boeck, p. 91-105.

WEISS J. (1992), "L'enseignant au coeur froid ou l'objectivité en évaluation, *Mesure et évaluation* en *éducation,* vol. 14, nº 4, p. 19-31.

WEISS J. (1993), "Interacion formative et régulation didactique, in ALLAL L., BAIN D. e PERRENOUD Ph. (org.), *Évaluation formative et didactique du français,* Neuchâtel et Paris, Delachaux et Niestlé, p. 113-122.

WEISS J. (org.) (1991), *L'évaluation: problème de communication,* Cousset, DelVal-IRDP.

WERTHE Ch. (1997), "Élaboration et formalisation de l'expérience professionnelle: l'instruction au sosie", *Dialogue,* nº 86, p. 41-42.